Balistier — Gewalt und Ordnung

zum Autor:
Thomas Balistier, M.A., Studium der Volkskunde und Soziologie in Tübingen und Wien, Doktorand am Institut für empirische Kulturwissenschaft in Tübingen.

Thomas Balistier

Gewalt und Ordnung

Kalkül und Faszination der SA

mit einem Vorwort
von Bernd Jürgen Warneken

Verlag Westfälisches Dampfboot

CIP–Titelaufnahme der Deutschen Bibliothek

Balistier, Thomas:
Gewalt und Ordnung : Kalkül und Faszination der SA / Thomas Balistier. - 1. Aufl. - Münster : Westfäl. Dampfboot, 1989
ISBN 3-924550-37-9

Für Daggi mit Keith J. (Köln,January 24,1975)

1. Auflage Münster 1989

Umschlag: E. Kleinlosen
Druck: Druckwerkstatt Hafen GmbH, Münster
ISBN 3-924550-37-9

Inhaltsverzeichnis

Vorwort von Bernd Jürgen Warneken

Aufrechter Gang
Zur Geschichte eines Körperprinzips

„Man sah es den aufrechten Gestalten an (...), daß es für sie der höchste Stolz, die größte Ehre war, den Freiheitswillen des erwachten deutschen Volkes auf der Straße zu künden": So beschreibt im Jahre 1932 der „Völkische Beobachter" — Thomas Balistier hat es in seiner Untersuchung zitiert — einen SA-Aufmarsch. Zu den symbolischen Formen, in denen soziale Gruppen und politische Bewegungen ihre Identität spontan ausdrücken oder bewußt auszudrücken suchen, gehört, noch vor allen verbalen und künstlerischen Medien, die Körpersprache. Besondere Bedeutung kommt dabei, zumindest in der bürgerlichen Gesellschaft, dem Symbol der aufrechten Haltung zu. „Geh aufrecht!", „Halt dich gerade!" sind über Jahrhunderte hinweg allgegenwärtige Imperative, in denen sich nicht nur ein bestimmtes Körperprinzip, sondern eine ganze Erziehungslehre, ja ein Kulturideal übermittelt. Dieses Ideal jedoch ist keineswegs so geradlinig wie die Körperhaltung, die es repräsentieren soll, und entsprechend wurde und wird das Prinzip Aufrecht von konkurrierenden sozialen und politischen Bewegungen besetzt.

*

„Jetzt stand der Mensch, und wies den Sternen/ Das königliche Angesicht", heißt es in Schillers Gedicht „Die Künstler", geschrieben im Jahre 1789. „Seht, wie der Mensch mitten unter allen niedrigen Geschöpfen, die ihn umringen, voll Selbstgefühls da steht (...); mit welchen weitreichenden Blicken er alles, was um ihn her ist, überschauet, sondert, ordnet, verbindet, umfasset", schreibt kurz vorher G.J. Zolligkofer in seinen „Predigten über die Würde des Menschen" von 1784. Im Diskurs, aber auch in der Alltagspraxis der bürgerlichen Emanzipation nehmen aufrechtes Stehen und Gehen, als äußere Zeichen von Menschenwürde und bürgerlicher Freiheit verstanden, einen wichtigen Stellenwert ein. Als unnatürlich gilt dabei sowohl das Herrisch-Steife, wie es von Adligen bekannt ist, als auch das Ängstlich-Steife des Untertanen: „Tragen Sie sich gerade, ohne Hochmuth und ohne Schüchternheit, ohne Prätension und Egoismus; nur nie eine kopfhängende Stellung, aber auch kein Zurückwerfen des Kopfs", so empfiehlt es z.B. J.C. Siedes Anstandslehre von 1797.

Verpönt beim selbstbewußter werdenden Bürgertum ist das ,,sich Schmiegen und Krümmen besonders gegen höhere Stände", wie C.F. Pockels 1813 in ,,Über Gesellschaft, Geselligkeit und Umgang" schreibt; viele Aufklärer reagieren geradezu idiosynkratisch auf ,,knechtisches Wesen", auf tiefe Verbeugungen etwa, auch wenn sie ihnen selbst erwiesen werden. 1786 schreibt der Philanthrop und Körpererzieher Vieth: ,,Selbst das demüthige Kriechen eines Hundes preßt mir das Herz zusammen". Bezeichnend auch die Version, die J.C. Campe in seiner Defoe-Bearbeitung ,,Robinson der Jüngere" von 1778/79 dem Robinsonschen Verhalten gegenüber Freitag gibt: Als Freitag sich Robinsons Fuß demütig auf den Nacken setzt, hebt ihn dieser, ,,dem es mehr um einen Freund, als um einen Sklaven zu thun war, liebreich auf". Später freilich kommt Campes Robinson der Gedanke, ,,daß es zu seiner eigenen Sicherheit gut sein möchte, den neuen Gastfreund, dessen Gemüthsart er noch nicht kannte, eine Zeit lang in den Schranken einer ehrerbietigen Unterwürfigkeit zu halten", ,,die Huldigungen desselben als etwas, welches ihm gebührte, anzunehmen, und eine Zeit lang den König mit ihm zu spielen". Die Grenzen des bürgerlichen Gleichheitsprinzips deuten sich an.

Nun impliziert der bürgerliche aufrechte Gang nicht nur eine Kritik bestimmter asymmetrischer Beziehungen, sondern auch eine Gleichrichtung beim Einzelnen selbst. Verdeutlichen läßt sich dieser Doppelsinn an Friedrich Nicolais aufklärerischer Polemik gegen den katholischen Ritus, wie er ihn in Wien erlebte. Nicolais Blick auf die Demutsgestik ist einerseits antifeudal: Ihn stören ,,das allgemeine Kniebeugen und die militärischen Ehrenbezeugungen, welche dem Ansehen nach dem verwandelten Brodte erzeigt werden, eigentlich der verderblichen Macht der Hierarchie zu Ehren geschehen"; andererseits sind ihm ,,die vielen Andächteleien, das Niederknien, Verzucken des Gesichts, Bekreuzen, Schlagen an die Brust" aber auch zu chaotisch, Zeugnis unzureichender innerer Sammlung. Aufrechtsein als ,,sich zusammen Nehmen" — das ist die andere, die Disziplinseite der aufrechten Haltung.

Doch auch diese wiederum ist in sich vielschichtig. So fällt die Mäßigung, die dabei den Körperäußerungen und mit diesen ihren inneren Triebkräften auferlegt wird, für Bürgerinnen und Bürger sehr verschieden aus. Frauen haben ungleich mehr an sich zu halten als Männer; das von ihnen geforderte Aufrechtsein — das überhaupt begrenzt ist, u.a. durch die Pflicht zum rechtzeitigen Niederschlagen des Blicks — hat eher Züge des sich Schmalmachens und des Bewegungsverzichts. Bei den Männern dagegen wird die repressive Seite der Disziplinierung durch eine aktivierende ergänzt. Sie sollen nicht nur ,,Anstand" und ,,Solidität", sondern auch „Gewandtheit", „Agilität", „Schnellkraft" zeigen und darin Leistungsfähigkeit und Leistungsbereitschaft signalisieren — in den Begriffen J.C. Siedes „Geisteskühnheit, Raschheit, Feuer, Unternehmungsgeist."

Das Ideal des männlich-aufrechten Gangs grenzt in manchen Aspekten an militärische Körperprinzipien der Zeit, hält aber gleichwohl Distanz zu drillmäßigem Oktroi und rigider Selbstunterdrückung. So gehört z.B. bei Vieth die soldatische Haltung, und zwar die eines preußischen Offiziers, durchaus zu den Vorbildern; beschrieben aber wird dieser Offizier folgendermaßen: „Jener, wie männlich steht er da, wie edel die Stellung, wie fest der Tritt seines Fußes, wie gerade hebt sich der Kopf von den Schultern, wie ungezwungen und kraftvoll ist jede Bewegung." Von „Ungezwungenheit" ist in der Anstands- und Körperliteratur der Aufklärung immer wieder die Rede. Nicht stramm, sondern „behend, leicht, elastisch und dabei doch fest" soll z.B. nach Gutsmuths der Schritt sein und so „die gerade Haltung, die leichte natürliche Wendung des Körpers ungesucht hervorbringen". Im gleichen Sinne kritisiert später Hegel solche Skulpturen, bei denen „Körper und Geist sich als etwas Verschiedenes, Auseinandertretendes zeigen und in das Verhältnis des bloßen Befehls von der einen und des abstrakten Gehorsams von der anderen Seite treten." Doch freilich regiert diese freiheitliche Variante von Selbstdisziplin nicht den Alltag, zumal nicht den Alltag derer, bei welchen sich der „natürliche" Anstand nicht so naturförmig herstellt wie im gebildeten Bürgertum selbst. Und so gehören zum Prinzip Aufrecht der bürgerlichen Emanzipation von Anfang an auch pädagogische Systeme der Körperkontrolle in der Volksschule, der Industrieschule, dem Waisen- und Arbeitshaus, die zwar ebenfalls von körperlicher Vervollkommnung und menschlicher Würde sprechen, in Wahrheit aber das Aufrichten der Körper vor allem als deren Ausrichten praktizieren.

*

Hundert Jahre später, nachdem das Prinzip Aufrecht im deutschen Bürgertum immer mehr zum Imperativ einer starren, am militärischen Vorbild orientierten Psycho-Orthopädie geworden ist, wird sein früherer Freiheitsgehalt von der Arbeiterbewegung wieder aufgegriffen. Im Kampf der Klasse, die — mit Paul Lafargue gesprochen — „die Menschheit von der knechtischen Arbeit erlösen und aus dem menschlichen Tier ein freies Wesen machen" sollte, ist aufrechter Gang ein noch sinnenfälligeres Ideal als in der bürgerlichen Emanzipationszeit.

Es steht, zum einen, gegen die Akkumulation sozialer Abhängigkeiten, die in der Körpersprache der Unterschichten ihre Spur hinterlassen haben. Hans Marchwitza erzählt über seinen Vater, einen schlesischen Grubenarbeiter: ,,Vor den Oberen der Helenengrube zeigte er ganz und gar eine Scheu und Furcht, wie vor Gendarmen, mit denen er sich gutstellen mußte. Begegneten wir zum Beispiel auf dem Wege nach der Kirche einem der höheren Grubentiere, dann erschrak der Vater fast und riß seinen Hut herab. (...) 'Junge, das ist überall gleich', sagte er und runzelte ängstlich die Stirn. 'Der arme Mensch muß überall den Kopf beugen, es war noch nie anders!' " Zum andern ist aufrechter Gang für die Arbeiterschaft das Gegenbild zu einem von permanenter Zeitnot geprägten Alltag, zur Eile bei der Arbeit, zum Hasten zur Arbeit und wieder nachhause, von dem sich bürgerliche Haltung und Gangart durch betonte Gemessenheit absetzt. ,,Für die Arbeiter", schreibt Marie Bernays 1910 in ihrer Mönchengladbach-Studie, ,,war der reiche Mann nicht der, der gut aß und trank, sondern der, der spazierengeht." Überdies stellt sich das Symbol des Aufrechten jenem körperlichen Zustand und Habitus entgegen, den ein Übermaß an physischer Anstrengung aufgezwungen und anerzogen hat. Die medizinischen Befunde, die Alfredo Niceforo in seiner ,,Anthropologie der nichtbesitzenden Klassen" (deutsch 1910) zusammenstellt, ergeben ein Panoptikum des Krummen. Wir sehen hier die Näherinnen, die Reisarbeiterinnen, die Steinklopfer mit dem verkrümmten Rückgrat, die Bergleute mit den einwärts gekehrten Füßen, die Dreher mit den zurückgebliebenen Beinen, die Kupferschmiede mit den ungleichen Schultern und den nach innen gebogenen Knien, die Nagelschmiede mit dem schleppenden Schritt. Und natürlich assoziiert die bürgerliche Trivialphysiognomik dies alles vornehmlich mit negativen Charakter- und Geisteseigenschaften: Daherschlurfen mit Faulheit, Krummheit mit Verschlagenheit, ungelenkige Glieder mit geistiger Unbeweglichkeit.

Die Symbolproduktion der Arbeiterbewegung versucht, diese Verkettung zu durchbrechen. Sie spricht, wie z.B. Ludwig Lessens Gedicht ,,Fabrikgang", nicht von Plumpheit, sondern von Müdigkeit, nicht von trägen, sondern erschöpften Körpern, und sie zeigt das Krumme als von fremder Hand Gekrümmtes. So nimmt die sozialistische Ikonographie das beliebte Bildmotiv der Fran- zösischen Revolution, den von der Last des Adels und des Klerus gebeugten Dritten Stand, wieder auf — im ,,Wahren Jacob" 1890 mit der Pointe, daß der Riese Proletariat sich schließlich aufrichtet und die auf ihm herumtrampelnden Bürgerlichen abwirft. Weit bedeutsamer ist natürlich, daß die Arbeiterbewegung aufrechten Gang auch ganz praktisch zu antizipieren ermöglicht. Bei den sozialdemokratischen Leichenzügen, den Maiumzügen, den Wahlrechtsdemonstrationen wird das Pathos des Freiligrathschen ,,Hebt hoch die Stirn, trotz alledem!/ Geht kühn dem feigen Knecht vorbei!" tatsächlich umgesetzt, der Körperalltag auf den Kopf gestellt. Nun ist es der Arbeiter, der, wie Nikolaus Osterroth es über einen Maifestzug berichtet, ,,stolz wie ein Spanier" einherschreitet, während ,,die Grubenherren, die Gemeinderäte und der Bürgermeister ängstlich und zaghaft durch die Fenster" gucken.

Was bürgerliche Kommentatoren an Straßenkundgebungen der Arbeiterbewegung immer wieder beeindruckt, sind nicht nur die großen Massen an sich, es ist auch die Erfahrung, daß diese Aufmärsche offenbar dem Selbstbewußtsein der Einzelnen aufhelfen, mithilfe von Kollektivität Individualität hervorbringen. Keineswegs, schreibt Theodor Heuss anläßlich der Berliner Wahlrechtsdemonstrationen von 1910, würden hier ,,die Menschen (...) zur dumpfen Wut und Leidenschaft erregt", vielmehr werde durch das gemeinsame Auftreten in der Öffentlichkeit ,,der Stolz und das Kraftgefühl des einzelnen befreit." Doch Beobachtern an sozialdemokratischen Straßendemonstrationen fällt noch etwas anderes auf: die — immer wieder als ,,erstaunlich" apostrophierte — Diszipliniertheit der Arbeiterdemonstrationen. Von bürgerlicher Seite wird sie häufig dem preußischen Volksschullehrer und dem preußischen Unteroffizier gutgeschrieben, die nun auch die Arbeiterschaft anscheinend ein wenig erzogen hätten. Die Selbstbenennungen der Arbeiterbewegung kommen dem Bild quasi-militärischer Aufmärsche insofern entgegen, als sie nicht nur von ,,mustergültiger Ordnung", sondern auch immer wieder von ,,Arbeiterbataillonen", ,,sozialdemokratischen Kompagnien", von ,,Heerschau" und ,,Manöver" sprechen. Bei genauerem Hinsehen z.B. auf zeitgenössische Fotos erweist sich jedoch, daß diese Demonstrationen sich zwar um geordneten Gesamtablauf und ,,ordentliches Benehmen" bemühen, daß es neben losen Gruppen auch Vierer- und Fünferreihen gibt, die Haltung der Einzelnen aber keineswegs durchstilisiert, nach einem starren Körperschema ausgerichtet ist. Nicht ,,Marschtritt", sondern das zeitgenössische Wort ,,Massentritt" paßt auf diese Bewegungsform, die auch das Zigarrerauchen, das miteinander Reden, das Sicheinhaken zuläßt und in deren Rhythmus Frauen- und Kinderschritte mitklingen. Der — teilweise — Einzug eines strikt militärischen Schemas in Aufmarschformen der Arbeiterbewegung erfolgt erst später, in der Folge des Weltkriegs und der Revolutionskämpfe.

*

Zugleich den Höhepunkt und den Tiefpunkt des Prinzips Aufrecht bringt der deutsche Faschismus. Er führt seinen Kampf von Anfang an und mit großem Erfolg auch als Symbolkampf um die ,,bessere Haltung". Die SA geht dabei voran — mit starrem Blick, vorgeschobenem Kinn, herausgedrückter Brust, eingezogenem Bauch, zurückgenommenem Becken, zusammengepreßten Gesäßbacken, in strammstem Gleichschritt. In der Selbstinterpretation dieser Haltung knüpft sie an den bürgerlichen und sozialistischen Befreiungsdiskurs an: Hier erhebe sich ein Volk, hier reckten Arbeiter trotzig ihr Haupt. Doch die Gewalt, die sich diese zur äußersten Geradheit aufgerichteten Körper selbst antun, weist darauf hin, daß hier nicht der Einzelne befreit werden soll, sondern etwas ,,Höheres", zu dem dieser Einzelne trotz aller Anstrengung nicht emporreicht: ,,Deutschland" nämlich, vertreten durch einen Führer, dem die Einzelnen sich unterwerfen, um in seinem Dienste wieder unterwerfen zu dürfen. Es sind Sieger- und Besiegtenkörper zugleich, die hier aufmarschieren, und ihre Haltung sowohl der Härte als auch Abgehärtetheit erklärt nicht nur dem Feind den unerbittlichen Kampf, sondern auch das Einverständnis damit, im Ernstfall den eigenen Tod aufrecht und ohne Selbsterbarmen zu ertragen. Das im Faschismus oft bemühte Bild und Vorbild der Eiche ist ebenso erhebend wie bedrohlich: Sie beugt sich nicht und sie weicht nicht — sie kann es gar nicht, es bleibt ihr nur übrig, im letzten Sturm ihr Germanenschicksal mit Haltung zu ertragen.

Schon in der wilhelminischen Zeit war das Körperprinzip militärischer Strammheit weit in die Zivilgesellschaft eingedrungen; im Faschismus überschlägt sich diese Entwicklung. ,,Haltung" ist ein Schlüsselwort der Nazipädagogik; und es meint ,,stramme Haltung", die dann auch einfach ,,deutsche Haltung" genannt wird. ,,Bei jeder Gelegenheit müssen Haltung und Stellung nachgesehen werden", fordert ein HJ-Handbuch von 1933. ,,Die Deutsche Gymnastik (...) betrachtet die Haltungsschulung, d.h. die der aufrechten Haltung, als ein grundlegendes Hauptarbeitsgebiet", heißt es 1939 in ,,Sport und Gymnastik". Und selbstverständlich wird im Schulunterricht nun noch ungleich mehr als früher darauf gesehen, daß die Schüler — wie man aus Nietzsches ,,Also sprach Zarathustra" zu zitieren pflegt — ,,rechtwinklig an Leib und Seele" sind. Haltungskontrolle als äußerst praktikable Form der ,,Charakter-Kontrolle" — diese Form der Machtausübung wird zu einem wesentlichen Bestandteil des NS-Alltags. Sie ist nicht zuletzt deshalb so erfolgreich, weil sie auf die Mithilfe der auf diese Aufgabe gut vorbereiteten bürgerlichen Familienerziehung rechnen kann — und eben weil sie sich von jedermann jederzeit ausüben läßt. ,,Es geht nicht an", heißt es in einem Ukas des württembergischen Schulministeriums von 1935, „daß in Zukunft Berufsschulklassen, die geschlossen zu irgend einer Veranstaltung marschieren, in einem derart jämmerlichen Zustand daherkommen, wie es vor einiger Zeit zu sehen war. Dieser Zug erinnerte unwillkürlich an einen ungeordneten Transport von Gefangenen mit hängenden Köpfen und in den Taschen vergrabenen Händen. (...) Ich mache die Schulleiter dafür verantwortlich, daß unsere Berufsschüler bei solchen Gelegenheiten in soldatischer Haltung, im Gleichschritt und mit schneidigem Gesang in der Öffentlichkeit marschieren."

Besondere Brisanz erhält diese Haltungsprüfung durch ihre Verbindung mit der rassistischen und der „rassehygienischen" Ideologie und Praxis. Kleiner, gedrungener Körper, „geduckte tierartige Haltung", „Schlaffheit" werden von dieser auch als Zeichen rassischer Minderwertigkeit behandelt. Juden, schon von Anatomen und Physiognomikern des 19. Jahrhunderts als oft „plattfüßig" und „schlaff" etikettiert, werden als „krummbeinig" oder „wadenlos", ihr Gang als „tappend, ziehend, schlürfend", ihre Bewegungen als „schlenkernd" und „unbeherrscht", kurzum als grundlegendes Gegenbild des Aufrech- ten dargestellt. Und auch innerhalb des „deutschen Volkskörpers" wird die Trennlinie zwischen edler und minder edler Rasseherkunft nicht zuletzt mithilfe von Haltungsbeobachtungen gezogen. „Gebeugte", „lastende" Körpererscheinung wird als Beleg für „ostische" Rasse oder Rassebeimischung genommen, während hoher, schlanker Wuchs und strammer, dynamischer, aufwärtsstrebender Habitus als Hinweis auf „reinrassig nordische" Herkunft interpretiert wird. Aufrechte Haltung, liest man in der „Medizinischen Wochenschrift" von 1935, stelle sich am leichtesten bei den Rassen mit ausladendem Hinterhaupt, also vornehmlich bei der nordischen ein; ja es wird sogar die Meinung vertreten, daß diese sich noch im Schlaf als die aufrechteste beweise, da der nordische Mensch „am liebsten in ganz ausgestreckter Lage", nicht jedoch „mit angezogenen Knien" ruhe. Die Bedrohlichkeit solcher Zuordnungen angesichts des nazistischen Eugenik-Programms ist offensichtlich: Kleinwuchs und Haltungsfehler zählen zu den Indikatoren „kranker Erbmasse", deren Diagnose z.B. die Einweisung in die Hilfsschule, ja die Sterilisierung nach sich ziehen kann. Und natürlich hat eine solche rassistische Haltungsbewertung nicht nur konstatierenden, sondern auch imperativen Charakter; fordert sie doch jeden, der den Verdacht der Rasseunreinheit vermeiden will, zur entschiedenen Haltungsdisziplin auf — und damit zur Weiterverbreitung faschistischer Ideale mittels des eigenen Körpers.

Neben strammer Gefolgschaft produzierte diese Körperdiktatur freilich auch opponierende Haltungen, und diese finden sich nicht nur spontan und in Einzelsituationen, sondern auch verfestigt zu körpersprachlichen Gegenkulturen. Bekannt geworden sind vor allem die unter dem Begriff „Swing-Jugend" zusammengefaßten Gruppen, die sich beim Tanz mitunter ostentativ „zuchtlos", nämlich gebückt, den Oberkörper schlaff nach unten hängend und halb in den Knien gehend zeigten und auch im Alltag eine lässige Körperhaltung pflegten: „Lottern" war eines ihrer Lieblingswörter. In Österreich gab es, analog dazu, die „Schlurfe" , zu denen ein langsamer, etwas gebeugter, die Schuhe über dem Boden schleifender Gang gehörte. Und im besetzten Paris, so wird berichtet, setzten junge Franzosen der deutschen Zackigkeit eine betont unkämpferische Körperhaltung, mit leichter Kopfneigung nach vorn, lockeren Schultern und gemächlichem Gehtempo entgegen — den mit dem Begriff des „aufrechten Gangs" einmal verbundenen Emanzipationsidealen die Treue haltend, indem sie diesen selbst verweigerten.

„Mir fast ins Ohr kriechend, flüsterte er und machte uralte Augen: „Sie kommen! Sie werden die Festplätze besetzen! Sie werden Fackelzüge veranstalten! Sie werden Tribünen bauen, Tribünen bevölkern, und von Tribünen herunter unseren Untergang predigen. Geben Sie acht, junger Freund, was sich auf den Tribünen ereignen wird! Versuchen Sie, immer auf der Tribüne zu sitzen und niemals vor der Tribüne zu stehen!"

Dann griff Herr Bebra, da mein Name gerufen wurde, seinen Eimer. „Man sucht Sie, bester Freund. Wir werden uns wiedersehen. Wir sind zu klein, als das wir uns verlieren könnten. Zudem sagt Bebra immer wieder: Kleine Leute wie wir finden selbst auf überfülltesten Tribünen noch ein Plätzchen. Und wenn nicht auf der Tribüne, dann unter der Tribüne, aber niemals vor der Tribüne. Das sagt Bebra, der in direkter Linie von Prinz Eugen abstammt."

Mama, die Oskar rufend hinter einem Wohnwagen hervortrat, sah gerade noch, wie mich Herr Bebra auf die Stirn küßte, und dann seinen Wassereimer ergriff und mit den Schultern rudernd auf einen Wohnwagen zusteuerte.

„Stellt euch nur vor", empörte sich Mama später Matzerath und den Bronskis gegenüber, „bei den Liliputanern war er. Und ein Gnom hat ihn auf die Stirn geküßt. Hoffentlich hat das nichts zu bedeuten!" Bebras Stirnkuß sollte mir noch viel bedeuten. Die politischen Ereignisse der nächsten Jahre gaben ihm recht: die Zeit der Fackelzüge und Aufmärsche vor Tribünen begann."

Günter Grass: Die Blechtrommel. Danziger Trilogie 1. Darmstadt/ Neuwied 1974, S. 91f.

Quelle: Engelbrechten 1937, S. 398.

„Kamerad, komm mit!
Nach der Woche harten Dienen
Zieh'n wir weit durch deutsches Land
Kampfgewillt, in Blick und Mienen
Der Begeist'rung edlen Brand.
Werbend wir die Fahne schwingen
Hell und froh die Lieder klingen
Durch die Straßen dröhnt der Schritt:
Kamerad, komm mit.
Jubelrufe uns begleiten,
Mancher Gruß wird uns zuteil;
Vom Spalier zu beiden Seiten
Braust ein hundertfaches 'Heil'!
Werbend wir die Fahne schwingen
Hell und froh die Lieder klingen
Durch die Straßen dröhnt der Schritt:
Kamerad, komm mit.
Mancher der die Fäuste schüttelt,
Wenn er heut' uns kommen sieht,
Ist schon morgen wachgerüttelt
Und im Ring ein treues Glied.
Werbend wir die Fahne schwingen
Hell und froh die Lieder klingen
Durch die Straßen dröhnt der Schritt:
Kamerad, komm mit."

Heinrich Anacker. In: „Der SA-Mann", Beilage zum „Völkischen Beobachter" Nr. 9, vom 2o. April 1929.

Einleitung

1.

Der amerikanische Soziologe Theodore Abel veröffentlichte 1938 die Berichte von 600 Nationalsozialisten, in denen diese erklärten, auf welche Weise sie Parteigänger der NSDAP geworden waren.[1] Zwei Ereignisse tauchen dabei immer wieder als entscheidende Schlüsselerlebnisse auf: Die Rede eines/des Führers während einer Parteiveranstaltung und das Bild einer vorbeimarschierenden SA-Kolonne. Beide Situationen wurden als „Erlösung" und „Bekehrung" wahrgenommen. Die zweite ist der Anlaß und das Thema dieses Buches: Die nationalsozialistische Form politischer Straßenöffentlichkeit vor 1933, das Kalkül und die Faszination der „Kampfdemonstrationen" der SA.

2.

Wir sind gewohnt, Straßendemonstrationen als „elementare Bewegungsform der Demokratie"[2] zu betrachten. Zu nahe sind dabei Assoziationen von Widerstand und Protest: Aufbegehren wider Entfremdung, Ausbeutung, Unterdrückung und Macht; öffentliches Engagement für ein besseres Leben, für eine Utopie von Freiheit und Gerechtigkeit, Humanität, Würde und Glück. Aber auch hier holt uns die Geschichte, konkret deutsche Demonstrationsgeschichte, ein. Sehr rasch wird die Unmöglichkeit offensichtlich, eine Kontinuität von der Zeit „als die Deutschen demonstrieren lernten" bis heute zu behaupten. Zwischen die Wahlrechtsdemonstrationen des Jahres 1910 und die Demonstrationen der 80er Jahre schieben sich eben nicht einfach Generationen von DemonstrantInnen, die nur unterschiedliche, der Zeit geschuldete, Ausdrucksformen praktizierter Aufklärung und Emanzipation auf den Straßen hervorgebracht hätten. Unerbittlich drängt sich ein Bild der Straßendemonstration als einer zentralen Bewegungsform der Un-Demokratie, der Un-Menschlichkeit ins Bewußtsein: braune, männliche Kolonnen, gleichgeschaltet im Viervierteltakt des Marschtritts, händereckend und „Sieg heil!" rufend zur Huldigung des Führers, angetreten die Welt zu erobern, um ein „Drittes Reich" des Terrors und der Vernichtung nach innen und außen zu errichten. Na-

---

[1] Theodore Abel: Why Hitler Came Into Power. An Answer Based on the Original Life Stories of Six Hundred of His Followers. New York 1938.

[2] Bernd Jürgen Warneken u.a.: Als die Deutschen demonstrieren lernten. Das Kulturmuster „friedliche Straßendemonstration" im preußischen Wahlrechtskampf 1908–1910. Tübingen 1986, S. 3. (=Warneken 1986)

tionalsozialistische Demonstrationen sind sowohl von ihrer äußeren Form als auch von ihrer politischen Funktion zutiefst antidemokratisch. Aber ebensowenig wie sie als GAU einfach aus einer ansonsten demokratisch phantasierten deutschen Geschichte herausgeschnitten werden können, ebensowenig handelt es sich bei ihnen nur um normale Betriebsunfälle, die überall, warum dann nicht auch in Deutschland passieren konnten. Dieser qualitativen Änderung des Kulturmusters Straßendemonstration gilt es auf den Leib zu rücken. Es soll der Versuch unternommen werden, Strukturen nationalsozialistischer Demonstrationen herauszuarbeiten, und Normen, Werte und Bedürfnisse der dabei Beteiligten und davon Betroffenen, um vielleicht ansatzweise erklären zu können, warum sie so schrecklich erfolgreich waren.

3.

> „Die politische Propaganda sucht den Gegner aufzuklären, mit ihm zu disputieren, seinen Standpunkt zu begreifen, auf seine Gedanken einzugehen, ihm bis zu gewißem Grade recht recht zu geben.— Wenn aber die SA auf dem Plane erscheint, hört das auf. Sie kennt keine Konzessionen. Sie geht aufs ganze. Sie kennt nur das Motto (bildlich): Slah dot! du oder ich!"[3]

Die Ersetzung der Diskussion als friedliche Kommunikationsform durch die Macht der Faust, ist ein wesentliches Merkmal der faschistischen Bewegung. Brutal marodierende SA-Horden, diesem Bild der Gewalt und des Terrors korrespondieren Vorstellungen von Dummheit und Unvernunft. So bezeichnet z. B. Rolf Hochhuth die SA als eine „ Meute von vorwiegend kinnlastigen Mikrozephalen"[4] . Und Erich Kästner schreibt in seinem „Marschliedchen": „Ihr und die Dummheit zieht in Viererreihen/ in die Kaserne der Vergangenheit (...)."[5] In der Tat, mit der Diskussion aufzuhören, heißt auch den rationalen Diskurs zu beenden. Aber den Erfolg der faschistischen Massenbewegung durch Terror und Unvernunft erklären zu wollen, greift zu kurz. So dichtet Erich Kästner auch weiter: „Ihr kommt daher und laßt die Seelen kochen."[6] Die Faszinationen, die nationalsozialistische Demonstrationen ausgelöst ha-

---

[3] „SA-Befehl" Nr. 3 „SA und Öffentlichkeit (Propaganda)" vom 3. November 1926. Zit. n.: Karl Dietrich Bracher/ Wolfgang Sauer/ Gerhard Schulz: Die nationalsozialistische Machtergreifung. Köln/ Opladen 1962, S. 840. (= Bracher u. a. 1962)

[4] Joseph Goebbels: Tagebücher 1945. Hamburg 1977. Vorwort von Rolf Hochhuth, S.31.

[5] Erich Kästner: Marschliedchen. Zit.n.: Kurt Pätzold/ Manfred Weißbecker: Geschichte der NSDAP 1920 - 1945. Köln 1981, S. 106.

[6] Ebd.

ben, verweisen auf tieferliegende Rezeptions- und Transformationsebenen. Sinnlichkeit und Ästhetik gehen direkt zu Herzen. Die Wirkungen dieser Inszenierungen auf die emotionalen Defizite der Massen im Alltag der Weimarer Republik rücken damit ins Erkenntnisinteresse. „Wenn die SA kommt, hört die Diskussion auf!" verweist also auf zweierlei: Einmal auf die Macht des Terrors, die den Andersdenkenden zwingt und teilweise vernichtet, zum anderen auf die sinnlich-ästhetische Qualität, die den Andersdenkenden fasziniert, verunsichert und schließlich in Besitz nimmt. Dabei vemag es nicht mehr zu verwundern, wenn gerade auch der Terror öfters als Faszination empfunden wurde, wie umgekehrt auch emotionale Begeisterung öfters zwanghaften Charakter besaß, „in den Bann schlug".

4.

Im Dezember 1976 dokumentierte die Zeitschrift „Ästhetik und Kommunikation" eine Diskussion über „faschistische Öffentlichkeit" zwischen Peter Brückner, Wilfried Gottschalch, Eberhard Knödler-Bunte, Olav Münzberg und Oskar Negt.[7] Es wird dort auf die Gefahr hingewiesen, faschistische Öffentlichkeit „fein säuberlich gegenüber der bürgerlichen wie der proletarischen Öffentlichkeit" abzugrenzen, so „als habe der Nationalsozialismus eine eigene, unverwechselbare Form von Öffentlichkeit hervorgebracht, der er dann seinen Erfolg verdankte". Negt/ Kluge betonen, daß „Öffentlichkeit" kein Substanz-, sondern ein Verhältnisbegriff sei; es d i e faschistische Öffentlichkeit nicht gebe, die sich „durch ganz eigene Öffentlichkeitsformen, Propagandamethoden und Veranstaltungsformen" auszeichnen würde, „obwohl der Nationalsozialismus durchaus auch eigene Öffentlichkeitsformen geschaffen bzw. reaktualisiert" habe. Verwiesen wird dabei auf die Thing-Bewegung. Im weiteren Verlauf der Diskussion wird über die Stilähnlichkeiten der Öffentlichkeitsformen der rechten und linken Parteien die These vertreten, „daß sie sich ihrer Erscheinung nach kaum voneinander unterscheiden lassen". Und „tiefgreifende Unterschiede" seien erst eruierbar, wenn man sich „von den Erscheinungsformen der Öffentlichkeit ab und ihren einzelnen Inhalten zu(wende)".[8] Demgegenüber wäre aber gerade zu problematisieren: Sind die Öffentlichkeitsformen der Linken und Rechten, konkret ihre Demonstrationsformen,

---

7) „Ästhetik und Kommunikation" Nr.26, 1976, S. 20 - 55. Die Diskussion selbst fand am 13. 8. 1976 in Hannover statt.

8) Ebd.,S.46.

wirklich so ähnlich wie hier behauptet wird?[9] Fällt man nicht auf die zugegebenermaßen vorhandenen Ähnlichkeiten vorschnell herein, wenn man den Blick für die Unterschiede in erster Linie auf die inhaltliche politische Aussage konzentriert? Läßt sich nicht doch ,,Eigenes" antreffen, eine Spezifik nationalsozialistischer Demonstrationsformen aufspüren, die gerade deswegen spezifisch ist, weil sie nationalsozialistische Inhalte abbildet, transportiert und vermittelt? Aus welchem Stoff sind die Bilder gemacht, die die SA-Männer produzieren, welches sind seine Elemente, was bedeuten sie im Einzelnen und wie wirken sie als Ganzes?

5.

Nationalsozialistische Demonstrationen zwischen 1929 und 1933: Diese Beschränkung und Konzentration erscheint aus zwei Gründen sinnvoll. Einmal aus dem allgemeinen Verständnis der Weimarer Republik selbst. Auch dieser Geschichtsblock hat seine Phasen mit jeweils eigenen kurzfristigen Entwicklungsmöglichkeiten und -ergebnissen. Aber die Jahre 1929 bis 1933 bezeichnen bei allen Differenzierungen in dieser Periodisierung und bei allen unterschiedlichen Konnotationen in der Bewertung (Auflösung, Untergang, Zerschlagung) doch eines gemeinsam: Das Ende der Weimarer Republik. Diese besondere Qualität soll den gesonderten Blick begründen. Ein wichtigerer Grund liegt in der Entwicklung der nationalsozialistischen Bewegung. Ordnet man den Zeitintervallen 1925–28, 1929–32, 1933/34 und der Zeit ab 1935 charakteristische Etappen zu, die hier als ,,Aufbau-", ,,Bewegungs-", ,,Institutionalisierungs-" und ,,Systemphase" der NSDAP bezeichnet werden sollen.[10] , so bekommt die Zeit 1929 bis 1933 für unseren Untersuchungsgegenstand eine besondere Bedeutung. Erstens können sich gegenüber der davor liegenden Phase bestimmte Erscheinungsformen der nationalsozialistischen Demonstration erst hier entwickeln bzw. in vollem Umfang zum Ausdruck kommen, weil bestimmte quantitative und qualitative Bedingungen der Entwicklung

---

[9] Detlef J. K. Peukert geht noch einen Schritt weiter und spricht von der ,,Einheitlichkeit der Form trotz der Feindschaft der Programme". In: Ders.: Die Weimarer Republik. Krisenjahre der klassischen Moderne. Frankfurt 1987, S. 165. Die These von der überwiegenden Stilähnlichkeit linker und rechter Straßendemonstrationen in den 20er Jahren ist also nicht nur bei Konservativen aufzufinden, die generell Rot = Braun setzen, sondern auch bei Nachfahren der Kritischen Theorie. Und sie ist auch kein Relikt der 7oer Jahre, sondern aktuell.

[10] Diese Einteilung wurde von Eike Henning übernommen. Ders.: Faschistische Ästhetik und faschistische Öffentlichkeit. In: Berthold Hinz u.a.(Hrsg.): Die Dekoration der Gewalt. Kunst und Medien im Faschismus. Gießen 1979, S. 9–15, hier S. 9.

der Partei erst ab 1928/29 erfüllt sind. Zweitens haben diese Erscheinungsformen nicht schon wieder selbst andere, neue Qualitäten durch die Folgewirkungen des Machtantritts der NSDAP erhalten. Auch „faschistische Öffentlichkeit" ist kein Kontinuum, keine abgehobene Eigenart d e s Faschismus. In den jeweiligen Phasen der nationalsozialistischen Bewegung müssen Differenzierungen der Form und Funktion „faschistischer Öffentlichkeit" berücksichtigt werden. Dies gilt insbesondere für die Zeit vor und nach 1933. Nationalsozialistische Demonstrationen in der „Kampfzeit" können nicht gleichgesetzt werden mit Aufmärschen nach der „Machtergreifung". Erstere bilden noch eine Form von „Gegenöffentlichkeit" als Ausdruck des Protestes und des Kampfes gegen das „System von Weimar", letztere sind Bestandteil einer „zur Herrschaft gekommenen Öffentlichkeit" als Ausdruck des Sieges über Weimar und der Gestaltung des neuen, des „Dritten Reiches". So unterscheiden sich die „Kampfdemonstrationen" von den bis zu 14 „Feiern im nationalsozialistischen Jahresablauf". Bei diesen fanden natürlich auch Aufmärsche und Demonstrationen statt, sie waren jedoch als gesetzliche Feiertage staatlich institutionalisiert. Hier wurde die „Volksgemeinschaft" nicht mehr nur von den SA-Kolonnen symbolisiert, sondern mit allen staatlichen (Zwangs-) Mitteln organisiert und exerziert. Nicht mehr die „Bewegung" marschierte, sondern der neue Staat, das nationalsozialistische System brachte sich in der Formierung der Massen in den Straßen und auf den Plätzen zum Ausdruck. Die SA übernahm dabei wichtige Ordnungsfunktionen, damit alles „wie am Schnürchen klappte". Karlheinz Schmeer verdeutlicht diesen Unterschied, wenn er auf den Abstand verweist, der „die gutgeschnittenen Parteiuniformen von dem verwaschenen Braunhemd der 'Kampfzeit' und die fünfzig Meter langen Flaggenbahnen der Luitpoldarena von der selbstgenähten Hakenkreuzfahne früherer Zeiten trennte."[11] Die Jahre 1929 bis 1933 sind daher besonders geeignet, den Kern der nationalsozialistischen Straßendemonstration zu enthüllen: Sie ist eine scheinrevolutionäre Veranstaltung, die in die Reaktion führt. Dies zeigt nicht nur die Geschichte und der weitere Verlauf des Nationalsozialismus, es läßt sich auch noch in den Biographien der „alten SA-Kämpfer" nach 1933 ablesen. Nach dem Herrschaftsantritt der NSDAP im Bündnis mit den traditionellen Machteliten wurden die Enttäuschungen über die ausbleibenden „revolutionären" Maßnahmen und Veränderungen insbesondere in der SA virulent. Die „zweite Revolution" fand aber bekannt-

[11] Karlheinz Schmeer: Die Regie des öffentlichen Lebens im Dritten Reich. München 1956, S. 55. (=Schmeer 1956)

lich nicht statt. Spätestens mit der Liquidierung großer Teile der SA-Führung im Juni 1934 wurde deutlich, daß die Parteioligarchie vor nichts zurückschreckte, die „Revolution" zu „beenden". Die „alten Kämpfer" hatten ihre Aufgabe erfüllt. Ein beachtlicher Teil von ihnen wandte sich enttäuscht und resigniert von der Partei ab. Im „Kampf um die Straße" zur SA gekommen, waren sie um die Jahreswende 1935/36 nicht mehr aktiv. Ein großer Teil der SA-Männer konnte jedoch eine positive Bilanz der „Kampfzeit" ziehen. Ihr Einsatz für den Nationalsozialismus hatte sich nach 1933 für sie mit einem von der NSDAP protegierten sicheren Arbeitsplatz bezahlt gemacht.[12)]

6.

Erste allgemeine Hinweise auf nationalsozialistische Straßendemonstrationen sind in historischen Standardwerken über die Weimarer Republik und den Nationalsozialismus zu finden.[13)] Weitere in Darstellungen der Parteigeschichte der NSDAP und der SA.[14)] Insbesondere in der jüngst erschienenen „Geschichte der SA" von Peter Longerich[15)] werden Aktionsformen der SA untersucht. Der Schwerpunkt liegt dabei allerdings auf dem Aspekt des Terrors der marschierenden Kolonnen. Konkretere Problematisierungen erscheinen in den Arbeiten von Karlheinz Schmeer und Klaus Vondung[16)], deren Schwerpunkt aber nicht die nationalsozialistische „Kampfdemonstration" vor 1933 ist, sondern die breite Auffächerung nationalsozialistischer Öffentlichkeitsformen nach 1933. Beide Autoren gehen davon aus, daß bei nationalsozialistischen Demonstrationen

---

12) Vgl. Christoph Schmidt: Zu den Motiven „alter Kämpfer" in der NSDAP. In: Detlef Peukert/ Jürgen Reulecke (Hrsg.): Die Reihen fast geschlossen. Beiträge zur Geschichte des Alltags unterm Nationalsozialismus. Wuppertal 1981, S. 21–43, hier S. 38ff.

13) Bracher u.a. 1962; Wolfgang Michalka (Hrsg.): Die nationalsozialistische Machtergreifung. Paderborn/ München/ Wien/ Zürich 1984.; Gerhard Schulz: Aufstieg des Nationalsozialismus. Krise und Revolution in Deutschland. Frankfurt/ Berlin/ Wien 1975.; Arthur Rosenberg: Entstehung und Geschichte der Weimarer Republik. Frankfurt 1962.

14) Kurt Pätzold/ Manfred Weißbecker: Geschichte der NSDAP von 1920 bis 1945. Köln 1981. (=Pätzold 1981); Andreas Werner: SA und NSDAP. SA: „Wehrverband", „Parteitruppe" oder „Revolutionsarmee"? Studien zur Geschichte der SA und der NSDAP 1920–1933. Erlangen/ Nürnberg Phil.-Diss. 1964. (=Werner 1964); Heinrich Bennecke: Hitler und die SA. München/ Wien 1962. (=Bennecke 1962)

15) Peter Longerich: Die braunen Bataillone. Geschichte der SA. München 1989. (=Longerich 1989)

16) Schmeer 1956; Klaus Vondung: Magie und Manipulation. Ideologischer Kult und politische Religion des Nationalsozialismus. Göttingen 1971. (=Vondung 1971)

,,nicht mit intellektuellen, sondern mit sensuellen, optischen und akustischen Mitteln"[17] gearbeitet wird. Schmeer sieht das zentrale Vorbild in der Werbung, die bei den Nationalsozialisten ,,neue, dem ursprünglichen Wesen der Werbung völlig fremde Züge"[18] erhalte. Dieses Neuartige sei die ,,Einbeziehung des Zwanges in die 'üblichen' Mittel der Werbung"[19] Vondung setzt ,,den emotionalen Charakter dieses Propagandastils (...) mit dem nationalsozialistischen Feierstil gleich"[20] als dessen zentrales Vorbild er den christlichen Kult betrachtet. Mit den Kategorien der Manipulation, der Magie und des ,,Psychismus" werden die Wirkungen nationalsozialistischer Öffentlichkeitsformen als ,,Realitätsverlust und Realitätsadäquanz" der Rezipienten interpretiert.[21] Klaus Theweleit, der der Psychoanalyse der soldatischen Männer auf der Spur ist[22] , sieht demgegenüber nicht Verlust von Realität als vielmehr eine besondere ,,faschistische Realitätsproduktion": In den SA-Aufmärschen würden innere Zustände in äußere Massenmonumente umgesetzt, deren besondere Produktionsform sich aus der psychophysischen Verfassung der soldatischen Männer ergäbe. Ebenfalls mit Massenphänomenen setzt sich Elias Canetti[23] auseinander, der formale und affektive Kriterien zur Differenzierung unterschiedlicher Massen entwickelt. Insbesondere mit der Herausarbeitung von ,,nationalen Massensymbolen" trägt er zur Erklärung der Faszination von SA-Demonstrationen bei. Einzelne Aufsätze wie die von Hans-Gerd Jaschke/ Martin Loiperdinger[24] , Wieland Elfferding[25] oder auch im ,,Argument - Sonderband 60"[26] konzentrieren sich auf einzelne historische nationalsozialistische Demonstrationen wie beispiels-

---

17) Schmeer 1956, S. 16 ; Vondung 1971, S. 36.

18) Schmeer 1956, S. 8.

19) Schmeer 1956, S. 9.

20) Vondung 1971, S. 36.

21) Siehe dazu auch Olav Münzberg: Hilfloser Antifaschismus. In: ,,Ästhetik und Kommunikation" Nr. 26, 1976, S. 99–103.0

22) Klaus Theweleit: Männerphantasien. Bd. I und II, Basel/ Frankfurt 1986.(=Theweleit 1986)

23) Elias Canetti: Masse und Macht. Frankfurt 1980. (=Canetti 1980)

24) Hans-Gerd Jaschke/ Martin Loiperdinger: Gewalt und NSDAP vor 1933. Ästhetische Okkupation und physischer Terror. In: Reiner Steinweg (Red.): Faszination der Gewalt. Frankfurt 1983, S. 123–156. (=Jaschke/ Loiperdinger 1983)

25) Wieland Elfferding: Von der proletarischen Masse zum Kriegsvolk. Massenaufmarsch und Öffentlichkeit im deutschen Faschismus am Beispiel des 1. Mai 1933. In: Frank Wagner/ Gudrun Linke (Hrsg.) : Die Inszenierung der Macht. Berlin 1987. (=Elfferding 1987)

26) Manfred Behrens u. a. : Faschismus und Ideologie 1. Projekt Ideologie - Theorie. Berlin 1980. (=Argument-Sonderband AS 60)

weise den 1. Mai 1933 und untersuchen dabei Formen der Gewalt und der sinnlich-ästhetischen Präsentation als Mittel und Methode der Umwandlung ,, massenhaftes Bewußtseins ökonomisch-sozialer Verelendung insbesondere bei kleinbürgerlichen Schichten zur Zeit der Weltwirtschaftskrise (...) in pronazistisches (Wahl-) Verhalten."[27] Weniger analytisch, aber dafür zum Teil mit einem höheren Maß an Illustration sind Berichte in der biographischen Erinnerungsliteratur, wie z.B. bei Wilhelm Reich oder Max von der Grün.[28]

7.

> ,,Der Akzent liegt nicht nur auf Entlarvung des ideologischen Scheins, sondern auf der Musterung des möglichen Rests."[29]

Der größte Teil der benutzten Primärquellen stammt aus dem nationalsozialistischen Propagandaapparat. So wurde der ,,Völkische Beobachter"[30] als wichtigstes Organ der umfangreichen Parteipresse der NSDAP vom Januar 1929 bis Mai 1933 durchgearbeitet. Darüberhinaus wurden ,,Selbstzeugnisse"[31] und ,,Tatsachenberichte"[32] aus der ,,Kampfzeit", die insbesondere über die SA handeln, herangezogen. Die Verwendung nationalsozialistischer Quellen erfordert einen besonders kritischen Umgang. Eine propagandistische Tätigkeit, eine ,,Aufklärung", die sich selbst dazu bekannt hat, ,,ihre Richtigkeit (...) ausschließlich (...) an ihrem wirksamen Erfolg (zu messen)"[33] , kann wohl kaum als objektiv betrachtet werden. Aber die Objektivität bzw. die mangelnde Objektivität ist nicht das entscheidende Kriterium, das die nationalsozialistische

---

[27] Jaschke/ Loiperdinger 1983, S. 123.

[28] Wilhelm Reich: Die emotionale Pest der Menschheit. Bd.2: Menschen im Staat. Frankfurt 1982.; Max von der Grün: Wie war das eigentlich? Kindheit und Jugend im Dritten Reich. Darmstadt/ Neuwied 1979.

[29] Ernst Bloch: Erbschaft dieser Zeit. Frankfurt 1973, S. 18.

[30] ,,Völkischer Beobachter, Kampfblatt der national-sozialistischen Bewegung Großdeutschlands": 1929, 42. Jg., Bayernausgabe; 1930, 43. Jg., Bayernausgabe; 1931, 44. Jg., Bayernausgabe; 1932, 45. Jg., Reichsausgabe; 1933, 46. Jg., Norddeutsche Ausgabe, Ausgabe A. (=V.B.)

[31] Albrecht Tyrell (Hrsg.): Führer befiehl....Selbstzeugnisse aus der ,,Kampfzeit" der NSDAP. Dokumentation und Analyse. Düsseldorf 1969.

[32] Wilfrid Bade: Die SA erobert Berlin. Ein Tatsachenbericht. München 1934. (=Bade 1934); Ders.: Deutschland erwacht. Werden, Kampf und Sieg der NSDAP. Altona-Bahrenfeld 1933. (=Bade 1933); Manfred von Killinger: Die SA. In Wort und Bild. Leipzig 1933. (=Killinger 1933); Julek Karl von Engelbrechten: Eine braune Armee entsteht. München/ Berlin 1937. (=Engelbrechten 1937)

[33] Adolf Hitler: Mein Kampf. München [8]1931, S. 376. (=Hitler 1931)

Propagandatätigkeit von der Informationsarbeit anderer Parteien oder auch staatlicher Einrichtungen unterscheidet. Wenn z.B. der „Völkische Beobachter" 104.000 Teilnehmer beim „mitteldeutschen SA-Treffen" am 17./18. Oktober 1931 in Braunschweig meldet[34], der „Vorwärts" dagegen nur 30.000[35], so ist dieses Phänomen beileibe nichts spezifisch nationalsozialistisches bzw. neues[36], und man wird auch nicht ohne weiteres dem „Vorwärts" oder einer Wahrheit, die in der Mitte liegt, vertrauen dürfen. Nationalsozialistische Presse und Literatur fälscht von Fall zu Fall nicht nur bestimmte historische und aktuelle Daten und Fakten aus Wirtschaft, Politik und Kultur, sie will mehr: Sie „will bannen, unterwerfen, einschüchtern, täuschen, Gefühle wie Angst, Verzweiflung, Haß, Liebe, Sehnsucht, am besten einen ganz diffusen Gefühlsrausch gegen das klare Denken aufhetzen."[37] Damit ergeben sich bei der Beurteilung dieser Quellen bestimmte Gefahren. Einerseits können sie nicht einfach gleichgesetzt werden mit „normalen" bürgerlichen Ideologieproduktionen. Diese Herangehensweise wäre zu oberflächlich. Bestimmte „Wahrheiten" würden übersehen. Andererseits: Wie weit kann und darf ein Einlassen auf die Quellen gehen, ohne daß man selbst „unterworfen" wird, so daß am Ende die Ergebnisse nicht antifaschistisch, sondern „wertneutral" wären? Rainer Stollmann schreibt in der Einleitung seiner „Literaturstudien zum subjektiven Faschismus": „Die Methode der bescheidenen Einfühlung (...) ist deshalb fehl am Platze; Respektlosigkeit und Parteilichkeit im Sinne Ernst Blochs sind angebracht. (...) Jede Identifikation mit dem Gegenstand wird vermieden und soll beim Leser hintertrieben werden."[38] Solange unter einer „Methode der bescheidenen Einfühlung" verstanden wird, „den Faschismus mit 'Sympathie' betrachten zu müssen", wie Stollmann es Ernst Nolte vorwirft[39], so wäre diese in der Tat abzulehnen. Ansonsten bemüht sich diese Arbeit, die Methode nicht mit ihren Ergebnissen zu verwechseln. Es gehr natürlich nicht um ein apologetisches Einfühlen und auch nicht um ein Verstehen ohne Bewertung, sondern um eine Interpretation der Quellen, die sich auf diese wirklich einläßt ohne sich mit den real-historischen Ergebnissen zu identifizieren oder diese etwa gar akzeptiert. Wenn der „Völkische Beob-

[34] V.B. Nr. 294, vom 21. Oktober 1931.

[35] „Vorwärts", vom 20.Oktober 1931.

[36] Warneken 1986, S. 59.

[37] Rainer Stollmann: Ästhetisierung der Politik. Literaturstudien zum subjektiven Faschismus. Stuttgart 1978, S. 11. (=Stollmann 1978)

[38] Ebd., S. 10f.

[39] Ebd., S.177.

achter" beispielsweise am 10. Januar 1933 anläßlich einer Kundgebung im Berliner Lustgarten berichtet:

> „Auf dem gewaltigen Platz vor dem Schloß, gegenüber dem Dom, stellen sich die 100.000 auf, ein braunes Meer, überloht von den roten Sturmfahnen der HJ, überglitzert von den Sternen der Bogenlampen. Es ist ein ungeheures, packendes, hinreißendes Bild."[40] ,

so gilt es, dieses Bild in seiner Wirkung ernst zu nehmen und nicht einfach als Propaganda abzutun. Dabei sind die Texte einmal Gegenstand einer auf sie anzuwendenden Hermeneutik des Symbolischen. Was verbirgt sich z.B. hinter Formulierungen wie „braunes Meer"? Dann sind sie aber auch schlichtweg Hinweise auf reale Tatsachen, deren Bedeutung zum Teil nicht aus dem Text selbst herausinterpretiert werden kann, sondern nur durch die Analyse der Gesellschaft und ihrer Geschichte. Man erfährt zwar wo die Kundgebung stattgefunden hat, daß sich Massen daran beteiligt haben und die Sturmfahnen rot waren, aber nicht warum sie rot waren oder welchen Stellenwert es hatte, wenn die Faschisten im Berliner Lustgarten ihre Veranstaltung abhielten. Mit anderen Worten: Nationalsozialistische Quellen sind zwar oft bestückt mit Fälschungen der facts, durchwachsen von Verbiegungen der Realität und überwuchert vom Mythos ihrer „Weltanschauung", sie haben aber auch einen Sinn und zwar sowohl einen symbolischen als auch einen realen. Beides sollte nicht verwechselt werden, wie insgesamt ihr Sinn nicht Opfer von voreiligen Entlarvungen werden sollte.

---

[40] V.B. Nr. 10, vom 10. Januar 1933.

Der „Kampf um die Straße"

„Wie erzeugen wir den Geist, der ein Volk befähigt Waffen zu tragen?"[1] „Dieses Bürgertum hat keine Ahnung davon, daß dieser Kampf nun nicht mehr im Salon, sondern auf der Straße entschieden wird."[2] „20. Dezember. Auf der Straße wird Politik gemacht. (...) 15.Januar. Die Straße! Ich komme nicht los davon. Ich zersplittere mich. Politik! Man wird mitgezogen in den Strudel."[3]

1. Die Macht und die Massen

Die NSDAP führte ihren „Kampf um die Befreiung Deutschlands" von Anfang an unter imperialistischen Vorzeichen. „Jeder Wiederaufstieg des deutschen Volkes führt nur über die Wiedergewinnung der äußeren Macht. Die Voraussetzungen hierzu sind aber nicht, wie unsere bürgerlichen 'Staatsmänner' immer herumschwätzen, Waffen, sondern die Kräfte des Willens"[4] Der deutsche Imperialismus hatte einen empfindlichen Rückschlag im Krieg und durch die Revolution hinnehmen müssen. Hitler war klar, daß ein erneuter Versuch Weltherrschaft anzustreben nicht möglich war ohne eine Massenbasis in der Bevölkerung. Hier hatten alle konservativ-deutschnationalen Parteien ein erhebliches Defizit. Insbesondere ihre soziale Verankerung in der Arbeiterbewegung,aber auch in großen Teilen des Mittelstandes war gering. Die politische und kulturelle Hegemonie der herrschenden Klassen über das Volk war zwar nicht gebrochen, aber ein erneutes imperialistisches Abenteuer war nicht durchsetzungsfähig. „So waren wir uns bereits im Jahre 1919 darüber klar, daß die neue Bewegung als oberstes Ziel zunächst die Nationalisierung der Massen durchführen muß."[5] Im Mittelpunkt stand dabei nicht „eine Umschichtung im an sich nationalen Lager (...), sondern ein Gewinnen des antinationalen."[6] Die Aufmerksamkeit galt insbesondere der Arbeiterbewegung. „Nationalisierung der Massen" bedeutete zuallererst, sie „dem internationalen Wahne zu entreißen, aus ihrer sozialen Not zu befreien, dem kulturellen Elend zu entheben und

[1] Hitler 1931, S. 365.

[2] Geleitwort von Adolf Hitler. In: Das braune Heer. 100 Bilddokumente: Leben, Kampf und Sieg der SA und SS., S. VIIf.

[3] Joseph Goebbels: Michael. Ein deutsches Schicksal in Tagebuchblättern. München 1931, S. 133ff.

[4] Hitler 1931, S. 365.

[5] Ebd., S. 369.

[6] Ebd., S. 375.

als geschlossenen, wertvollen, national fühlenden, und national sein wollenden Faktor in die Volksgemeinschaft zu überführen."[7] Hier gerieten die Parteien des bürgerlich-konservativen Lagers in das Schußfeld der Kritik der NSDAP. Ihre Politik gegenüber der Arbeiterbewegung sei falsch. „Bürgerliche Schlappschwänzigkeit" würde dazu führen, der Auseinandersetzung mit dem Marxismus feige aus dem Wege zu gehen. Das Bürgertum zeichne sich durch den „Verlust des psychologischen Instinktes für Massenwirkung" aus, es fehle ihm die „Kraft und die Fähigkeit der Massenbeeinflussung."[8] In Hitlers Auffassungen über die „Seele des Volkes" offenbarte sich seine ganze Menschenverachtung. Die Massen waren für ihn primitiv und minderwertig, wichtig nur als instrumentierbares Objekt seiner Machtpolitik. „Die breite Masse ist nur ein Stück der Natur."[9]

> „Das Volk ist in seiner überwiegenden Mehrheit so feminin veranlagt und eingestellt, daß weniger nüchterne Überlegung vielmehr gefühlsmäßige Empfindung sein Denken und Handeln bestimmt. Diese Empfindung ist aber nicht kompliziert, sondern sehr einfach und geschlossen. Es gibt hier nicht viel Differenzierungen, sondern ein Positiv oder ein Negativ, Liebe oder Haß, Recht oder Unrecht, Wahrheit oder Lüge, niemals aber halb so und halb so, oder teilweise usw.."[10]

Hitler sah in der „Welt des Gefühls" einen grundsätzlichen Ansatzpunkt für die Beeinflußung der Massen.

> „Dort ruht ihre entweder positive oder negative Einstellung. (...) Der Glaube ist schwerer zu erschüttern als das Wissen, Liebe unterliegt weniger dem Wechsel als Achtung, Haß ist dauerhafter als Abneigung und die Triebkraft zu den gewaltigsten Umwälzungen auf dieser Erde lag zu allen Zeiten weniger in einer die Massen beherrschenden wissenschaftlichen Erkenntnis als in einem sie beseelenden Fanatismus und manchmal in einer sie vorwärts jagenden Hysterie. Wer die breite Masse gewinnen will, muß den Schlüssel kennen, der das Tor zu ihrem Herzen öffnet. Er heißt nicht Objektivität, also Schwäche, sondern Wille und Kraft."[11]

2. Das Kalkül der Propaganda

Damit ergab sich für die NSDAP „eine einfache und klare Linie: Die Propaganda ist in Inhalt und Form auf die breite Masse anzusetzen

[7] Ebd., S. 374.
[8] Ebd., S. 525.
[9] Ebd., S. 371.
[10] Ebd., S. 201.
[11] Ebd., S. 371.

Abbildung 2: Geschichtsbuchseite 1940

76. 9. November 1918: Rote Fahnen durchs Brandenburger Tor

77. 30. Januar 1933: SA. marschiert durchs Brandenburger Tor

Quelle: Theweleit 1986, Bd. 2, S. 95.

und ihre Richtigkeit ist ausschließlich zu messen an ihrem wirksamen Erfolg."[12] Als Vorbilder dienten dabei die englische und amerikanische Kriegspropaganda während des 1. Weltkrieges und die Propagandamethoden der sozialistischen Parteien, insbesondere der österreichischen Sozialdemokratie.[13] Dazu kam Hitlers eigene praktische Erfahrung als Versammlungsredner und erster „Propagandaleiter" der Partei seit 1920. Die allgemeinen Prinzipien dieser nationalsozialistischen Propaganda ergaben sich aus den richtig erkannten Grundregeln politisch-demagogischer Reklame.[14] Sie bestanden in Hitlers Zusammenfassung darin, „volkstümlich zu sein", „ihr geistiges Niveau einzustellen nach der Aufnahmefähigkeit des Beschränktesten", ihre Wirkung sollte „immer mehr auf das Gefühl gerichtet sein und nur sehr bedingt auf den sogenannten Verstand." Und dabei hatte sie sich „auf wenig zu beschränken und dieses ewig zu wiederholen."[15] In der Anwendung dieser Prinzipien entwickelten die Nazis eine Hierarchie ihrer propagandistischen Mittel. Bücher, Broschüren und Zeitungen schienen nur bedingt tauglich. Als geeigneter galten Flugblätter und Plakate.

> „Größere Aussicht besitzt schon das Bild in allen seinen Formen (...). Hier braucht der Mensch noch weniger verstandesmäßig zu arbeiten, es genügt zu schauen, höchstens noch ganz kurze Texte zu lesen (...). Das Bild bringt in viel kürzerer Zeit, fast möchte ich sagen, auf einen Schlag, dem Menschen eine Aufklärung (...)."[16]

Schon hier wird der sensitive Effekt dem intellektuellen vorgezogen. Noch deutlicher wird dies in der Vorliebe für das gesprochene Wort, die Rede, die „turmhoch über der papiernen Suggestion eines Leitartikels steht". In der Rede sah Hitler die Macht, welche „alle wirklich großen historischen Umwälzungen"[17] zuwege brachte. Nicht der Schriftsteller, sondern meistens nur der Redner könne „die Widerstände des Gefühls"[18] beseitigen. Der Ort des Redners war die Massenversammlung. Von ihr

---

12) Ebd., S. 376.

13) Ebd., 1. Bd., 6. Kapitel: Kriegspropaganda., S. 193–204 und 2. Bd., 7.Kapitel: Das Ringen mit der roten Front., S. 538–567.

14) In der NSDAP wurden Schriften über die modernsten amerikanischen und deutschen Werbemethoden und Reklametechniken rezipiert. Vgl. auch: Gerhard Voigt: Goebbels als Markentechniker. In: Wolfgang Fritz Haug (Hrsg.): Warenästhetik. Beiträge zur Diskussion, Weiterentwicklung und Vermittlung ihrer Kritik. Frankfurt 1975, S. 231–260; hier S. 232ff.

15) Ebd., S. 197ff.

16) Ebd., S. 526.

17) Ebd., S. 532.

18) Ebd., S. 527.

versprach man sich weitaus größere Möglichkeiten an die Emotionen und Affekte der Menschen heranzukommen. Auch hier hatte die NSDAP von ihrem politischen Gegner gelernt.

„Was dem Marxismus die staunenswerte Macht über die breiten Massen gegeben hat (...) das sind die Hunderttausende von Versammlungen, bei denen (...) diese Volksredner auf die Massen einhämmerten und so eine fabelhafte Kenntnis diesen Menschenmaterials zu gewinnen wußten, was sie erst recht in die Lage versetzte, die richtigsten Angriffswaffen auf die Burg der öffentlichen Meinung zu wählen."[19)]

Und diese „richtigsten Angriffswaffen", das waren die

„gigantischen Massendemonstrationen, diese Hunderttausend-Mann-Aufzüge, die dem kleinen armseligen Menschen die stolze Überzeugung einbrannten, als kleiner Wurm dennoch Glied eines großen Drachen zu sein, unter dessen glühenden Atem die verhaßte bürgerliche Welt dereinst in Feuer und Flamme aufgehen und die proletarische Diktatur den letzten Endsieg feiern werde."[20)]

Die Massenversammlung, insbesondere die Massendemonstration wurde als die höchst entwickeltste Form propagandistischer Öffentlichkeit betrachtet. Sie erschien als der mächtigste Rammbock, um die Festung der Weimarer Republik zu schleifen. Zwei Funktionen kamen diesen beiden Massenveranstaltungen zu. Erstens sollte durch sie das einzelne Individuum „gestärkt" werden.

„Die Massenversammlung ist auch schon deshalb notwendig, weil in ihr der einzelne, der sich zunächst als werdender Anhänger einer jungen Bewegung vereinsamt fühlt und leicht der Angst verfällt, allein zu sein, zum ersten Mal das Bild einer größeren Gemeinschaft erhält, was bei den meisten Menschen kräftigend und ermutigend wirkt."[21)]

Zweitens ging es darum „Korpsgeist zu erzeugen". Der einzelne Teilnehmer sollte mit einem Bild begeisterter Massen konfrontiert werden. Dann, so die Berechnung,

„unterliegt er selbst dem zauberhaften Einfluß dessen, was wir mit dem Wort Massensuggestion bezeichnen. Das Wollen, die Sehnsucht, aber auch die Kraft von Tausenden akkumuliert sich in jedem einzelnen. Der Mann, der zweifelnd und schwankend eine solche Versammlung betritt, verläßt sie innerlich gefestigt: er ist zum Glied einer Gemeinschaft geworden."[22)]

---

19) Ebd., S. 529.
20) Ebd.
21) Ebd., S. 535.
22) Ebd., S. 536.

Hier verrät sich die eigentliche Absicht. Der Inhalt der Rede tritt in den Hintergrund, eine Rationalität der Argumentation löst sich auf in der Sinnlichkeit eines betörenden Erlebnisses. Übrig bleibt die Inszenierung des „Bildes". Die Ästhetisierung des Politischen wird zur Hauptseite der Veranstaltung. Die Art und Weise, in der die bürgerlich-konservativen Parteien ihre Versammlungen durchführten, erschien Hitler daher völlig unvereinbar mit seinen Zielen. „Sie übten auf mich immer denselben Eindruck aus wie in meiner Jugend der befohlene Löffel Lebertran."[23] Hitler kritisierte insbesondere die „homogene Geschlossenheit" der jeweiligen Parteiangehörigen, die fehlende Disziplin der Versammlung und ihre lasche Leitung und schließlich die „friedliche Stimmung", die der Veranstaltung den Charakter eines „mehr religiösen Weiheaktes" verleihen und die Versammelten in einen Trancezustand versetzen würde.[24] Der bürgerliche Versammlungsstil fand nur Haß und Verachtung.

> „Da brauchte der Minister für Ruhe und Ordnung wirklich keine Angst zu haben, daß die Wogen der Begeisterung plötzlich das behördliche Maß bürgerlicher Anständigkeit sprengen könnten; daß plötzlich im Rausche der Begeisterung die Menschen aus dem Saale strömen, nicht um ins Cafe oder Wirtshaus zu eilen, sondern um in Viererreihen in gleichem Schritt und Tritt mit 'Deutschland hoch in Ehren' durch die Straßen der Stadt zu marschieren und einer ruhebedürftigen Polizei dadurch Unannehmlichkeiten zu bereiten."[25]

Für die eigenen Parteiversammlungen wurde ein neuer Stil entwickelt. „Es war gleich zu Beginn an wichtig, in unseren Versammlungen blinde Disziplin einzuführen und die Autorität der Versammlungsleitung unbedingt sicherzustellen."[26] Dazu wurde ein straff organisierter Saalschutz aufgebaut. Die Veranstaltungen waren von Anfang an auf die Provokation des politischen Gegners angelegt.

> „Wir haben die rote Farbe unserer Plakate nach genauen und gründlichen Überlegungen gewählt, um dadurch die linke Seite zu reizen, zur Empörung zu bringen und sie zu verleiten, in unsere Versammlungen zu kommen, wenn auch nur um sie zu sprengen, damit wir auf diese Weise überhaupt mit den Leuten reden konnten."[27]

Je nach Situation und Kalkül wurden „Aussprachen" zugelassen oder verboten; Zwischenrufer wurden vom Ordnerdienst vor die Tür gesetzt

---

23) Ebd., S. 538.
24) Ebd.
25) Ebd., S. 540
26) Ebd., S. 541.
27) Ebd., S.542.

und massive Störversuche der Linksparteien, die entweder von diesen organisiert oder durch die NSDAP selbst provoziert worden waren, führten zu blutigen Saalschlachten, die der Partei die beabsichtigte Öffentlichkeit einbrachte. So verfehlten zwar die nationalsozialistischen Veranstaltungen und ihr autorität-dynamischer, kämpferischer Stil nicht ihre Wirkung, aber sie unterlagen doch noch wesentlichen Beschränkungen. Die Teilnehmer mußten ja zunächst einmal in die Versammlungen kommen, was bereits eine gewisse Neugier und ein Mindestmaß an Interesse voraussetzte. Insofern besaßen diese noch einen relativ defensiven Charakter und unterlagen gewissen quantitativen Schranken. Insbesondere bestand ihr Manko aber darin, daß die Verführungskraft der formal-ästhetischen Mittel in den Versammlungslokalen ungenügend ausgenutzt wurde. Im Zentrum stand die Rede, die formal-ästhetischen Mittel dienten nur als Rahmung, als „Erlebnisüberhöhung". Um diese Beschränkungen aufzubrechen, mußte der Schritt auf die Straße vollzogen werden. Mit der Straßendemonstration hatte man ein Mittel in der Hand, mit dem die Propaganda mobiler und offensiver verbreitet werden konnte. Mit ihr ergab sich dadurch die Chance, alle Möglichkeiten der unmittelbaren Sinnlichkeit und eigenständigen Faszination der formal-ästhetischen Wirkungsmittel voll zur Geltung zu bringen. Am 3. November 1926 erschien der „SA-Befehl (SABE)" „SA und Öffentlichkeit (Propaganda)". Der damalige „Oberste-SA-Führer (OSAF)" Hauptmann von Pfeffer erklärte darin über die SA-spezifische Propagandaform:

„1. Die einzige Form, in der sich die SA an die Öffentlichkeit wendet ist das geschlossene Auftreten. Dieses ist zugleich eine der stärksten Propagandaformen. Der Anblick einer starken Zahl innerlich und äußerlich gleichmäßiger disziplinierter Männer, deren restloser Kampfeswillen unzweideutig zu sehen oder zu ahnen ist, macht auf jeden Deutschen den tiefsten Eindruck und spricht zu seinem Herzen eine überzeugendere und mitreißendere Sprache als Schrift und Rede und Logik je vermag. Ruhiges gefaßt sein und Selbstverständlichkeit unterstreicht den Eindruck der Kraft, — der Kraft der marschierenden Kolonnen und der Kraft der Sache, für die sie marschieren. Die innere Kraft der Sache läßt den Deutschen gefühlsmäßig auf deren Richtigkeit schließen; denn nur Richtiges, Ehrliches, Gutes kann ja wahre Kraft auslösen. Wo ganze Scharen planmäßig (nicht in der Aufwallung plötzlicher Massensuggestion) Leib, Leben, Existenz für eine Sache einsetzen, da *muß* (H.i.O.) die Sache groß und wahr sein. 2. Der gefühlsmäßige 'Wahrheitsbeweis' wird durch die gleichzeitige Beigabe von logischen Beweisen und Werbemitteln nicht unterstrichen, sondern gestört und abgelenkt. Es hat zu unterbleiben: Hoch- und Niederrufe, Plakate über Tagesstreit,

Schmähungen, begleitende Reden, Flugzettel, Texte, Volksbelustigung."[28]

Anfangs der 20er Jahre gehörte die Straße, was Demonstrationen betraf, den linken Arbeiterparteien. So war der Schritt des Nationalsozialismus auf die Straße eine massive Kampfansage.

„*Wer den Marxismus in seiner Macht brechen will, muß ihm die Straße nehmen.* (...) Hier in der Herrschaft der Straße, liegt die Schwerkraft des Marxismus. Der Marxismus hat die Macht errungen durch die Straße. Er lebt durch die Herrschaft auf der Straße. Sein Lebenselement ist die Straße. *Nur wer die Straße säubert vom roten Terror, wird eine deutsche Zukunft schaffen, wird der deutschen Nation das Leben zurückgeben. Wir sind bereit. Wir haben unsere Recht auf die Straße angemeldet. Sie gehört auch uns, nicht nur den roten Horden.* (...) Wir werden den roten Terror brechen, wir werden die Straße zurückerobern dem deutschen Volke."[29]

3. Zeichen und Symbole

Hitler hatte erkannt, daß Aussicht auf Erfolg, den „Kampf um die Straße" zu gewinnen, nur dann bestand, wenn die Partei in der Lage war, zwei grundsätzliche Aufgaben zu lösen. Zum einen war es notwendig, eine breite Palette formal-ästhetischer Wirkungsmittel, eine Symbolsprache für das Agieren in den Straßen zu entwickeln. Zum zweiten bedurfte es eines Subjekts, das als Träger dieser Symbolsprache fungierte. Kurz nach dem Kriege hatte Hitler eine Massenkundgebung „des Marxismus" vor dem königlichen Schloß im Lustgarten in Berlin miterlebt. Er war zutiefst beeindruckt.

„Ein Meer von roten Fahnen, roten Binden und roten Blumen gaben dieser Kundgebung, an der schätzungsweise hundertzwanzigtausend Personen teilnahmen, ein schon rein äußerlich gewaltiges Aussehen. Ich konnte selbst fühlen und verstehen, wie leicht der Mann aus dem Volke dem suggestiven Zauber eines solchen grandios wirkenden Schauspiels unterliegt."[30]

Umso schmerzhafter mußte es ihm erscheinen, daß die „deutsche Freiheitsbewegung" hier empfindliche Defizite gegenüber den Linksparteien besaß. Bis 1920 hatte die NSDAP kein eigenes Parteizeichen und keine eigene Parteifahne. „Das Fehlen solcher Symbole hatte nicht nur augenblickliche Nachteile, sondern war für die Zukunft unerträglich."[31] Hitler

---

28) Zit.n.: Bracher u.a. 1962, S. 840.
29) „Der SA-Mann" Nr. 1, vom 8. Januar 1931. (H.i.O.)
30) Hitler 1931, S. 552.
31) Ebd., S. 551.

hatte sowohl die strategische Bedeutung des „einheitlichen Symbols" erfaßt als auch dessen doppelte Funktion für die Partei.

„Die Nachteile bestanden vor allem darin, daß den Parteigenossen jedes äußere Kennzeichen ihrer Zusammengehörigkeit fehlte, während es für die Zukunft nicht zu ertragen war, eines Zeichens entbehren zu müssen, das den Charakter eines Symbols der Bewegung besaß und als solches der Internationale entgegengesetzt werden konnte."[32]

Dieses Zeichen wurde das Hakenkreuz. Es war keine Erfindung Hitlers. Schon Wehrverbände, Freikorps und Teile der völkischen Bewegung hatten es als antisemitisches Symbol benutzt. Neu war, daß es der NSDAP gelang, das Hakenkreuz als ihr Markenzeichen zu etablieren und es „als solches" denen der Linken entgegenzusetzen. Das Hakenkreuz begann seinen Krieg gegen Hammer und Sichel der 3. Internationale. Die Hakenkreuzfahne „flatterte" gegen das Schwarz-Rot-Gold der Weimarer Republik.[33] 1920 wurde die offizielle Parteiflagge in den Dienst der Bewegung gestellt. Auf rotem Grund befand sich ein weißer Kreis und in dessen Mitte das schwarze Hakenkreuz. Nach diesem Muster wurden auch das Parteiabzeichen und die Parteiarmbinde entworfen. Die Farbkombination Schwarz-Weiß-Rot, dieser „strahlendste Akkord, den es gibt", sollte erstens „die Ehrfurcht vor der Vergangenheit bezeugen"; es waren die Farben der alten wilhelminischen Reichsflagge. Und zweitens sollte sie die „Verkörperung des Wollens der Bewegung" darstellen. Rot stand dabei für den „sozialen Gedanken der Bewegung", Weiß für den nationalistischen, das Hakenkreuz diente als Zeichen des Antisemitismus.[34] Drei Jahre später wurde mit der Standarte ein zweites grundlegendes Symbol geschaffen. Hitler hatte auf dem ersten Parteitag in München im Januar 1923 die ersten vier Standarten an die SA verliehen. Diese trugen über dem Stoff ein eichenlaubumkränztes Hakenkreuz, das von einem auffliegenden Adler in den Fängen gehalten wurde. Die Standarte galt als ein „Wahr- und Feldzeichen des nationalsozialistischen Kampfes", als ein „besonderes Symbol des Sieges".[35] Angeblich soll Hitler den Adler als Wappentier gewählt haben, nachdem er ihn in einem antisemitischen Lexikon als „Arier der Tierwelt" bezeichnet fand.[36] Mit Hakenkreuz,

32) Ebd.

33) Vgl. die Interpretationen des Hakenkreuzzeichens bei Canetti 1980, S. 201f. und Wilhelm Reich: Massenpsychologie des Faschismus. Frankfurt 1974, S. 103ff.;Theweleit 1986, Bd. 2, S. 324ff.

34) Hitler 1931, S. 557.

35) Ebd.

36) Schmeer 1956, S. 14.

Quelle: Bade 1933, S. 132.

Fahne und Standarte verfügte die NSDAP nun über eine Parteisymbolik, die in der Praxis des politischen Kampfes eine integrative Wirkung nach innen entfalten sollte und nach außen zugleich der kämpferischen Offensive gegen den politischen Gegner diente.

Quelle: Engelbrechten 1937, S. 317.

Die SA — „Faust der Bewegung"

1. Die Entwicklung bis 1929

Nachdem die NSDAP und die SA im November 1923 als Folge des gescheiterten Münchner Putsches verboten worden waren, wurden beide Organisationen 1925 wiedergegründet. Ebenso wie in der Partei konzentrierten sich die Kräfte der SA in erster Linie auf den süddeutschen Raum und das heutige Gebiet von Nordrhein-Westfalen. Die Größe und der Einfluß der Organisation nahm mit wachsender Entfernung von München ab. In den ersten beiden Jahren nach der Neugründung gab es noch keine einheitliche SA-Leitung; entsprechend den Aufgaben und der Entwicklung schlossen sich beim Aufbau von NSDAP-Ortsgruppen einzelne Parteimitglieder zu einer örtlichen SA zusammen. Mit dem Anwachsen der Propagandatätigkeit ergab sich jedoch bald die Notwendigkeit der Zusammenfassung von mehreren SA-Verbänden unter eine einheitliche Leitung.

Am 3. und 4. Juli 1926 fand der zweite „Reichsparteitag" der NSDAP in Weimar statt, an dem insgesamt 7.000 Parteimitglieder, davon etwa 3.600 SA'ler teilnahmen.[1)] In seiner Rede beim „Generalappell" im Deutschen Nationaltheater erklärte Hitler:

> „Die alte SA lebt, ihr Geist ist wieder auferstanden. (...) Der gewaltigste Redner kann nicht sprechen, wenn der gegnerische Terror nicht gebrochen wird. (...) Wir erziehen die Jugend nicht zu weisen Sprüchen, sondern zum Dienen, zum Gehorsam: zu Soldaten im Dienste der politischen Idee, zum Kampf fürs Volk."[2)]

Die SA sollte also nicht nur Propaganda-, sondern auch Machtinstrument der Partei sein. Hitler übergab ihr acht neue Standarten, ein Zeichen für die gefestigten Organisationsstrukturen der regionalen SA-Einheiten. Die SA besaß damit 1926 insgesamt 12 Standarten, von denen sieben auf Bayern, drei auf die an Bayern angrenzenden Länder Sachsen, Thüringen und Württemberg, sowie jeweils eine auf Baden und Berlin entfielen.

Kurz nach dem Parteitag wurde in der NSDAP-Führung beschlossen, der SA eine zentrale Führung zu geben. Goebbels notierte am 30. Juli 1926 in seinem Tagebuch: „12 Uhr beim Chef. Ernste Beratung. Pfeffer wird Reichs-SA-Führer."[3)]

Hauptmann a.D. Franz von Pfeffer stammte aus Westfalen, hatte dort

---

1) Werner 1964, S. 335.

2) V.B. Nr. 153, vom 7. Juni 1926.

3) Helmut Heiber (Hrsg.): Das Tagebuch von Joseph Goebbels. Stuttgart 1960, S. 95.

ABBILDUNG 5: „OBERSTER-SA-FÜHRER" V. PFEFFER

Quelle: Hoffmann 1932, S. 29.

im November 1919 das „Westfälische Freicorps Pfeffer" gegründet und war am Kapp-Putsch und Ruhrkampf beteiligt. 1924 gründete er den NSDAP-Gau Westfalen und wurde dessen Gauleiter. 1926 übernahm er die Gau- und SA-Leitung Ruhr. Offiziell wurde v. Pfeffer von Hitler im September 1926 zum „Obersten-SA-Führer" ernannt, seinen Dienst trat er am 1. November des gleichen Jahres an. Für v. Pfeffer war die Existenz der SA der entscheidende Unterschied der NSDAP zu den übrigen Parlamentsparteien. Sie war die Krönung der Partei, während diese die wichtigste Grundlage der SA darstellte.[4] In einer Reihe von „SA-Befehlen" im November 1926 und „Grundsätzlichen Anordnungen" im Mai/ Juni

[4] Siehe das Schreiben von v. Pfeffer an die Gauleiter der NSDAP. Dok. in: Werner 1964, S. 363.

Quelle: Bade 1933, S. 36.

1927 gab er die grundlegenden Richtlinien zum einheitlichen Aufbau der SA auf Reichsebene heraus.

Nur wenige Wochen später begann am 19. August 1927 der dritte „Reichsparteitag" in Nürnberg. Hier konnte die erste „Heerschau" der SA nach ihrer Neuorganisation abgehalten werden. Eine möglichst große Anzahl von SA-Männern sollte zusammengezogen werden, um der eigenen Organisation und der Öffentlichkeit die gewachsene Stärke der Partei und ihrer SA vorzuführen. Hitler übergab im Luitpoldhain 12 neue Standarten nach Bayreuth, Chemnitz, Zwickau, Hamburg. Hannover, Berlin, Elberfeld, Essen, Bochum, Köln, Frankfurt/Main und Wien.[5)]

Bei dem abschließenden SA-Aufmarsch sollen laut nationalsozialistischer Presse 30.000 SA'ler an Hitler vorbeimarschiert sein. Sowohl die Schätzungen anderer Zeitungen[6)] als auch das spätere Eingeständnis v.

[5)] Vgl. Bennecke 1962, S. 136 und Werner 1964, S. 425.

[6)] „Münchner Neueste Nachrichten": 14.000 ; „Berliner Tagblatt": 10.000 Teilnehmer. Dok. in: Werner 1964, S. 425, siehe dort Fußnote (125).

Pfeffers, daß diese Zahlenangabe zwischen Partei- und SA-Führung verabredet und wegen der propagandistischen Wirksamkeit schlicht verdoppelt worden war[7], verweisen auf eine reale Stärke von 10 bis 15.000 Mann. Aber auch damit war die Zahl der Teilnehmer gegenüber 1926 erheblich angewachsen.

Als erster organisatorischer Höhepunkt und Abschluß der Aufbauarbeit der SA kann der vierte Parteitag der NSDAP in Nürnberg vom 1. bis 4. August 1929 angesehen werden. Gegenüber 1927 stand jetzt die SA im Mittelpunkt des Parteitages. Wohl auf Wunsch Hitlers sollte der Aufmarsch der SA-Verbände „bewußt als Massendemonstration inszeniert werden."[8] Bereits im Mai hatten die Vorbereitungen auf das Parteispektakel begonnen. Transportleiter waren eingesetzt und die Reihenfolge der Marschteilnehmer festgelegt worden. Im Juni erfolgte die Planung der 35 Sonderzüge, mit denen später die Teilnehmer aus dem ganzen Reichsgebiet nach Nürnberg transportiert werden sollten. Der gesamte Ablauf des Parteitages war in einem vierseitigen Befehl im Detail bis auf die untersten Führungsebenen dargelegt worden.

Diesmal konnte Hitler 24 Standarten im Luitpoldhain an die SA übergeben.Davon gingen vier nach Schleswig-Holstein, jeweils drei nach Bayern und Österreich, je zwei nach Sachsen und ins Rhein-Ruhrgebiet und je eine nach Ostpreußen, Pommern, Frankfurt(Oder), Mecklenburg, Magdeburg, Braunschweig, Oldenburg, Pfalz und Kassel.[9] Dies war Ausdruck der reichsweiten Konsolidierung der SA, insbesondere in Mittel- und Norddeutschland. In allen Teilen des Reiches gab es nun SA-Verbände, die zwar teilweise noch schwach waren, aber immerhin den Grundstock für einen weiteren Ausbau der Organisation abgeben konnten. Und wenn es auch als sicher angesehen werden kann, daß die im „Völkischen Beobachter" bejubelte Zahl von 60.000 marschierenden SA- Männern[10] der Realität wiederum nicht entsprach, so hatte doch die Mitgliederstärke der „Faust der Bewegung" ein weiteres Mal deutlich zugenommen.

2. Die NSDAP und die Aufgaben der SA

Die NSDAP war als antiparlamentarische, „revolutionäre" Partei gegründet worden. Spätestens mit der von Frick auf dem Parteitag 1927

---

7) Bennecke 1962, S. 231, siehe dort Fußnote (48).

8) Werner 1964, S. 448.

9) Vgl. Bennecke 1962, S. 139 und Werner 1964, S. 449, siehe dort Fußnote (162).

10) V.B. Nr. 181, vom 7.August 1929.

gehaltenen Rede zum „parlamentarischen Kurs"[11] hatte sich der „Legalitätskurs" in der Partei durchgesetzt. Man war entschlossen, alle Formen der Öffentlichkeit, auch die des verhaßten Parlamentarismus selbst zu nutzen. Die „Parlamentstribüne" sollte von nun an in den „Dienst der Bewegung" gestellt werden, „um die Gegner mit ihren eigenen Waffen zu schlagen." Der Schwerpunkt des politischen Kampfes der NSDAP lag jedoch außerhalb der Parlamente. Hier war der entscheidende Frontabschnitt, hier wurde „getrommelt und geworben".

Der zweigleisigen Konzeption eines parlamentarischen und außerparlamentarischen Kampfes der Nationalsozialisten entsprach die organisatorisch-politische Arbeitsteilung von SA und NSDAP. Damit diese funktionieren konnte, mußten von Anfang an die wesentlichen Aufgaben beider Organisationen, ihr Verhältnis zueinander und die Abgrenzung der jeweiligen Kompetenzbereiche geklärt werden.

Dies wurde von Hauptmann v. Pfeffer im „SA-Befehl 2" vom 2. November 1926 und später in der „Grundsätzlichen Anordnung III" vom 3. Juni 1927 geregelt. Darin wurde die SA „als eine Einrichtung der NSDAP" gefaßt. Mitgliedschaft in der SA setzte die Mitgliedschaft in der NSDAP voraus; Ausschluß aus der NSDAP bedeutete auch Ausschluß aus der SA. Weiter heißt es dann:

> „Die SA ist Mittel zum Zweck. Zweck ist der Sieg der Weltanschauung, deren Träger die NSDAP ist. Der Träger der Weltanschauung hat zu bestimmen was geschehen soll. Die politische Leitung der NSDAP hat zu bestimmen, was mit der SA geschehen soll, wie wir die NSDAP dem Sieg näher bringen sollen. — Dagegen ist unsere Aufgabe, die SA zu schaffen, auszubauen, leistungsfähig zu halten."

So war für alle „inneren Sachen" wie „Dienst, Gliederung, Aufnahme und Ausschluß, Führer-Ernennung und -Enthebung, Strafen, Kleidung, Abzeichen, Material-Verwaltung"[12] ausschließlich der jeweilige SA-Führer zuständig. Über das Auftreten des einzelnen SA-Verbandes in der Öffentlichkeit hatte aber die politische Leitung (Ortsgruppe, Bezirk, Gau) der NSDAP zu bestimmen. Die Durchführung, insbesondere die „Kommandogewalt während der Durchführung", lag ausschließlich in der Befugnis der SA-Führung. Die eigentliche Propagandastrategie fiel damit in die Kompetenz der NSDAP, während für die Propagandaktion und ihre Propagandawirkung die SA verantwortlich war.

Am 1. November wurde der „SA-Befehl 1" erlassen, der einen

[11] Vgl. Werner 1964, S. 423.

[12] „Grundsätzliche Anordnung III: SA und Partei" vom 3. Juni 1927. Zit. n.: Bennecke 1962, S. 247f.

„Brief Adolf Hitlers an Hauptmann von Pfeffer" enthielt und an alle „Sturmführer" gerichtet war. Dieser Brief war mehr oder weniger identisch mit den entsprechenden Passagen aus „Mein Kampf" und den dort festgelegten Grundsätzen für die Reorganisation der SA.[13] Danach sollte der Aufbau der Organisation, ihre Ausbildung, Ausrüstung und Bekleidung nicht nach dem Vorbild der „alten Armee", sondern nach „parteizweckmäßigen Gesichtspunkten" erfolgen. Da die Propaganda und das Auftreten in der Öffentlichkeit als wesentliche Zielsetzung der SA galten, wurde jede Geheimbündelei abgelehnt. Das hätte nämlich die Preisgabe jeglichen Masseneinflusses bedeutet und so das Anwachsen zur Massenbewegung vereitelt. Ebenso sollten die Energien nicht mehr in Putschpläne investiert werden oder in Fememorde, „der Beseitigung irgendeines großen oder kleinen Gauners", sondern in die große „Mission", sich „für die Errichtung eines neuen, nationalsozialistischen, völkischen Staates" einzusetzen. Den Kampf gegen die Weimarer Republik gelte es „zur Größe eines weltanschaulichen Vernichtungskrieges gegen den Marxismus, seine Gebilde und seine Drahtzieher" anzuheben. Den entscheidenden Sinn und Zweck faßte Hitler abschließend wie folgt zusammen:

> „Was wir brauchten und brauchen, waren und sind nicht hundert oder zweihundert Verschwörer, sondern hunderttausend und aber hunderttausend fanatische Kämpfer für unsere Weltanschauung. Nicht in geheimen Konventikeln soll gearbeitet werden, sondern in gewaltigen Massenaufzügen, und nicht durch Dolch und Gift oder Pistole kann der Bewegung die Bahn freigemacht werden, sondern durch die Eroberung der Straße. Wir haben dem Marxismus beizubringen, daß der künftige Herr der Straße der Nationalsozialismus ist, genauso wie er einst der Herr des Staats sein wird."[14]

Der SA kam also die Aufgabe zu, den „Kampf um die Straße" zu führen. Der „Völkische Beobachter" schrieb in seiner Beilage „Der SA-Mann": „Der SA-Mann erblickt in erster Linie seine Aufgabe darin, auf die Straße zu gehen und zu demonstrieren."[15] In einem Begleitschreiben an alle SA-Führer zum „SABE 1" hatte v. Pfeffer noch einmal „unzweideutig" darauf verwiesen, was die politische Aufgabe der SA sei: Der „Kampf gegen den Marxismus". Hierbei unterschied er „Angriffskampf" und „Abwehrkampf". Ersterer sollte in offensiven Demonstrationen bestehen, um den Nationalsozialismus als eine neue deutsche, dem „jüdisch-internationalen Marxismus" genau entgegengesetzte „Weltan-

[13] Hitler 1931, S. 608ff; Vgl. Bennecke 1962, S. 237f, Dokument 3.
[14] Hitler 1931, S. 608.
[15] V.B. Nr. 228, vom 2. Oktober 1929, Beilage „Der SA-Mann" Nr. 32.

schauung" in der Öffentlichkeit bekannt zu machen. Letzterer galt dem „Schutz der NSDAP", ihrer Veranstaltungen und Mitglieder gegenüber dem „Marxistenterror".[16] Letztlich lief es aber darauf hinaus, die Arbeiterbewegung und ihre gewerkschaftlichen und politischen Organisationen völlig aus der Öffentlichkeit zu vertreiben und an ihre Stelle den Nationalsozialismus zu setzen.

3. Strukturprinzipien und organisatorischer Aufbau

Um diese Aufgabe zu erfüllen, entwickelte die NSDAP-Führung zwei zentrale Leitgedanken für den inneren Aufbau der „Sturmabteilungen". Zuerst wurde für den einzelnen SA'ler ein neuer Typus des deutschen Mannes entwickelt. So wurde im „Völkischen Beobachter" verkündet: „Der SA-Mann ist der politische Soldat der NSDAP."[17] In einem SA-Roman berichtet uns einer der Helden:

> „SA-Mann sein, bedeutet für mich nicht nur die Zugehörigkeit zu dem Verband, der die Hauptlast des Kampfes trägt, es bedeutet für mich darüberhinaus, durch diesen Kampf innerlich und äußerlich zu einem ganz bestimmten Typ geformt zu werden, eben dem Typ des SA-Mannes!"[18]

Die konkurrierenden Wehrverbände, aber auch die alte Reichswehr, wurden wegen einer mangelnden Ausbildung der politischen Qualifikation ihrer Mitglieder kritisiert. Sie seien im rein Soldatischen, Unpolitischen stecken geblieben. Ihnen fehle die spezifisch deutsche Ideologie, nämlich der Nationalsozialismus. „Das Wesentliche, Entscheidende dieses Typus ist, wie es schon im Wort ausgedrückt wird, die in ihm vollzogene Verschmelzung des Soldatentums mit dem Politischen. Politisch sein heißt den Blick vom eigenen Ich fort auf die Dinge der Gemeinschaft richten, auf die großen Dinge von Volk und Staat."[19] Tatsächlich gemeint waren der Glaube und die Hingabe an die nationalsozialistische Idee. Ziel der ideologischen Erziehung war der blinde Fanatismus. Es ist deshalb auch nicht verwunderlich, daß es keinen gesonderten „SA-Befehl" für den Bereich der ideologischen Schulung gab. Man beschränkte sich in der „theoretischen Ausbildung" auf das Erlangen von Kenntnissen in der nationalsozialistischen „Weltanschauung", wozu z.B. Ausschnitte aus „Mein Kampf" oder bestimmte Reden von Parteiführern gemeinsam

---

16) Vgl. Werner 1964, S. 371f.

17) V.B. Nr. 94, vom 4. April 1931, Beilage „Der SA-Mann".

18) Fritz Stelzner: Schicksal SA. Die Deutung eines großen Geschehens von einem, der es selbst erlebte. München 1936, S. 121. (=Stelzner 1936)

19) Engelbrechten 1937, S. 23.

Quelle: Bade 1933, S. 54.

gelesen und besprochen wurden.[20] „Politischer Soldat" sein hieß zwar auch, den Nationalsozialismus einigermaßen nach außen hin vertreten zu können, in erster Linie kam es aber auf die innere Haltung an, die in der Bereitschaft gipfeln sollte, notfalls auch für die Idee zu sterben. Diese Tatbereitschaft wurde zur politischen Qualifikation an sich hochstilisiert. Als soldatische Tugend wurde ein radikales Freund-Feind-Denken gefor-

[20] Killinger 1932, s. 59.

dert, das in letzter Konsequenz nur den Sieg oder den eigenen Untergang zuließ.

Die SA wurde streng nach dem Führer-Gefolgschaftsprinzip aufgebaut. Vom „politischen Soldaten" wurde die freiwillige Unterordnung unter Idee und Führer verlangt. Im „SABE 7" vom 7. November 1926 heißt es:

> „In der SA hat scharfe Zucht (Disziplin) zu herrschen. Ohne diese wäre die ganze Einrichtung sinnlos, zwecklos und zu nichts nütze. (...) Wo SA-Männer im Dienstanzug (also im Dienst) beisammen sind, hat stets einer die Führung. Dieser ist für das Verhalten aller verantwortlich. Es darf nicht einen Augenblick zweifelhaft sein, wer dieser Führer ist."[21)]

Die Führer wurden von oben eingesetzt und waren auch nur übergeordneten Führern verantwortlich. Nach unten hatten sie zahlreiche Kontrolltätigkeiten auszuführen. Mit dem „SABE 8" vom 8. November 1926 „Klarheit–Kontrolle" wurden Dienst- und Anwesenheitslisten eingeführt, insbesondere aber der „persönliche Augenschein" als das Kontrollmittel der Wahl verbindlich empfohlen.[22)] So mußten z.B. alle Gruppen- und Sturmführer die Wohnungen und Arbeitsplätze der ihnen untergebenen SA-Leute genau kennen.[23)] Diese absolute Autorität aller übergeordneten Führerebenen widersprach nicht der geforderten und sooft beschworenen „freiwilligen Unterordnung". War das Führer-Gefolgschaftsprinzip ersteinmal verinnerlicht, konnte sich der einzelne SA'ler mit „seinem" Führer identifizieren, sich in seiner Autorität wiederentdecken, wie umgekehrt der Führer seine Führerautorität erst als Folge dieser Identifikation bestätigt sah, deren Grundlage sie doch zugleich war. Dieser Mechanismus wirkte auf allen Ebenen der hierarchischen Stufenleiter. Der SA-Obergruppenführer Manfred von Killinger konnte notieren:

> „Das ist gerade das Große an der Bewegung, daß mit dem festen Einreihen in die Partei und speziell in die SA der eigene Wille abgestreift und abgetan ist. Maßgebend ist jetzt nur der eine Wille, der Wille der Führung, der Bewegung, den man nunmehr zu seinem eigenen Willen gemacht hat. Es herrscht also nur ein einheitlicher großer Wille, das ist der Wille des Nationalsozialismus."[24)]

Während sich die SA 1923 noch als „militärischer Niederschlag der Partei" begriff und dementsprechend eng an der starren Gliederung der

---

21) Zit. n.: Bennecke 1962, S. 240f.

22) Ebd., S.241f.

23) Werner 1964, S. 388, siehe dort Fußnote (38).

24) Killinger 1933, S. 56.

Reichswehr orientiert war[25] , entwickelte v. Pfeffer in seinem „SABE 6: Gliederung" vom 6. November 1926 ein elastisches Organisationsprinzip, das die SA sowohl in geringer als auch bei hoher Personalstärke in die Lage versetzte, ihre Demonstrations-und Propagandaaufgaben zu erfüllen. Die früheren SA-Abteilungen der NSDAP-Ortsgruppen wurden in selbständige SA-Formationen umgewandelt. Die kleinste Einheit war die Gruppe, die zwischen sechs und zwölf Männer umfaßte. Fünf bis acht Gruppen ergaben einen Trupp; zwei bis vier Trupps einen Sturm. Zwei bis fünf Stürme bildeten eine Standarte und wiederum zwei bis fünf Standarten wurden zu einer Brigade bzw. dem Gausturm zusammengefaßt.[26] Alle Gaustürme ergaben die SA der NSDAP. Dementsprechend konnten erhebliche Zahlenschwankungen in den SA-Formationen auftreten. Aber gerade durch dieses Elastizität wurde auch bei noch geringer Mitgliederzahl die Aufnahme der „Arbeit" ermöglicht. Gleichzeitig war dieses flexible Gerüst auf Zuwachs angelegt, was sich insbesondere ab 1930/31 an der funktionalen Eingliederung der zuströmenden Massen in die SA beweisen sollte. Die Personalstärke der SA betrug im November 1930 noch rund 66.000 Mann, stieg dann aber rapide von 77.000 im Januar 1931 über 291.000 im darauffolgenden Januar 1932 auf 471.000 im August desselben Jahres. Im Januar 1933 war die Zahl der „Kämpfer" auf ca. 450.000 zuückgefallen.[27] Die wichtigsten SA-Formationen waren die Gruppe und der Sturm. Die Bildung einer SA-Gruppe erfolgte nicht willkürlich. Ihre Mitglieder sollten sich kennen und ein dauerhaftes Zusammengehörigkeitsgefühl entwickeln, um so ihren Kampfauftrag besser erfüllen zu können.

> „Die Gruppe besteht aus SA-Männern, die in Not- und Handgemenge am besten zueinander passen und am liebsten miteinander kämpfen wollen. Außerdem müssen die Einzelnen untereinander leicht erreichbar sein. Also soll die Gruppe aus Freunden, Arbeitskollegen, Sportkameraden bestehen,

---

[25] Vgl. „Allgemeine Richtlinien bei Gründung einer SA" vom 11. Juni 1923. Dok. in: Bennecke 1962, S. 236.

[26] „SABE 14: Aufbau einer Bri" vom 14.November 1926. Zit. n: Werner 1964, S. 236.

[27] Die Zahlen für November 1930 und Januar 1932 sind entnommen aus Richard Bessel: Militarismus im innenpolitischen Leben der Weimarer Republik: Von den Freicorps zur SA. In: Militär und Militarismus in der Weimarer Republik. Hrsg. von Klaus-Jürgen Müller und Eckhardt Opitz. Düsseldorf 1978, S. 210ff. Die anderen Angaben nach Mathilde Jamin: Zwischen den Klassen. Zur Sozialstruktur der SA-Führerschaft. Wuppertal 1984, S. 1ff. Siehe dazu insbesondere die Diskussion in den Fußnoten (4) und (5).

die nahe voneinander wohnen und arbeiten."[28]

Hier konnte sich in kleinem Rahmen eine persönliche kollektive Identität bilden, die sowohl das innere Gefüge der gesamten SA-Organisation stärkte als auch der Abgrenzung gegenüber dem „Feind" nutzte. Dazu dienten auch oft die Namen — häufig von einem Toten der Freikorpsbewegung oder der SA —, die der Gruppe vom Sturmführer zugeteilt wurden.

Der Sturm war die zweite wichtige Ebene. „Der Sturm ist die Kampfgemeinschaft. Er ist die Formation, die am meisten zum Einsatz gelangt bei Propagandamärschen, Saalschutz usw.. Er ist auch der Verband, der gemeinsam Dienst macht."[29] Der Sturmführer kannte alle seine SA-Männer persönlich und war die Nahtstelle zu den höheren SA-Führern. „Die Haltung des Sturmführers ist bestimmend für den ganzen Sturm."[30] Dieser war die einzige SA-Einheit, die eine Hakenkreuzfahne der NSDAP („Sturmfahne") besaß. Die Stürme erhielten arabische Erkennungsnummern, die von jedem Sturmangehörigen getragen werden mußten. Dagegen waren die Standarten an römischen Nummern erkenntlich, die nur vom Standartenführer und seinem Stab getragen werden durften. Während die Gruppen- und Truppführer vom Sturmführer ernannt wurden, erhielten die Standarten-, Brigade- und Gausturmführer ihre Ernennung direkt vom „Obersten-SA-Führer". Die Gaustürme waren nach dem geographischen Gebiet benannt, das sie umfaßten. Im Herbst 1927 existierten 18 Gaustürme. Aufgrund des Wachstums der SA in den Jahren 1928/29 wurde 1929 zwischen die Gausturmführer und dem „OSAF" noch die Instanzebene von sieben Oberführern (Ost, Nord, West, Mitte, Süd, Ruhr, Österreich) gebildet, die sich die Gaustürme aufteilten.[31] In den Jahren bis 1929/30 legte v. Pfeffer auch die Grundlagen für die zahlreichen Sonderorganisationen und Sondergliederungen der SA. Insbesondere sei hier das „Nationalsozialistische Automobilkorps (NSAK)" erwähnt, das am 1. April 1930 gegründet wurde. Bereits 1928 waren die ersten „SA-Kraftfahrzeugstaffeln" zunächst bei den Gaustürmen eingerichtet worden. Später zogen die Brigaden und Standarten nach, die sich wiederum in „SA-Motorstürme" und „SA-Motortrupps" untergliederten. Diese Sonderorganisationen sollten eine größere Unabhängigkeit von Bahn und Post gewährleisten. Sie dienten

---

28) Werner 1964, S. 387.

29) Killinger 1933, S. 51.

30) Stelzner 1936, S. 89.

31) Die genaue geographische Aufgliederung und politische Verantwortlichkeit siehe bei: Werner 1964, S. 445ff.

sowohl der schnelleren Übermittlung von Befehlen, als auch dem Transport der SA auf ihren Propagandafahrten. Korpsführer war v. Pfeffer selbst.

Mit dem ,,SA-Befehl 6" und der ,,Grundsätzlichen Anordnung IV" wurde das Musikwesen neu aufgebaut. Die ab 1927 gebildeten Musik- und Spielmannszüge sollten die Demonstrations- und Propagandatätigkeiten der SA phonkräftig unterstützen. Reichsleiter dieser Züge wurde im Winter 1927 Wilhelm Hillebrand, der in der ,,Obersten-SA-Führung" die Abteilung Musik leitete. Am 3. Juni 1930 wurde Generaloberstabsarzt a.D. Dr. Paul Hocheisen zum ,,SA-Reichsarzt" ernannt und damit beauftragt, ein Gesundheits- und Sanitätswesen innerhalb der SA zu organisieren.

4. Sozialmilieu und Identität

Es ist nicht möglich, eine genaue und repräsentative Analyse der Sozialstruktur der SA zu erstellen, da keine zentralen Mitgliederkarteien oder zentrale Personalakten existieren.[32] Dennoch ist deutlich, daß die SA im Unterschied zur NSDAP, die ihre Mitglieder vorwiegend aus dem kleinbürgerlichen Mittelstand rekrutierte, auch erhebliche Teile aus der Arbeiterklasse organisieren konnte. Conan Fischer kommt in seinem, allerdings regional begrenzten Datenmaterial, sogar auf sehr hohe Arbeiteranteile. In allen seinen 5 Einzeluntersuchungen lag der Anteil der ,,Unskilled" und ,,(Semi-)skilled workers" über 50 Prozent, in drei Fällen sogar über 60 Prozent der Mitglieder.[33] Da die soziale Zusammensetzung der SA wie auch der NSDAP regional erhebliche Differenzen aufwies, ist es allerdings sehr fraglich, ob diese Ergebnisse als repräsentativ für die gesamte SA angesehen werden können. Aber auch wenn nicht angenommen wird, daß die SA mehrheitlich aus Arbeitern bestand, so ist doch sicher, daß sie bis 1933 die nationalsozialistische Organisation war, die die meisten Arbeiter an sich binden konnte. Insbesondere in den Großstädten war der proletarische Charakter relativ dominierend.

Attraktiv war die SA höchstwahrscheinlich für diejenigen Arbeiter, die in ihrer eigenen Biographie nach dem Kriege den Bruch und den Wandel vom Land- zum Stadt- und Fabrikleben erlebten. Dazu kamen rebellische

---

32) Mathilde Jamin: Methodische Konzeption einer quantitativen Analyse zur sozialen Zusammensetzung der SA. In: Reinhard Mann (Hrsg.): Die Nationalsozialisten. Stuttgart 1980, S. 84–95, hier S. 84f.

33) Conan Fischer: Stormtroopers. A Social, Economic, and Ideological Analysis 1929–35. London 1983, S.26, Table 3.1. (=Fischer 1983)

Elemente, die enttäuscht von der Politik der Arbeiterparteien, sich nun der „Revolution" zuwandten, die neben der angeblich „sozialistischen" Orientierung auch „Lösungen" für diejenigen politischen Felder anbot, die insbesondere von der KPD kaum thematisiert wurden: Nation, Kriegserfahrung, Versailles. Schließlich war die SA als junge Organisation auch für junge Proletarier interessant, deren linke Väter eben gerade nicht selten auch die autoritär-unterdrückenden Väter waren. Damit konnte sich die Rebellion der Jungen gegen die Alten auch in einer Rebellion gegen deren politische Auffassungen und Organisationen ausdrücken.

Untersuchungen über die Altersstruktur der SA-Mitglieder ergaben, daß vor 1933 zwischen 75 und 85 Prozent jünger als 30 Jahre alt waren.[34]) Damit war die SA nochmals erheblich jünger als die ohnehin im Verhältnis zur Gesamtbevölkerung junge NSDAP. Bestand die SA-Führerschaft mehrheitlich aus der aktiven Kriegsgeneration, waren die SA-Mitglieder überwiegend Angehörige der Nachkriegsgeneration. Charakteristisch für beide Gruppen war eine hohe soziale Mobilität mit einigen Auf-, insbesondere aber vielfältigen Abstiegsprozessen. Sozial Entwurzelte, die ins Bürgertum nicht mehr ganz und ins Proletariat bzw. Subproletariat noch nicht ganz paßten. Dieser sozialen Bindungslosigkeit und Ambivalenz entsprach das doppelte Ressentiment gegen die „feisten" Bürger und die „roten vertierten" Arbeiter. Die einen wurden verachtet, die anderen gehaßt.

Die besondere Kombination dieser Alters- und Sozialstruktur war nicht auf die SA als NS-Organisation beschränkt, sondern spätestens mit der Weltwirtschaftskrise ab 1929 ein gesellschaftliches Massenphänomen. Aber offensichtlich verstand es gerade die SA, diese Menschen anzusprechen und für sich zu gewinnen. Zwei Angebote scheinen hier von besonderer Bedeutung gewesen zu sein: Die SA bot den jungen Männern die Möglichkeit, ihre Aktivitätsbereitschaft „sinnvoll" im SA-Dienst freizusetzen. Der Zukunftsverlust durch die sozialen Verhältnisse, die Sinnentleerung des Alltags und die panische Angst vor dem Abstieg ins Proletariat bzw. Subproletariat konnte durch den „Kampf um die Straße" auf eine perfide Art und Weise kompensiert werden. Dessen dichte Ereignisstrukturen produzierten eine unmittelbare Zukunftsvision, eine alltägliche Sinngebung und ein Abgrenzungsprofil gegenüber den roten „Nichtstuern".

Das Zeitbudget eines SA'lers war zum größten Teil auf seine Tätigkeit als „politischer Soldat" ausgerichtet. Die klassische Dreiteilung Ar-

---

[34]) Vgl. Jamin 1984, S. 43.

beitszeit/ Freizeit/ Schlafzeit hatte sich dramatisch verschoben. Falls der SA-Mann noch in einem Arbeitsverhältnis stand, verkürzte sich die private Zeit ganz erheblich. Für die vielen Arbeitslosen wurden die ehemalige Arbeitszeit und große Teile der Freizeit zur „Dienstzeit". Conan Fischer schätzt den Anteil der Arbeitslosen in der SA auf Grund vieler Einzelangaben auf 70 Prozent.[35] Repräsentative Zahlen für die gesamte SA können aber auch in dieser Frage nicht erhoben werden. Für die Berlin-Brandenburger SA gibt eine zeitgenössische NS-Quelle für das Jahr 1930 eine Arbeitslosenquote von 80 Prozent an.[36] Insbesondere in den Wahlkämpfen des Jahres 1932 wurde die Inanspruchnahme der „Kämpfer" bis zum äußersten getrieben. Wilfrid Bade schrieb dazu:

> „Diese neuen Unternehmungen sind uralte Unternehmungen und heißen: Wahlschlacht, Aufmarsch, Zeitungsvertrieb, Flugblatt-Propaganda, Saalschutz und wieder Aufmarsch und wieder Versammlung und Geldsammlung und Hauspropaganda. Das heißt: Tag und Nacht nicht aus den Kleidern kommen, das heißt Sa-Dienst, SA-Dienst, SA-Dienst."[37]

Goebbels bezeichnete die SA als „die Trägerin des aktivistischen Kampfes"[38] und tatsächlich wurde das aktivistische Moment auf Permanenz gestellt. Die SA war nicht nur „allzeit bereit", sie war „allzeit im Einsatz". Stolz vermerkte der „Völkische Beobachter": „Auch der stumpfsinnigste und übelwollendste Spießbürger muß gestehen. das ist Aktivismus."[39] Zu den SA-Diensten kam auch noch die SA-Ausbildung hinzu, denn allein der oft beschworene „Wille" reichte ja nicht aus, den „Kampf um die Straße" zu gewinnen. Konkrete Demonstrationsfähigkeiten im Sinne der SA mußten erst erworben werden. In der Gruppe marschieren, antreten und wegtreten, Aufträge und Befehle geben und deren richtige Durchführung überwachen, die exakte zeitliche und räumliche Koordination mehrerer Verbände, all dies wurde in der Ausbildung eingeübt.

> „Die Ausbildung der SA erstreckt sich in erster Linie auf reine Ordnungsübungen. Geordnetes Marschieren in tadelloser Haltung nach gut und exakt gegebenen Kommandos. Immer und immer wieder wird es geübt. Wirkungsvoll demonstrieren, heißt Massen bewegen in vorbildlicher Form. Der Aufmarsch, der Demonstrationszug, der Einmarsch in den Saal bei öffentlichen Kundgebungen wird bis ins kleinste geübt, trainiert und muß wie am

35) Fischer 1983, S. 46.
36) Engelbrechten 1937, S. 190.
37) Bade 1934, S. 220.
38) Goebbels 1932, S. 108.
39) V.B. Nr. 72, vom 27. März 1929.

Schnürchen funktionieren."[40]

Die zeitliche Beanspruchung unterschied den SA-Mann also ganz deutlich von dem zivilen Parteigenossen und erst recht von den unorganisierten Massen. Diese unterschiedliche Zeitstruktur begründete u.a. im nationalsozialistischen Selbstverständnis ein hierarchisches Verhältnis. Derjenige war der bessere Nazi, der mehr von seiner Lebenszeit in den Dienst der „Bewegung" stellte. Auch in diesem Sinne war die SA die Speerspitze des Nationalsozialismus während der „Kampfzeit". Hier konnte sich die Vorstellung einer Avantgarde der „deutschen Revolution" herausbilden. Der Aktivismus der SA-Männer bedeutete also einerseits pausenlosen Einsatz, Opferbereitschaft und Disziplin, kurz (Selbst-) Ausbeutung im gemeinsamen Kampf, aber gerade darüber wurde andererseits ein spezifischer SA-Avantgardismus konstituiert, der im Sinne einer psychischen (Selbst-) Belohnung funktionierte.

Das zweite zentrale Angebot der SA bestand darin, daß für viele junge Männer über das Leben in der Organisation die Sicherung der unmittelbaren Lebensbedürfnisse gesichert werden konnte ohne eine Anpassung an die von Gesellschaft und Staat geforderten bürgerlichen Normen und Verhaltensweisen. Insbesondere waren sie nicht mehr gezwungen, ihre Reproduktion individuell zu lösen, sei es z.B. durch den oft erniedrigenden Gang zur Stempelstelle, sondern die SA versprach, das Elend kollektiv zu überwinden. Die materielle Hilfe mit Unterkunft, Essen, Kleidung und manchmal etwas Geld war dabei wohl noch nicht einmal das wichtigste. Sie sicherte zwar gegen Hunger und oftmals weiteren sozialen Abstieg, entscheidend war aber die Stabilisierung der psychischen Identität durch die „Kameradschaft", durch den „SA-Geist".

> „Sie sitzen in ihren Sturmlokalen in unzertrennlicher Kameradschaft. Sie sind zu den Sturmabenden zur Stelle und schieben ihre Wachen bis spät in die Nacht. Man hat sie aus den Wohnungen geworfen und wollte sie hungern lassen! Sie haben sich selber Heime geschaffen, in denen sie schlafen, sie haben sich Küchen eingerichtet, die sie sattmachen. Der Sozialismus ist ihnen eine Angelegenheit der Tat geworden, sie haben ihn wahrgemacht."[41]

In diesen „Sturmlokalen" spielte sich ein großer Teil der „Lebensführung" der SA-Männer zwischen den verschiedenen Einsätzen der SA-Truppen ab. Sie hatten sich seit 1928 aus den „Treff- und Verkehrslokalen" der SA gebildet. Die „Freizeit", die die SA-Männer hier verbrachten, besaß nicht mehr privaten individuellen Charakter, sondern war kollektive Zeit in

---

40) Killinger 1933, S. 56.
41) Stelzner 1936, S. 92.

einem halböffentlich-vorpolitischen Raum. Jederzeit konnte im „Sturmlokal" der Befehl zum Einsatz kommen. Damit kamen diesem organisierten SA-Milieu zwei wichtige Funktionen zu. Einmal sollte Nestwärme vermittelt werden. Es diente als „psychologische Tankstelle" und Familienersatz. Dies drückt sich zum Teil auch in den Namen der „Sturmlokale" aus, wie z.B. „Vater Kunigk" und „Mutter Schröhn". Das Leben im „Sturmlokal" war für die SA-Männer tatsächlich so etwas wie „Heimat und Lebensfreude". Zum anderen waren sie organisatorische und propagandistische Ausgangsbasen in feindlichem Gebiet.

> „Die Sturmlokale sind die Stützpunkte der SA. Sie liegen mitten in den roten Vierteln. Irgendeine kleine Kneipe ist ihnen Bollwerk und Burg geworden, von hier aus tragen sie die Propaganda in die aufgehetzten Straßen. (...) Ihr Besitz ist oftmals entscheidend für die politische Macht in dem ganzen Viertel."[42]

Julek Karl von Engelbrechten beschrieb diese beiden Funktionen der „Sturmlokale" folgendermaßen:

> „Sturmlokal, das ist einmal sozusagen die befestigte Stellung in der Kampfzone. Es ist der Abschnitt in der Front, der Ruhe und Sicherheit vor dem Gegner gewährt, Erholung und Stärkung nach anstrengendem Dienst. Dann aber wird das Sturmlokal durch die in ihm abgehaltenen Sturm- oder Truppabende zum Mittelpunkt des SA-Dienstes überhaupt. Und hierdurch im weiteren Sinne zum Träger, Bewahrer und Erzeuger des SA-Geistes. In ihren Sturmlokalen erleben die Männer das, was ihnen zu Hause fast immer fehlt: das warme Herz, die helfende Hand, das Interesse an ihrem 'Ich', den Gleichklang des Fühlens und Denkens ihrer Gemeinschaft. Die Kameradschaft erleben sie und damit alles: Heimat und Lebensfreude. So wird das Sturmlokal zum eisernen moralischen und materiellen Wall gegen Kommune und Reaktion."[43]

---

[42] Stelzner 1936, S. 92f.

[43] Engelbrechten 1937, S. 85f.

Quelle: Hoffmann 1932, S. 51.

Die SA und die Massen

1. Eindruck, Bild und Schauspiel

Anläßlich eines SA-Aufmarsches am 24. Januar 1929 in Husum schreibt der „Völkische Beobachter": „Das Menschenmaterial der SA machte auf die Einwohnerschaft einen blendenden Eindruck."[1] Offensichtlich ist hier von zwei unterschiedlichen Arten von Menschen die Rede. Die einen, die SA, ist „Menschenmaterial". Material meint Rohstoff, Werkstoff, „jegliches Sachgut, das man zur Ausführung einer Arbeit benötigt".[2]

---

1) V.B. Nr. 25, vom 30. Januar 1929.

2) Der Duden in zehn Bänden. Das Standardwerk zur deutschen Sprache. Herausgegeben vom wissenschaftlichen Rat der Dudenredaktion: Günther Drosdowski, Bd. 5,

Die Arbeit, die hier mit dem Rohstoff Mensch verrichtet wurde, scheint gelungen, denn ihr Produkt macht auf die anderen, die Einwohnerschaft, einen „blendenden Eindruck". Was ist das Produkt und worin besteht der „blendende Eindruck"?

„Im Mittelpunkt der Veranstaltungen stand der Marsch durch die Stadt, der im Schloßpark vor Hitler endigte. Der Vorbeimarsch dauerte weit über eine Stunde und bot ein prächtiges Bild."[3]

„Es formieren sich Marschkolonnen, Sturm auf Sturm, Standarten marschieren in das Zentrum von Essen.(...) Jetzt sind es Tausende, Marschmusik jubelt auf, und die Menschenmassen drängen sich um ein Bild von Ordnung und Disziplin."[4]

„Zehntausende an den Straßen erleben das grandiose Bild von Kraft und Geschlossenheit."[5]

„Der Aufmarsch vollzieht sich in tadelloser Haltung. Die Bevölkerung jubelt den Kolonnen zu wie auf einem Siegeszug. Es ist ein Bild großartigen künstlerischen Stils, die SA-Kolonnen in gestraffter Haltung. (...) Das hat eben alles Stil, und das empfindet jeder, der des gleichen Blutes ist, weil er hier lebendigen Ausdruck gefunden hat. (...) Weimar hat wieder ein großartiges und eindrucksvolles Schauspiel gehabt und ein Bild von eiserner Manneszucht und anmarschierendem nationalem Willen des deutschen Kämpfertums zu sehen bekommen."[6]

Das Produkt, das hier aus dem „Menschenmaterial" der SA hergestellt wird, ist die marschierende SA-Kolonne. Sie ist ein neues Subjekt, sie ist mehr als die Summe ihrer einzelnen Bestandteile. Selbst in seiner idealisiertesten Form als politischer Soldat des Nationalsozialismus erreicht der SA-Mann nicht seine eigentliche Bestimmung. Als einzelner wird er zwar heroisiert, aber nur um als Baustein für ein größeres Gebilde zu dienen. Erst im Zusammenwirken mit vielen anderen erfüllt er seine Aufgabe. Erst die marschierende Kolonne vermittelt ein „prächtiges Bild", erst sie produziert diese Bilder von „Ordnung und Disziplin", „Kraft und Geschlossenheit", „eiserner Manneszucht und anmarschierendem nationalem Willen". Und diese Bilder wirken. Erst werden sie den Massen „geboten", dann „drängen sich" die Massen „um" sie; diese Bilder werden „erlebt", und das, was „erlebt " wird, „empfindet jeder, der des gleichen Blutes ist". Die Bilder dringen durch Augen und Ohren in die Menschen ein, innen ist ihr Wirkungsort. Dort nehmen sie den Betrach-

---

S. 477. Mannheim/ Wien/ Zürich 1982.

[3] V.B. Nr. 55, vom 24. Februar 1931.

[4] V.B. Nr. 240/45, vom 3. September 1931.

[5] V.B. Nr. 246, vom 4. September 1931.

[6] V.B. Nr. 174, vom 22. Juni 1932.

Quelle: Hoffmann 1932, S. 59.

ter in Besitz. Schließlich „jubelt" die Bevölkerung den Kolonnen „zu", „wie auf einem Siegeszug". Und das entspricht der Wirklichkeit: Dann, wenn die Massen jubeln, hat die SA gesiegt, es ist ihr Sieg über die Massen. „Ein mancher von den roten Genossen und feigen Spießern mag bei diesem imposanten Anblick von heimlichen Gefühlen beschlichen worden sein, und wohl manche Hand, die vielleicht früher noch die Faust geballt hat, hat sich aus rein impulsiven Gefühlen heraus zum Gruße erhoben."[7]) Der ehemalige Feind und die Gleichgültigen haben sich verwandelt in Mitläufer und Anhänger. Sie sind bekehrt worden. Die Bekehrung ist das „grandiose Schauspiel".

[7]) V.B. Nr. 252, vom 23. Oktober 1930.

ABBILDUNG 10: DIE MARSCHIERENDE SA-KOLONNE

Quelle: Landesbildstelle Berlin(LBB) 58054.

Die SA und die sie beobachtenden Massen treten in ein komplementäres Verhältnis. Die SA will gesehen werden und die Zuschauer wollen die marschierende SA-Kolonne sehen. Mehr noch: Beide wollen sich gegenseitig erleben, sie bilden ein „Emotionskollektiv".[8] „Die Kolonnen ziehen weiter. (...) Tausende und aber Tausende bilden hier begeistert Spalier. 10-, 20-, 30-fach stehen sie hintereinander."[9] Das „Element des Gesehenwerdens"[10] wird durch die Unterschiede zwischen SA und Zuschauern konstituiert. Auf der Straße sind die eigentlichen Demonstranten. Die Massen stehen auf den Bürgersteigen, auf den Veranden und an den Fenstern. Zwischen beiden ist in der Regel ein freier Raum, der beide Gruppen voneinander trennt. Dieser Raum dient als Respekt- und

[8] Schmeer 1956, S. 27.

[9] „Der SA-Mann" Nr. 15, vom 12./ 13./ 14. April 1930.

[10] Canetti 1980, S. 91

Quelle: Bade 1933, S. 42.

Sicherheitszone, wie er auch durch die Distanz eine größere Aussicht für die Beobachter ermöglicht. Das Bild wird vergrößert. Im Unterschied zu den SA-Männern sind die Massen eng aneinander gedrängt, ihre Dichte ist sehr hoch. ,,Rund 2.500 Braunhemden marschierten, ein unübersehbarer Zug. Dichte Menschenmauern zu beiden Seiten des Marschweges."[11] Die Massen eher statisch, passiv. Sie stehen, die SA marschiert. Die Kolonne ist der aktive Teil der Veranstaltung. Sie gestaltet das Bild, das die Massen in sich aufnehmen. Die Aktivitäten der Massen sind Reaktionen darauf. In der Bandbreite von Zustimmung und Ablehnung recken sie z.B. die Hände zum Hitlergruß oder sie ballen die Fäuste zur Kampfansage. Während die Massen zivil gekleidet sind, zeigt sich die SA in Uniform: Hellbraunes Tuch, schwarz-weiß-rote Hakenkreuzarmbinden, farbige Abzeichen. Diese farbenfrohe Einheitlichkeit führt zu einer optischen Abhebung und ästhetischen Überhöhung der Demonstranten.

[11] V.B. Nr. 131, vom 4. Juni 1930.

Abbildung 12: Wahlrechtsdemonstration am 13. Februar 1910 in Berlin

Quelle: Warneken u.a. 1986, S. 92.

2. Massen und Massenkristall

Die nationalsozialistische Demonstration vollzieht sich in der Form der marschierenden SA-Kolonne. Nicht mehr die Massen selbst sind es die demonstrieren, sondern die Demonstration ist zu einer Spezialität einer besonderen Parteiformation geworden. Nicht mehr eine Partei ruft die Massen zur Demonstration auf, wie früher die SPD, sondern die NSDAP setzt ihre „Berufsdemonstranten" ein, die Massen stehen Spalier. Man könnte diesen Vorgang „Professionalisierung der Demonstration" nennen. Tatsächlich verändert sich aber in der nationalsozialistischen Demonstrationsform viel mehr.

Die großen Demonstrationen der Arbeiterbewegung, wie z.B. die „Wahlrechtsdemonstrationen" vor dem 1. Weltkrieg waren Massendemonstrationen im eigentlichen Sinne. Als demonstrierende Masse verloren die Teilnehmer ihre gegenseitige Berührungsfurcht, überwanden ihre Distanzen, befreiten sich von Hierarchien, etablierten sich als Gleiche unter Gleichen. Canetti bezeichnet dieses Phänomen als ,,Entladung". ,,In der *Entladung* werden die Trennungen abgeworfen und alle fühlen sich *gleich*. In dieser Dichte, da kaum Platz zwischen ihnen ist, da Körper sich an Körper presst, ist einer dem anderen so nahe wie sich selbst. Ungeheuer ist die Erleichterung darüber. Um dieses glücklichen Augenblickes willen, da keiner *mehr* (H.i.O.), keiner besser als der andere ist, werden die Menschen zur Masse."[12] Neben der ,,Entladung" ist in den Arbeitermassendemonstrationen ein weiterer Vorgang beobachtbar, der von Canetti als ,,Ausbruch" beschrieben wurde: Der plötzliche Übergang von einer geschlossenen in eine offene Masse. ,,Oft sieht es so aus, als ob eine Masse überfließe, aus einem Raum, in dem sie wohlbehütet war, auf den Platz und auf die Straßen einer Stadt, wo sie, alles anziehend und allem ausgesetzt, sich frei ergeht. Wichtiger als dieser äußere ist aber der innere Vorgang der ihm entspricht: die Unzufriedenheit mit der Begrenzung in der Zahl der Teilnehmer, der plötzliche Wille *anzuziehen*, die leidenschaftliche Entschlossenheit, *alle* (H.i.O.) zu erreichen."[13] Canetti hebt vier Haupteigenschaften der Masse hervor: Sie will immer wachsen, in ihr herrscht Gleichheit, sie liebt die Dichte und sie braucht eine Richtung.[14] Die marschierende SA-Kolonne unterscheidet sich von dieser Beschreibung wesentlich.

Die SA-Kolonne will in dem Moment, in dem sie demonstriert, nicht wachsen. Schon in der Planung ist ihre Begrenzung festgelegt. Ihre Stärke mag variabel sein, ein odere mehrere Stürme oder Standarten umfassen, ist aber ihre Zahl einmal beschlossene Sache, so wächst sie nicht auch um nur einen SA-Mann. Der Eindruck von Gleichheit, der z.B. durch die Uniformierung entsteht, täuscht. In Wirklichkeit ist die Kolonne durch das Führerprinzip straff gegliedert und hierarchisiert, sie ist eine Unterstellungsgemeinschaft unter den jeweiligen Führer. Das, was an ihr als Gleichheit erscheint, ist Ausdruck eines anderen Vorganges, der Gleichschaltung. Der auffälligste Unterschied ist: Die SA-Kolonne liebt nicht die Dichte, im Gegenteil. Die Körper der SA-Männer drängen nicht zueinander, ihre Berührungsfurcht löst sich nicht auf. Sie scheint es nicht danach zu drängen, ihre Grenzen aufzulösen. Eher macht es den Eindruck, als ob sie panische Angst davor hätten, daß sich da etwas auflöst. Die Grenzen werden strikt eingehalten, nicht nur die äußere Grenze der gesamten Kolonne, auch jeder einzelne SA-Mann setzt sich als Grenze ge-

12) Canetti 1980, S. 13.
13) Ebd., S. 17f.
14) Ebd., S. 26.

genüber seinem Vorder-, Hinter- und Nebenmann fest, die Distanz wird aufrechterhalten. Was die Kolonne gemeinsam mit der Masse hat, ist die Richtung. Sie marschiert, sie bewegt sich auf ein Ziel zu, sie braucht es für ihre Existenz: Das rote Arbeiterviertel, das Zentrum der Stadt, ein Denkmal, den Führer. Wird ein Ziel erreicht, muß sofort ein neues her. Langfristig marschiert die SA-Kolonne in das ,,Dritte Reich".

Die marschierende SA-Kolonne kann im Unterschied zur Arbeitermassendemonstration als ein Gebilde beschrieben werden, das Canetti als ,,Massenkristall" bezeichnet hat. Die Hauptfunktion von Massenkristallen besteht darin ,,Massen auszulösen". Er kennzeichnet sie als ,,kleine, rigide Gruppen von Menschen, fest abgegrenzt und von großer Beständigkeit". Sie müssen ,,überschaubar" sein, damit man sie ,,mit einem Blick umfaßt". Ihre Einheit ist viel wichtiger als ihre Größe. Ihre ,,Verrichtung muß vertraut sein, man muß wissen, wozu sie da sind. Ein Zweifel in ihrer Funktion würde ihnen jeden Sinn nehmen; am besten ist es, sie bleiben sich immer gleich. Sie sollen nicht zu verwechseln sein. Eine Uniform oder ein bestimmtes Verrichtungslokal kommt ihnen sehr zustatten. (...) Seine Angehörigen sind auf ihre Verrichtung oder Gesinnung eingeübt. Sie können verteilte Funktionen haben wie in einem Orchester, aber es ist wichtig, daß sie als Ganzes in Erscheinung treten. Wer sie sieht oder erlebt, muß zu allererst spüren, daß sie nie auseinanderfallen werden. (...) Die Klarheit, Isoliertheit und Konstanz des Kristalls sticht von den aufgeregten Vorgängen in der Masse selbst unheimlich ab. Der Prozeß raschen und unkontrollierbaren Wachstums und die Bedrohung des Zerfalls, die beide der Masse ihre eigentümliche Unruhe verleihen, sind innerhalb des Kristalls nicht wirksam. Auch in der größten Erregung hebt er sich immer von ihr ab. Zu welcher Masse immer er Veranlassung gibt und wie sehr er scheinbar in ihr aufgehen mag, er wird das Gefühl seiner Eigenheit nie ganz verlieren und sich nach ihrem Zerfall sofort wieder zusammenfinden. (...) Der Massenkristall (...) ist statisch durch und durch. Die Art seiner Aktivität ist ihm vorgeschrieben. Er ist sich jeder Äußerung oder Bewegung genau bewußt."[15] Der Unterschied zur Arbeiterdemonstration kann nun genauer gefaßt werden: Nicht mehr die Massen demonstrieren in der nationalsozialistischen Demonstrationsform, sondern ein Massenkristall, die SA-Kolonne. Im weiteren wird es darum gehen, wie sich die SA-Kolonne als Massenkristall konstituiert, auf welche Art und Weise sie wirklich Massen auslöst und zu welchen Massen sie dann schließlich führt.

---

[15] Canetti 1980, Ebd., S. 79ff.

Präsentationsformen: Absichten, Anlässe und Verläufe

Abmarsch, Aufmarsch, Durchmarsch, Einmarsch, Fackelmarsch, Festmarsch, Propagandamarsch, Sternmarsch, Totenmarsch, Trauermarsch, Ummarsch, Vorbeimarsch, Werbemarsch — die Tätigkeit der SA-Kolonne hat viele Namen. Das Gemeinsame, der Marsch, wird ausdifferenziert. Es wird genau gekennzeichnet was gerade passiert, wie und wozu demonstriert wird.

1. Propagandamarsch/ Werbemarsch/ Ummarsch

Der Propagandamarsch ist die normale Form der nationalsozialistischen Straßendemonstration. Die KPD schreibt in einem Flugblatt anläßlich des NSDAP-,,Reichsparteitag" in Nürnberg 1929:

> ,,In vielen Teilen des Reiches sind die 'Aufmärsche und Treffen' der Sturmtruppen der Nationalsozialisten eine allsonntägliche Landplage geworden. (...) Vorallem in den kleinen und mittleren Städten haben sich die ,,Besuche" dieser uniformierten Abteilungen zu einer ständigen Bedrohung der Arbeiterschaft angewachsen."[1)]

In einem Neujahrsaufruf für das ,,Kampfjahr 1931" berichtet J. Berchtold über das vergangene Jahr 1930: ,,Versammlung folgte und jagte Versammlung. 150.000 in 365 Tagen. In jeder Stadt und in jedem Dorf. (...) Aufmärsche und endlose Kolonnen."[2)] Mag die Angabe von 150.000 Versammlungen wie üblich übertrieben sein, das wären immerhin 4oo pro Tag gewesen, und war es auch sicherlich so, daß nicht bei jeder Versammlung die SA marschierte, so waren die SA-Propagandamärsche doch zu einer fast alltäglichen Erscheinung geworden. ,,Endlose Kolonnen" sind ständig in Bewegung, sie orientieren sich nicht an besonderen Anlässen, obwohl es auch diese gibt. Der Anlaß ihrer Propagandatätigkeit ist ein allgemeiner, ein dauernder: Es ist die Existenz der Weimarer Republik. Solange es sie gibt, gibt es auch genügend Gründe, gegen sie zu marschieren. So alltäglich das ,,Novembersystem" ist, so alltäglich wird auch die nationalsozialistische Demonstration dagegen. ,,In dem Vormarsch, der seinen Halt erst wieder findet, da unser Sehnen Erfüllung. Bis dahin sollen unsere Marschtritte dröhnen und unsere Fahnen flattern, bis dahin wollen wir trommeln und werben, Siege feiern und tote Kameraden begra-

---

1) V.B. Nr. 185, vom 11./ 12. August 1929.

2) ,,Der SA-Mann" Nr. 51, vom 31. Dezember 1930.

Quelle: Bade 1933, S. 68.

ben (...)."[3] In Wahlkampfzeiten wurden die Anstrengungen noch weiter intensiviert, insbesondere im Jahre 1932 wurden die „Sturmtruppen" in pausenlosem Einsatz gehalten. Der Propagandamarsch ist die marschierende SA-Kolonne zwischen Ab- und Aufmarsch. Nur selten sind dabei vorauseilende Flugblattverteiler oder Zeitungsverkäufer propagandistisch tätig. Entscheidendes Werbemittel sind die SA-Männer selbst.

[3] Ebd.

„Mehr aber noch als in ihrer Eigenschaft als Träger der Propaganda wirkt die SA durch sich selbst! Die SA und SS sind verkörperter Nationalsozialismus. Die Volksgemeinschaft, der Gemeinnutz, die stetige Einsatz- und Opferbereitschaft, das nationalistische und sozialistische Wollen, in den braunen Bataillonen haben sie zuerst sichtbar Gestalt angenommen. Überzeugender als tausend schöne Worte wirkte (...) der nationale Tatsozialismus der SA. (...) Wohl hatte Adolf Hitler sich im Kampfmittel dem Gegner angeglichen, als er auf die Straße ging. Aber es war ein andres: dort zügellose Haufen aufgeputschten Untermenschentums oder spießige Prozessionen wildgewordener Kleinbürger mit Weib und Kind und Kegel, mit roten Fahnen und schreienden Plakaten als Ausdruck ihrer engen, armen Seelen. Hier straff gegliederte Kolonnen, einheitlich gekleidet, vorbildlich in Haltung und Disziplin, mit energischen Gesichtern, aus deren Augen die Idee leuchtet, der sie dienten. Was unter den roten Hakenkreuzfahnen im Braunhemd marschierte, Jahr um Jahr, und die Trommeln deutscher Tagwacht rührte, das war der geballte Wille deutscher Nation. (...) Durch ihren Marsch hat sie die Schwankenden und Zweifelnden mit hinein gerissen in den gewaltigen Aufbruch deutscher Nation. Jeder marschierende braune Sturm unter dem Hakenkreuz war lebendiger Ruf an die Draußenstehenden: Komm mit, Kamerad!"[4]

Über das Verhaltensritual SA-Demonstration werden bestimmte Interpretationsmuster erzeugt, die an die affektiven Einstellungen, Bedürfnisse und Sehnsüchte der Massen anknüpfen. Mit Hilfe akustischer und optischer Ausdrucksmittel präsentieren sich die SA-Männer als ein sensuelles Bild mit vielfältigen Bedeutungsinhalten: Ordnung und Disziplin, Männergemeinschaft und Sicherheit, Aktivismus und Opferbereitschaft, Glaube und Hingabe, Kampf und Wehrhaftigkeit, Stärke und Macht, Leben. Bei ihrem Marsch durch die Straßen der Stadt, des roten Arbeiterviertels oder des Dorfes präsentieren sie sich als Alternative gegenüber der Weimarer Republik, als das ganz andere Deutschland, als das wiederauferstandene, in Glanz und Gloria wieder zu sich selbst gefundene, starke und mächtige, deutsche Vaterland, das „Dritte Reich". Die stereotype Redewendung der Nationalsozialisten „das neue Deutschland marschiert" brachte dies zur Sprache. Es war die faschistische Antwort auf die durch verlorenen Krieg, gescheiterte Revolution und zerrüttete Weimarer Republik aufgeworfene Frage nach der Identität und der Zukunft Deutschlands.

Die SA auf dem Propagandamarsch führte den „Kampf um die Straße" in erster Linie gegen die organisierte Arbeiterbewegung. Dieser

---

[4] Ernst Röhm: Die braunen Bataillone der deutschen Revolution. In: Nationalsozialistische Monatshefte, Heft 46, 5.Jg. , München 1934, S. 7f. (=Röhm 1934)

Quelle: Bade 1933, S. 65.

Kampf wurde nicht nur mit sensuellen Bildern geführt, sondern auch mit nackter Gewalt, mit Terror. Die SA-Kolonne stößt dabei in die feindlichen Arbeiterviertel vor (Durchmarsch), dort kommt es zu den Zusammenstößen mit der ,,Kommune". Die SA will nicht nur das Recht auf die Straße, sondern sie will die Straße alleine beherrschen, das Monopol in der Öffentlichkeit. Sie will das Ganze, die Macht. Das setzt die Vernichtung des Gegners voraus.

2. Abmarsch/ Aufmarsch

Auf- und Abmarsch kennzeichnen einen Übergang zwischen Bewegung und Stillstand. Beim Aufmarsch gerinnt die zuvor sich bewegende SA-Kolonne zu einem Block. Der Abmarsch bedeutet das Gegenteil: Der starre Block von aufgestellten SA-Männern kommt in Bewegung, fängt an seine spezifische Dynamik zu entwickeln, d.h. er beginnt zu marschieren. Vom 3. württembergischen Gauparteitag in Stuttgart wird von 5.000 SA'lern berichtet: ,,Auf dem Marktplatz sind sie aufmarschiert. In offenem Viereck stehen sie, umgeben von einer unübersehbaren Menschenmenge."[5] Ab- und Aufmarsch können sowohl Anfangs- wie Endpunkt verschiedener Sequenzen sein, dazwischen liegen unterschiedliche Veranstaltungen. Ist der Abmarsch der Anfangs- und der Aufmarsch der Endpunkt, kann ein Propagandamarsch mit oder ohne Vorbeimarsch, ein Fackel- oder Trauermarsch dazwischenliegen. Hier hat die SA-Kolonne ihre Dynamik gezeigt, ihr Ort waren die Straßen der Stadt. Im umgekehrten Fall findet in der Regel zwischen Aufmarsch und (erneutem) Abmarsch eine Kundgebung mit Rede statt. Hier präsentiert sich die SA in ihrer statischen Form des Blocks, ihr Ort ist gewöhnlich ein Platz, meistens der Marktplatz. Die erste Sequenz erscheint als die bedeutendere. Die Massen „harren und warten", dann endlich, sie bewegen sich, sie marschieren, Heilrufe. „Eine unübersehbare Menschenmenge umstellte den Platz und die anschließenden Straßen und brach in begeisterte Heilrufe aus, als nach scharfem Kommando und unter Klängen herrlicher Marschmusik, sich die gewaltige Feuerschlange nunmehr in Bewegung setzte."[6] Auf- und Abmarsch erfolgen auf Befehl des jeweiligen Führers. Beim Übergang von einem Zustand in den anderen besteht die größte Gefahr der Unordnung. Wenn nicht alles „wie am Schnürchen klappt", kann die soldatische Haltung schnell ins Lächerliche umkippen. Daher die häufigen Übungen.

3. Vorbeimarsch

Der Vorbeimarsch ist der Höhepunkt der nationalsozialistischen Form der Straßendemonstration.

> „Beim Vorbeimarsch erreichte der Jubel endlich Höhepunkte, wie sie kaum das Jahr 1914 sah." [7]
>
> „Unter der Marschmusik, die zwei sich ablösende Kapellen spielten, zogen die 6.5oo Braunhemden, ihren Führer nach Art der italienischen Faschisten mit erhobenem rechten Arm grüßend, an ihm vorüber. Hitler, der in seinem Kraftwagen stand, (...), grüßte die Vorüberziehenden in gleicher Weise. Vielfach wurden ihm Blumen, mit denen fast jeder der Vorbeimarschierenden geschmückt war, zugeworfen."[8]
>
> „Dann kommt der Vorbeimarsch, und im strammen Schritt ziehen die Soldaten des neuen Deutschlands mit erhobenen Armen an den Führern vorbei.

[5] V.B. Nr. 143, vom 23. Mai 1931.
[6] V.B. Nr. 252, vom 23. Oktober 1930.
[7] V.B. Nr. 182, vom 8. August 1929.
[8] V.B. Nr. 133, vom 6. Juni 1930.

Quelle: Bade 1933, S. 75.

Stabschef Röhm, Dr. Goebbels, ihnen leuchten die Augen. Eine Stunde dauert diese Feier, dann ist der letzte Kämpfer an den Männern, denen er sich freiwillig unterordnete, anvertraute auf Leben und Tod, vorbeigezogen."[9]

„Die Kapelle schwenkt gegenüber dem Führer ein und dann rollt wieder eines jener unvergeßlichen Schauspiele ab, die immer den Höhepunkt all der vielen nationalsozialistischen Festtage und Aufmärsche bilden, die die feierlichsten Augenblicke im Leben der Hunderttausende von SA- und SS-Männern sind, *die Minuten, in denen sie vor ihrem Führer vorbeimarschieren dürfen, ihm in die Augen sehen, ihn grüßen mit erhobenem Arm,* ihm zeigen, daß seine braune Armee marschiert, daß Verbote und Terror nichts fruchten, daß alle seine alten Kämpfer wieder zur Stelle sind und neben ihnen noch Tausende und Zehntausende neuer. Im Vorbeimarsch der Braunhemden findet der Geist und der tiefste Gehalt der nationalsozialistischen Volksbewegung den höchsten, symbolhaften Ausdruck. Dokumentiert sich *die einzigartige unzertrennliche Einheit zwischen Führer und Gefolgschaft,*

[9] V.B. Nr. 246, vom 4. September 1931.

Quelle: Bade 1933,S. 148.

das unverbrüchliche Vertrauen, das zwischen Hitler und seinem letzten SA-Mann herrscht."(H.i.O.)[10)]

Die Massen stauen sich an der Stelle wo der Vorbeimarsch stattfindet. Haben sie während des Propagandamarsches die Straßen gesäumt, so eilen sie nun zu dem Platz, an dem die Kolonne an ihrem Führer vorbeimarschiert. Das Ergebnis: „unübersehbare", „endlose" Menschenmengen. Hier finden sich die „wogenden Menschenmeere" und „schwarzen Massen", die in den Beschreibungen immer wieder auftauchen. Hier ist die Dichte der Massen enorm, hier können verstärkt Entladungen erlebt werden.

10) V.B. Nr. 187, vom 5. Juli 1932.

Quelle: Killinger 1933, ohne Seitenangabe

Für die SA'ler ist der Vorbeimarsch einer der „feierlichsten Augenblicke im Leben". Sie dürfen in der geschlossenen Formation, in der 4er-, 6er- oder 8er-Reihe, je nach Größe des Ereignisses und unter Klängen „schneidiger" Marschmusik an ihrem Führer, der immer rechts von ihnen steht[11] mit erhobenem rechten Arm vorbeimarschieren und ihm in die Augen blicken.

Der Führer selbst steht ebenfalls mit erhobenem Arm, zurückblickend, fast immer erhöht, z.B. auf einer extra gebauten Tribüne oder in einem Kraftfahrzeug. Nehmen mehrere Personen den Vorbeimarsch ab, gruppieren sie sich nach der Rangordnung. Der höchste Führer befindet sich immer an der exponiertesten Stelle: In der Mitte, am höchsten, an vorderster Front. Er steht da z.T. Stunden starr und unbeweglich. Herren-

[11] Vgl. die Interpretation von „rechts" und „links" in Stekels und Freuds Traumdeutung: Ersteres bedeutet richtig, den rechten Weg; letzteres steht für das Unrecht, das Verbotene, die Sünde. Sigmund Freud: Gesammelte Werke, Bd.II/III. Traumdeutung, S. 385.

Quelle: Hoffmann 1932, S.53.

blick. Was hier präsentiert wird, ist die Unterwerfung der SA-Männer unter ihre(n) Führer. Die „einzigartige unzertrennliche Einheit zwischen Führer und Gefolgschaft" ist eine Ganzheit, deren Harmonie nicht die Harmonie ihrer einzelnen Teile ist, sondern die der darin bestehenden hierarchischen Ordnung. Diese Ordnung hat ein Oben und ein Unten, oben die Herrschenden, die Macht, unten die Beherrschten, die Opfer.

Hinter der Beschwörung der „unzertrennlichen Einheit" steckt die Angst vor der Spaltung, d.h. der Widerborstigkeit, des Aufbegehrens, ja jeder selbständigen Regung der/des Beherrschten. Wohlgeordnet in der Kolonne marschieren, wehe ein Fehltritt, wehe ein Mann neben raus, das Ganze käme durcheinander, die Kolonne drohte im Chaos zu versinken.Klassen spalten den „Volkskörper", potentiell bedeutet das den

Aufstand des Unten gegen das Oben. Also darf es das nicht geben; also muß zusammengefügt werden, was nicht zusammengeht, gearbeitet wird an der „Volksgemeinschaft". Spaltung bedeutet auch Kriegsniederlage: Das Reich, das Heer wurde in Stücke gerissen. Im SA-Trupp, in der marschierenden Kolonne während des Vorbeimarsches am Führer wird das Ganze symbolisch wiederhergestellt.

Im Vorbeimarsch präsentiert sich die nationalsozialistische Demonstration in der Form einer hierarchischen Symbiose von Führer und Gefolgschaft, von Führer und Volk. Darin bilden sich unbewußte und bewußte Wünsche und Sehnsüchte nach Einheit und Ganzheit ab. Die SA-Männer haben ihr Ganzes bereits in der äußeren Organisation der formierten SA-Kolonne hergestellt. In ihr sind sie gegenüber dem Führer zwar unten, mit ihm gegenüber den Massen aber oben. Sie partizipieren an der Macht.

4. Fackelmarsch

Der Fackelmarsch ist eine Variante des Propagandamarsches. Während bei letzterem die Vielzahl der Ausdrucksmittel in ihrer Summe auf den Betrachter einwirkt, konzentriert sich beim Fackelmarsch der optische Sinneseindruck auf das Feuer. „(...) und dann kamen sie an, unsere tapferen Braunhemden, (...) in den Händen die leuchtenden Fackeln als Sinnbild des Feuers, das in ihren Herzen brennt und glüht. Das Feuer der großen Liebe zu Volk und Heimat, das Feuer der Begeisterung für die Idee des Nationalsozialismus. (...) Die Straße vor uns ein riesiges Meer von Fackeln."[12] In der Bekanntmachung Nr. 26 des „Obersten-SA-Führers" zum SA-Fackelmarsch auf dem Nürnberger Parteitag 1929 heißt es:

> „Fackelzug! Die Straßen Nürnbergs müssen in jener Nacht einem Flammenmeere gleichen! Jeder SA-Mann eine Fackel! Sorgt alle dafür, daß jeder SA-Mann seine Fackel hat! Die für den Fackelzug am Sonnabend, den 3. August 1929, vorgeschrieben Fackeln liefert nur die Reichszeugmeisterei. Diese Fackeln sind besonders gekennzeichnet und von garantiert dreistündiger Brenndauer. Der Preis pro Fackel beträgt 50 Pfennig. (...) gez. Büchner, Reichszeugmeisterei."[13]

Das Feuer als „Massensymbol"[14] besitzt alle Eigenschaften der Massen selbst und wird als Masse empfunden. Gleichzeitig ist es als irdi-

---

[12] V.B. Nr. 133, vom 6. Juni 1930.

[13] V.B. Nr. 162, vom 16. Juli 1929.

[14] „Kollektive Einheiten, die nicht aus Menschen bestehen und dennoch als Masse empfunden werden, bezeichne ich als Massensymbole." In: Canetti 1980, S. 81.

ABBILDUNG 19: SA-FACKELZUG AM 30. JANUAR 19933 IN BERLIN

Quelle: Bundeszentrale für politische Bildung (Hrsg.): Informationen zur politischen Bildung. Die Weimarer Republik 109/ 110. Bonn 1985, S.44. (=Informationen 1985)

scher Repräsentant der Sonne, des Lichts Bestandteil eines kosmologischen Sonnenmythos. Dieser beinhaltet die Idee der Erneuerung und ein stark dualistisches Weltbild, das der Polarisierung der nationalsozialistischen „Weltanschauung" in Gut und Böse entsprach. Das Feuer symbolisiert dabei die Wunscheigenschaften des Nationalsozialismus: Vitalität, Klarheit, Heroismus, neues Leben. Der berühmte Fackelmarsch durch das Brandenburger Tor in der Nacht des 30. zum 31. Januar 1933, nachdem Hitler zum Reichskanzler ernannt worden war, hat dies schauerlich demonstriert.

„(...) entzünden ihre Fackeln, rufen, jubeln, schwenken ein, eine Demonstration nie gesehenen Ausmaßes wälzt sich in die innere Stadt, strömt durch die Linden, biegt in die Wilhelmstraße ein, — ein Lichtermeer ist das Regierungsviertel, (...). Es war ein erschütternder Ausbruch des Jubels eines ganzen Volkes,— es war eine Revolutionsfeier eigenster Prägung, überflammt von Millionen Fackeln. (...) Diese Lichtüberzuckten, von Begeisterung berstenden Abend- und Nachtstunden des 30. zum 31. Januar, sie waren Weihestunden der Nation, einmalig, in Jahrhunderten nicht wiederholbar."[15]

Der SA-Fackelzug präsentiert sich als Demonstration des Lichts gegenüber der Finsternis, aus der das Böse kommt; als Demonstration der Kraft des Feuers, seiner Zerstörungskraft, die das Böse vernichtet; als Demonstration des Lebens gegenüber dem Tod.

5. Festmarsch

„Siege feiern und tote Kameraden begraben", dazu sind Festmarsch bzw. Trauer- und Totenmarsch die entsprechenden Präsentationsformen. Dies bedeutet nun aber nicht, daß dabei keine Propaganda gemacht werden soll. Im Gegenteil, sie wird eher intensiviert, nur ihr Inhalt bekommt zusätzlich noch andere Bedeutungsmuster als bei dem üblichen Propagandamarsch und ihre Ausdrucksform verändert sich zu einem etwas anderen Bild. Während der Gau- und Hitlertage wurden die gesamten SA-Einheiten des betreffenden Gaus zusammengezogen. Diese Parteitage auf unterer Ebene dienten ähnlich wie die in Nürnberg abgehaltenen „Reichsparteitage" u.a. dazu, das Wachstum der Bewegung in aller Öffentlichkeit zu dokumentieren und als Sieg der Idee des Nationalsozialismus zu feiern. Nach dem oberbayerischen Hitlertag in Mühldorf im Juni 1931 heißt es im „Völkischen Beobachter":

> „Der Hitlertag war zu Ende. Noch lange Stunden beherrschte das Braunhemd das Bild der Straße. Der oberbayerische Hitlertag in Mühldorf war nicht nur eine politische Demonstration. Er war mehr. Er war eine Volksfeier im wahrsten Sinne des Wortes (...). Daß unsere Aufmärsche zu Aufmärschen des ganzen Volkes werden, wohin wir auch kommen, das allein schon verbürgt unseren Sieg."[16]

Hinter der ganzen Euphorie erscheint das entscheidende Defizit. Der Sieg, der endgültige, ist zwar „verbürgt", aber noch nicht erreicht. Zwar ist der SA-Aufmarsch schon mehr als „nur eine politische Demonstration", da es ihm gelungen ist, „das Volk", sprich einen erheblichen Anteil der Bevölkerung zu mobilisieren, aber die Demonstration der Macht der Nationalsozialisten, diese „Volksfeier im wahrsten Sinne des Wortes", ist nur vorübergehend. Anders als die Parteitage nach der Machtergreifung sind die Gau- und Hitlertage keine ausdrücklichen Siegesfeiern („Parteitag des Sieges" am 1. September 1933). Es sind Etappensiege in sich steigernden

---

15) Bade 1933, S. 81.

16) V.B. Nr. 176, vom 25. Juni 1931.

Ich hatt' einen Kameraden . . .

Quelle: Killinger 1933, ohne Seitenangabe.

Kampfzeiten. Der Führer zählt seine Truppen, eine Art Heerschau, und allerorten kann festgestellt werden: Die Kolonnen gehen gestärkt in den nächsten Kampf, in die nächste Etappe, an die Front. Das macht ängstlich oder zuversichtlich, wirken tut es allemal. Die Macht der großen Zahl, die an Gau- und Hitlertagen zustande kommt, potenziert die Fähigkeit der marschierenden SA-Männer Massen auszulösen, wie auch die Zuversicht auf den endgültigen Sieg.

6. Totenmarsch/ Trauermarsch

Nationalsozialistische Leichenbegängnisse waren Gelegenheiten, insbesondere in Zeiten von Notverordnungen, marschierende, trauerumflorte SA-Kolonnen öffentlich präsentieren zu können. Sie boten die Möglichkeit, in den Straßen wieder Flagge zu zeigen. Der Tote schien einen legitimen Anspruch darauf zu haben, gebührend beerdigt zu werden: Kameradschaft bis in den Tod. Aber nicht immer konnte dieser Anspruch durch-

Quelle: Nationalsozialistische Monatshefte, 5. Jg., München 1934, ohne Seitenangabe. (=NS-Monatshefte 1934)

gesetzt werden. So erließ das Innenministerium anläßlich der Beerdigung Horst Wessels einschneidende Beschränkungen für den „Trauerzug".[17]

War der Tod der Anlaß des Marschierens, so bestand die Absicht nicht im Trauern. Zwar wurde der tote „Kämpfer" beklagt, die angehörigen Frauen schluchzten und sogar mancher Parteigenosse und SA-Kamerad mag eine Träne verdrückt haben, aber diese persönlichen Anzeichen von Trauer bestimmten nicht das offizielle Ereignis. „Wenn die SA trauert, so läßt sie nicht den Kopf hängen, sondern geht den Weg des Kampfes aufrecht und treu, wie sie ihrem obersten Führer gelobte."[18] Der Tote

17) V.B. Nr. 19, vom 19. Januar 1932.
18) V.B. Nr. 19, vom 19. Januar 1932.

Er lebt weiter!

Quelle: V.B. Nr. 36/ 37, vom 5./ 6. Februar 1933.

wird zum Märtyrer der Bewegung, Opfer und Blutzoll im „Befreiungskampf" Deutschlands. Angeklagt wird die „Mörderkommune", ihr wird Rache geschworen. Mit der Beschwörung des weiteren Kampfes und mit dem Hinweis auf den baldigen Sieg kommt das Leichenbegängnis zu seiner eigentlichen Absicht: Der Überwindung des Todes, der Auferstehung des SA-Mannes.

„Richard Menzel ist nicht mehr. Sein Leib wurde heute der Erde übergeben, aber wir wissen: Sein Geist marschiert in unseren Reihen mit! Auch du SA-Mann Menzel, bist nicht umsonst gefallen, auch dein teures Blut ist nicht umsonst geflossen, ist blutige Saat, aus der einst die Rächer entstehen. Wir binden den Helm fester, wir halten den Schwur: Aug' um Auge, Zahn um Zahn."[19]

In einem Kommentar zum Tode Horst Wessels schreibt ein ,,A.R." (höchstwahrscheinlich Alfred Rosenberg, d.V.):

> ,,Wie die anderen Märtyrer ist auch Horst Wessel nicht tot. Sein von ihm geführter, von ihm verzehnfachter ,,Sturm 5" trägt bereits seinen Namen, und sein glühender Wille zum neuen Deutschland wird übergehen in alle seine Mitkämpfer und die noch Hinzustoßenden. Unsichtbar und doch fühlbar kämpfen die Seelen der ,,Toten" mit uns für neues Leben — wenn wir wirklich *leben* wollen."(H.i.O.)[20]

In der Phantasmagorie des ,,Horst-Wessel-Sturms" reihen sich alle Toten der SA ein. Gemeinsam mit den Lebenden demonstrieren sie so weiterhin für die ,,Befreiung" Deutschlands. Oft wurde der ehemalige Platz des Toten in der marschierenden Kolonne freigehalten. Dazu Baldur von Schirach:

> ,,Auch Tote stehn in unsern Reih'n
> Den ihr uns gestern erschlagen,
> Den haben wir nicht zu Grabe getragen,
> Nein!
> Den ihr gestern in feiger Nacht
> Auf dunkler Straße umgebracht,
> Ist, als das Dämmern des Tages begann,
> Aufgewacht!
> Des Toten Gesicht
> Tragen heut' hunderttausend Mann!
> Und sind Gericht- - -."[21]

Das nationalsozialistische Leichenbegängnis gipfelt in dieser Erlösungsvorstellung. Die Gefallenen ,,geben allen Mitkämpfern die Kraft auszuharren, bis das Ziel erreicht ist."[22] So heißt es bei der Beerdigung des Truppführers Franz Becker aus Schweidnitz(Schlesien) : ,,Und in den Straßen des Segeroth wird dieser Trauerzug ein Beweis nationalsozialistischer Macht und Unbezwingbarkeit."[23] Im Trauermarsch symbolisieren die SA-Kolonnen jedoch mehr als die Erlösung der eigenen Toten. Gunter d'Alquen schreibt in einem Artikel ,,SA. marsch!" für den ,,Völkischen Beobachter":

---

19) Ebd.
20) V.B. Nr. 50, vom 1.Mai 1930.
21) Engelbrechten 1937, S. 113.
22) V.B. Nr. 58, vom 27. Februar 1932.
23) V.B. Nr. 29, vom 29. Januar 1932.

„In Eurer Hand liegt das Erbe der Millionen Toten von Verdun, von Langemarck und Russland. Ihr Wille, ist ihr Glaube ist Euer Wille, ist Euer Glaube geworden. Gebt ihr jenem unermeßlichen Opfer den Sinn, den man ihm schließlich raubte, gebt ihr den Millionen Toten die Ruhe wieder, lebt, daß sie nicht umsonst sich hingaben, sondern daß ihr Sterben durch Euch der Weg zu dem einen Ziel werde, zu dem einen Begriff, dem auch ihre Sehnsucht und ihr Hoffen galt, zu Deutschland."[24)]

Das Massenkristall SA-Kolonne löst nicht nur sichtbare, in der Realität vorhandene Massen aus, sondern auch unsichtbare, in den Erinnerungen der Menschen der Weimarer Republik aber noch existierende: Die Toten des 1. Weltkrieges. Der Kampf der SA, ihr Marschieren und ihr Siegen als Symbol und Garant für die Erlösung des toten Heeres. Das Trauma der besiegten Nation erfährt in der marschierenden SA-Kolonne seine Metamorphose: Die Niederlage wird in den baldigen Sieg verwandelt.

7. Sternmarsch/ Sternfahrt/ (Fahnen-)Einmarsch

Der Sternmarsch wird vor der „Machtergreifung" sehr selten von der SA durchgeführt. Dort wo er aber durchgeführt wird, ist er das effektivste Mittel, eine Stadtbesetzung dramatisch zu inszenieren. „Endlos" und von allen Seiten marschieren die SA-Männer ins Zentrum. Ihre Zahl muß groß sein, um diesen schockartigen Eindruck zu hinterlassen.

„Der Braunschweiger Aufmarsch wird die größte und gewaltigste politische Kundgebung, die Deutschland bisher erlebt hat. Die Stadt ist viel zu klein für die aufgebotenen Menschenmassen. (...) Konzentrisch von allen Seiten rücken die endlosen Kolonnen heran, das Schauspiel einer friedlichen Eroberung bietend."[25)]

Der größte Sternmarsch bis zum Jahresende 1933 war die 1. Mai-Demonstration in Berlin im gleichen Jahr. Sie war aber keine SA-Veranstaltung im eigentlichen Sinne mehr, da hier weit über die Reihen der SA hinaus Massen, z.B. aus den Betrieben mitdemonstriert haben. Diese Demonstration war schon Staatsfeier der an die Macht gelangten NSDAP und nicht mehr Kampfdemonstration der SA, um an die Macht zu kommen.[26)]

Eine Variante des Sternmarsches sind die vor 1933 durchgeführten Sternfahrten des „Nationalsozialistischen Kraftfahrzeugkorps(NSKK)". Der erste datiert auf den Juli 1929.

---

24) V.B. Nr. 64, vom 4. März 1932.

25) Stelzner 1936, S. 86. Braunschweig 1931 war keine Spur von friedlich. Vgl. dazu den Abschnitt „In der Stadt".

26) Vgl.: Elfferding 1987 und Argument-Sonderband 60 1980, S. 81ff.

„An der immer steigenden Bedeutung des Kraftfahrzeugs in unserem Verkehrsleben kann auch unsere Bewegung nicht vorübergehen. Aus dieser Erkenntnis heraus hat der neugegründete nationalsozialistische Automobil- und Motorradclub des Gaues Halle-Merseburg als erste kraftsportliche Veranstaltung der Bewegung eine Sternfahrt zur Gausonnenwende nach Freyburg a.U. ausgeschrieben."[27]

Erwähnt sei noch der SA-Einmarsch, der Teil der nationalsozialistischen Saalveranstaltung ist. Als Fahneneinmarsch finden wir ihn auch beim Ritual der „Reichsparteitage".

27) V.B. Nr. 155, vom 7./ 8. Juli 1929.

Ausdrucksmittel

Walter Benjamin hat Massenveranstaltungen der NSDAP und der SA als „faschistische Massenkunst" betrachtet.[1] Auch im Selbstverständnis der Partei und ihrer Führer galt die Organisation von Massen als künstlerischer Produktionsprozeß.

> „(...) wir, die wir die moderne deutsche Politik gestalten, fühlen uns dabei als künstlerische Menschen, denen die verantwortungsvolle Aufgabe anvertraut ist, aus dem rohen Stoff der Masse das feste und gestalthafte Gebilde des Volkes zu formen."[2]

> „Der Staatsmann ist auch Künstler. Für ihn ist das Volk nichts anderes, als was für den Bildhauer der Stein ist. Führer und Masse, das ist ebensowenig ein Problem wie etwa Maler und Farbe. (...) Aus Masse Volk und aus Volk Staat formen, das ist immer der tiefste Sinn der Politik gewesen."[3]

Die NS-Regisseure versuchen mit einer Vielzahl von Ausdrucksmitteln eine optimale Kombination von Sinneseindrücken beim Betrachter zu erzeugen, die sich zu einem Gesamtbild verdichten, das affektiv überwältigt. Angriffsfläche ist dabei die gesamte Person, ihr Bewußtsein ebenso wie ihre vorbewußten und unbewußten Anteile.[4]

Die marschierende SA-Kolonne arbeitet mit optischen und akustischen Ausdrucksmitteln. Haptische Mittel erscheinen im Rahmen der ästhetischen Faszination nicht. Die Anwendung physischer Gewalt kann zwar unter diesem Gesichtspunkt betrachtet werden, aber der Terror wurde nicht als sinnliches Ausdrucksmittel einer *ästhetischen* Überwältigung eingesetzt. Karlheinz Schmeer hat darauf verwiesen, daß die Beeinflussung durch den Geruchsinn, wie es z.B. im katholischen Ritual durch die Verwendung von Weihrauch geschieht, mit den nationalsozialistischen Stilprinzipien unvereinbar war.[5]

Die Entflechtung der in der SA-Demonstration hergestellten Synthese von akustisch-optischen Ausdrucksmittel ermöglicht den Blick auf das Detail. Diese einzelnen Elemente stellen die verschiedenen Konstitutions-

---

1) Walter Benjamin. Angelus Novus. Frankfurt 1966, S. 510.

2) Joseph Goebbels: Brief an Wilhelm Furtwängler vom 1.April 1933. In: Stollmann 1978, S. 87f.

3) Goebbels 1931, S. 31.

4) „Vorbewußt" in Anlehnung an Freud: „Wir heißen das Latente, das nur deskriptiv unbewußt ist, nicht im dynamischen Sinne, vorbewußt.", d.h. das latent Unbewußte ist jederzeit bewußtseinsfähig. Der Sprung von der vorbewußten zur bewußten Vorstellung geschieht über Erinnerungsspuren. Diese können sowohl akustischer als auch optischer Art sein. Vgl. Sigmund Freud: Das Ich und das Es. Frankfurt 1984, S. 173 und S. 179f.

5) Schmeer 1956, S. 122.

bedingungen der SA-Kolonne als Massenkristall dar.

Optische Ausdrucksmittel

1. Die Körper

Das wichtigste Ausdrucksmittel der demonstrierenden SA-Kolonne sind die SA-Männer selbst. Ihre Körper wirken sowohl durch eine uniforme Haltung, die sich vom Scheitel bis zur Sohle zieht, als auch durch die besondere Beschaffenheit ihrer einzelnen Funktionsteile.

Haltung

Ernst Röhm schreibt 1934: „Die SA und SS sind verkörperter Nationalsozialismus."[6] Das ist durchaus wörtlich gemeint. In der Physiognomie der SA-Männer zeigen sich sowohl bewußte Versatzstücke der nationalsozialistischen „Weltanschauung" als auch vor- und unbewußte psychische Dispositionen. „Zirka 600 thüringische und fränkische SA-Leute, (...) , dokumentieren in eiserner Disziplin und tadelloser Haltung den neuerstandenen Lebens- und Widerstandswillen unseres Volkes."[7] Die SA-Männer verkörpern den „Lebens- und Widerstandswillen" des faschistischen Mannes. Sie stehen unbeugsam und hart, „eisern" und in „tadelloser Haltung", „aufrecht"; sie streben nach oben; Oben ist Leben und Freiheit, das „Höchste" und „Größte".

> „(...) man sah es den aufrechten Gestalten an (...), daß es für sie der höchste Stolz, die größte Ehre war, den Freiheitswillen des erwachten deutschen Volkes auf der Straße zu künden."[8]

> „Die Straffheit unserer an Hitler vorbeimarschierenden Braunhemden stach scharf ab von den mit Weibern und Kindern durchsetzten Zügen der Gegner."[9]

> „Aber endlich geht es los.—Der Brigadeführer steht vor der Front. Kommandos fallen, die Glieder erstarren. (...) 700 bis 800 Braunhemden marschieren."[10]

Der Begriff, der dieser Körperhaltung wohl am nächsten kommt, ist der des „Muskelpanzers" von Wilhelm Reich, der ihn das erste Mal auf dem 13. Internationalen Kongreß der Psychoanalytiker im August 1934 in

6) Röhm 1934, S. 7.
7) V.B. Nr. 134, vom 7. Juni 1930.
8) V.B. Nr. 191, vom 9. Juli 1932.
9) V.B. Nr. 292, vom 9.Dezember 1930.
10) V.B. Nr. 87, vom 12./ 13./ 14. April 1930, „Der SA-Mann" Nr. 15.

ABBILDUNG 23: ELK EBER: SA MARSCHIERT, ÖL.

Quelle: Theweleit 1986, Bd. 2, S. 400.

Luzern verwendete. Gemeint war damit, daß die körperliche Haltung eines Menschen seiner psychischen entspricht, daß der Muskelpanzer als Pendant zum Charakterpanzer fungiert. Reich beschreibt an anderer Stelle die „stramme Haltung" folgendermaßen: „Die militärische 'stramme Haltung' ist das gerade Gegenteil der natürlichen, lockeren, beweglichen Haltung. Der Nacken muß straff gespannt, der Kopf nach vorne gestreckt sein; die Augen haben starr und gerade ins Leere zu schauen; Kinn und Mund müssen womöglich einen harten „männlichen" Ausdruck haben; die Brust hat vorgestreckt zu sein; die Arme müssen dem Körper eng und gespannt anliegen; die Hände müssen gestreckt an der Hosennaht sein. Wohl das wichtigste Zeichen, das für die sexualunterdrückende Absicht dieser militärischen Technik spricht, ist die überall vorhandene Vorschrift, den Bauch ein- und das Becken zurückzuziehen. Die Beine sind straff und hart gespannt (...). Die Streckung der Fußgelenke ist ein typisches klinisches Zeichen künstlicher Affektbeherrschung"[11] Für Reich wird in der „strammen Haltung" der organische Rhythmus durch eine maschinen-

[11] Wilhelm: Die Funktion des Orgasmus. Frankfurt 1972, S. 270f.

ABBILDUNG 24: „STRAMME HALTUNG"

Quelle: Engelbrechten 1937, S. 366.

hafte Pose ersetzt. In ihr offenbare sich der Sieg des maschinellen Militarismus, dieser „kompletten Identität von mechanistischer Naturwissenschaft, maschineller menschlicher Struktur und sadistischen Morden", gegenüber einer Lebensanschauung, „die den Menschen nicht als Maschine, die Maschine nicht als den Herrn des Menschen und den Militarismus nicht als seine größte Zierde auffaßt. (...) Der Weg des Faschismus ist der Weg des Maschinellen, Toten, Erstarrten, Hoffnungslosen. Der Weg des Lebendigen ist grundsätzlich anders, schwieriger, gefährlicher, ehrlicher und hoffnungsvoller."[12)]

Was hier auffällt ist, daß in der Selbsteinschätzung der SA'ler und sicherlich auch in der Beurteilung eines ganz erheblichen Teils der Massen, die „stramme Haltung" der SA-Männer gerade nicht als tot und

12) Wilhelm Reich: Die Massenpsychologie des Faschismus. Frankfurt 1974, S. 294f.

hoffnungslos, sondern vielmehr im Gegenteil als Lebenswille und Zukunft empfunden wurde.

Man könnte nun die „aufrechten Gestalten" einfach als Ausdruck einer stolzen Haltung interpretieren, die sich im Rahmen des Weimarer Revisionssyndrom und speziell der nationalsozialistischen Ideologie nicht dem „Versailler Diktat" beugt und so als Symbol für Freiheit, Zukunft und Leben der Nation steht. Das verweist zwar in die richtige Richtung, bleibt aber noch zu oberflächlich.

Reich charakterisiert die „stramme Haltung" als eine militärische. Aber die marschierende SA-Kolonne unterscheidet sich in Nuancen von seiner Beschreibung. Die Hände sind z.B. nicht „gestreckt an der Hosennaht", auch werden die Fußgelenke nicht gestreckt. Was Reich beschreibt ähnclt eher dem Stechschritt des Heeres als der SA-Demonstration. Tatsächlich ist die SA-Kolonne auch keine militärische Abteilung, sondern Teil einer politischen Bewegung, noch nicht Bestandteil des Herrschaftsapparates, sondern Kampftruppe der faschistischen Opposition. Dies zeigt sich auch in der Körperhaltung, die trotz allen Drills noch nicht tot und maschinell wirkt, sondern in der noch das rebellisch-aktivistische Element der (sub-)proletarisch-mittelständisch deklassierten SA-Männer durchschimmert. Je näher sie an der Macht demonstrieren, desto weniger ist davon aufzufinden. Aber auch auf dem ganz normalen Propagandamarsch ist die Ähnlichkeit mit dem Militärischen nicht zufällig. Die SA-Kolonne als Körperformation soldatischer Männer soll das verbotene Heer vertreten und symbolisieren. Dazu muß sie militärisch wirken ohne selbst Militär zu sein. Sie tut das über die „prächtige soldatische Haltung".[13]

Die SA-Kolonne knüpft damit an das zentrale Massensymbol der Deutschen an. „Das Massensymbol der geeinten deutschen Nation (...) war und blieb das Heer. Jeder Deutsche war stolz darauf; es gab nur vereinzelte, die sich dem überwältigenden Einfluß dieses Symbols zu entziehen vermochten. (...) wie allgemein die Bedeutung des Heeres für den Deutschen war, wie dieses Massensymbol in jenen wirksam war, die sich hochmütig gegen alles, was an Menge gemahnte, abzugrenzen verstanden. Bürger, Bauern, Arbeiter, Gelehrte, Katholiken, Protestanten, Bayern, Preußen, alle sahen in der Armee das Sinnbild der Nation. Die tieferen Wurzeln dieses Symbols, seine Herkunft aus dem Walde, sind an anderer Stelle aufgedeckt worden. Wald und Heer hängen für den Deutschen auf das innigste zusammen, und es läßt sich das eine so gut wie das andere als das Massensymbol der Nation bezeichnen; sie sind in dieser Hinsicht

[13] V.B. Nr. 189, vom 7. Juli 1932.

geradezu ein und dasselbe."[14]

Das Heer war 1918 verboten worden. Damit war auch das Exerzieren, das Marschieren, das Empfangen und Weitergeben von Befehlen verboten. Canetti schreibt: „Das Verbot der allgemeinen Wehrpflicht ist die *Geburt* des Nationalsozialismus. (...) Für den Deutschen bedeutet das Wort 'Versailles' nicht so sehr die Niederlage, die er nie wirklich anerkannt hat, es bedeutet das Verbot der Armee; das Verbot einer bestimmten, sakrosankten Übung, ohne die er sich das Leben schwer vorstellen konnte. Das Verbot der Armee war wie das Verbot einer Religion. Der Glaube der Väter war unterbunden, ihn wiederherzustellen war jedes Mannes Pflicht."[15]

Die Körperhaltung des SA-Mannes entsprach der Körperhaltung des soldatischen Mannes („politischer Soldat", „Soldat der deutschen Revolution") und war so mit Vorstellungen von der alten Armee verknüpft. „(...) zeigt euch als Soldaten die Disziplin halten und halten müssen im schwersten Feuer! Denkt an unsere feldgraue Armee. (...) Stählt euren Körper und eure Fäuste, die allein eure Waffe sein dürfen."[16] Das Bild der „strammen, aufrechten Haltung" diente als optischer Erinnerungsrest. Es entsprach ebenso bewußten Interessen und Gedanken wie vorbewußten Bedürfnissen und Gefühlen der Massen der Weimarer Republik. Nicht erst auf der Ebene des Unbewußten lockte das Verbot. Mit der SA-Demonstration wurden die verbotenen „sakrosankten Übungen", ohne die „das Leben schwer vorstellbar" war, in aller Öffentlichkeit inszeniert. Allerdings gibt die Dramatik des Verlustes, die Canetti beschreibt, Anlaß zu der Vermutung, daß tiefer liegende Anteile der psychischen Struktur der SA'ler und der Massen mitspielen. Die energetische Aufladung des Vorgangs zielt auf Unbewußtes. Die Bedeutung des Panzers als Gefängnis des triebhaft Unbewußten soll aber in einem anderen Zusammenhang diskutiert werden.

Kopf/ Gesichter/ Augen

Der Nazi, der SA'ler, der politische Soldat will nach oben, zur Macht. Die Kopfhaltung richtet sich danach. Der Kopf sitzt nicht locker auf dem Rumpf, sondern er versucht krampfhaft über sich hinauszuwachsen. Er ist als Kämpfer nicht feige, er zieht nicht den Nacken ein. „Die anderen marschieren, marschieren (...) sie trugen (...) den Kopf hochgereckt, aufrecht

[14] Canetti 1980, S. 197f.
[15] Ebd., S. 199f.(H.i.O.)
[16] V.B. Nr. 53/ 54, vom 22./ 23. Februar 1931.

und tapfer."[17] Das Lebendige am Kopf ist sein Gesicht, in ihm spielen sich die Gefühle in ihrer ganzen Bandbreite ab. Die Gefühlspalette des SA-Mannes auf seinem Marsch ist schmal. Er lacht nicht, er weint auch nicht, die Gesichtsmuskeln bewegen sich kaum (außer der SA-Mann ruft, singt oder brüllt gerade ,,Heil"), sein Gesicht gleicht eher einer Maske, es ist aufgeräumt, in Ordnung gehalten. Aber nicht gelangweilt wirkt sein Gesicht, nicht schlaff. Im Gegenteil, er ist voll bei der Sache, hochkonzentriert, angespannt. Kurz, es sind ,,energische Gesichter".

,,(...) mit energischen Gesichtern, aus deren Augen die Idee leuchtet der sie dienten."[18]

,,(...) nicht rechts und links schauend, (...) energische Gesichter."[19]

,,(...) man merkte es den leuchtenden Gesichtern an, daß die Leute nicht nur marschierten, sondern, daß sie auch mit dem Herzen dabei waren."[20]

Die Energie, die zur Entschlossenheit in der starren Mimik gerinnt, kommt von innen. Sie darf nicht abfließen als lebendiges Leben, Energiestau im Gesicht, auch dort bildet sich ein Panzer. ,,Mobilmachung heißt für euch (die SA, d.V.) Zähne zusammenbeißen, Fäuste ballen und den Blick aufs Ziel gerichtet."[21]

Zusammen mit den Händen ist das Gesicht das einzige Körperteil, das an dem sonst uniformierten Körper noch wirklich sichtbar ist. An beiden lassen sich auch soziale Zugehörigkeiten ablesen. ,,(...) wer in die von flammender Hingabe begeisterten Augen geblickt hat, der hat auch an Gesichtern und Mienen der Vorbeimarschierenden gesehen, daß weitaus der größte Teil dieser Hakenkreuzler nicht der Intelligenz, nicht den sogenannten Oberschichten unseres Volkes angehört."[22] Ebenso zeigt sich die Jugendlichkeit der SA-Männer in ihren Gesichtern. ,,Der Eindruck, den die SA-Leute machten, war überaus günstig. Stramme Gestalten mit frischen Gesichtern und leuchtenden Augen."[23]

Bevor der wichtigste Teil am Kopf des SA-Mannes, die Augen, erörtert wird, noch ein kurzes Wort zu dem unverdienterweise kaum erwähnten Kinn. Um das Kinn ist der Sturmriemen gespannt, es hält also die SA-Mütze fest. Dies ist eine verantwortungsvolle Funktion, wirkt doch kaum etwas so lächerlich wie eine schiefsitzende verrutschte Kopfbedeckung.

---

17) V.B. Nr. 4, vom 5. /6. /7. Januar 1930, ,,Der SA-Mann" Nr.1.

18) Röhm 1934, S. 7.

19) Killinger 1933, S.40.

20) V.B. Nr. 186, vom 13. August 1929.

21) V.B. Nr. 53/ 54, vom 22. /23. Februar 1931.

22) V.B. Nr. 57, Vom 26. Februar 1931.

23) V.B. Nr. 114, vom 24.April 1931.

Quelle: Hoffmann 1932, S.34.

ABBILDUNG 26: „ENERGISCHE GESICHTER"

Quelle: Gamm 1962, S. 163.

Oder sie fiele womöglich herunter: Oben wäre ein Stück ab, Semikastration. Leicht vorgestreckt trägt das Kinn erheblich zum „energischen" Ausdruck bei. Hochhuths Bonmot vom „kinnlastigen Mikrozephalen" trifft das. Die Augen des SA-Mannes werden neben den Armen am häufigsten beschrieben. Je nach Präsentationsform der SA-Demonstration drücken sie etwas anderes aus. Beim Trauermarsch: „Unsere Augen sind feucht, (...). Einzeln treten sie hervor und segnen ihren Kameraden mit dem geweihten Wasser und ihren Tränen."[24] Beim Propagandamarsch:

> „Alle Augen glänzen, man fühlt, daß es hier um etwas geht, das von Tausenden immer wieder erhofft, herbeigesehnt wurde: *Ein neues Deutschland!*"(H.i.O.)[25]

---

24) V.B. Nr. 128, vom 7. Mai 1932.
25) V.B. Nr. 187, vom 5. Juli 1932.

„Leuchtende Siegeszuversicht in den Augen und festen Zukunftsglauben im Herzen, so ziehen sie dahin."[26]

„SA marschiert! (...) die Augen gerade aus, so geht es durch die Straßen."[27]

Die Augen nicht links, nicht rechts, unbeirrbar sind sie immer auf das Ziel gerichtet, nach vorne, in die Zukunft. Das lichte Ziel, das „neue Deutschland" macht ihre Augen glänzend; die Augen sind aber noch relativ passiv. Bei der Vorstellung des Sieges beginnen sie zu „leuchten", sie werden aktiv. Selbsttätig wirken sie nach außen. Die „leuchtenden" Augen senden Strahlen aus, hin zu den Massen, Energieabfluß. Dort sollen sie die zur „Volksgemeinschaft" notwendigen Haltungen und Gefühle entzünden. Die „Siegeszuversicht" soll sich übertragen. Das propagierte Wunschbild: „Überall an den Straßen leuchtende Augen (...)."[28] Beim Propagandamarsch in feindliches Gebiet strahlen die „leuchtenden" Augen Vernichtung aus. Sie sollen den Gegner besiegen, Macht behaupten. Das Licht, das in ihnen leuchtet, erhellt die Finsternis, Ausdruck des Lebens über den Tod. „Die Augen leuchten! Der Marsch durch Heslach soll Symbol sein! Deutschland muß leben! Deutschland muß frei sein! Um jeden Schritt muß gekämpft werden. Deshalb der Vorstoß ins rote Heslach! Deshalb die leuchtenden Augen der SA und SS."[29]

Die stärkste Intensität erreichen die Augen beim Vorbeimarsch am Führer.

„(...) die Augen voll Feuer in Glaubens- und Hoffnungszuversicht (...) tauchten ihre Blicke in die Augen des Prinzen und Schlossers. Und sie standen still und suchten ihren Kameraden und waren eins mit ihnen im Sinn, im Geist und Ziel. Augenblicke der tiefsten Weihe, aber auch des beseeligendsten Glücksgefühls waren es und vielleicht die Krönung unseres siegreichen Kampfes um die Schaffung der Volksgemeinschaft."[30]

Die Augen eignen sich hervorragend für das Wechselspiel von Führer und Gefolgschaft. Einmal aktiv ausstrahlend, dann passiv die Blicke aufnehmend, ermöglichen sie Dank dieser Verwandlungsfähigkeit und der Gleichzeitigkeit dieser beiden Funktionen das Ineinander„tauchen" der Blicke und das „Eins sein". „Zwei Lichter treffen aufeinander, zwei Strahlen brechen sich, blitzen auf im 'Kristall der Gottheit', aber sie lassen nichts abströmen, sie richten etwas auf: den Mann zu Steilheit und

---

26) V.B. Nr. 143, vom 23. Mai 1931.

27) V.B. Nr. 122, vom 2. Mai 1931.

28) V.B. Nr. 121, vom 1. Mai 1931.

29) V.B. Nr. 148, vom 28. Mai 1931.

30) V.B. Nr. 123/ 124, vom 3. /4. Mai 1931.

ABBILDUNG 27: AUGEN „TAUCHEN INEINANDER"

Quelle: Bade 1933, S. 66.

Größe."[31] In dem Augenblick, in dem sich die Blicke treffen, erreicht die Beziehung Führer/ Gefolgschaft ihre größte Intensität. Eine Symbiose wird hergestellt, die SA-Männer fügen sich mit ihrem Führer zu einer Ganzheit zusammen. Darin ist die zu schaffende „Volksgemeinschaft" symbolhaft vorweggenommen. Und auch ihre Machtverhältnisse. „Sechs Stunden und 10 Minuten dauerte der Vorbeimarsch. (...) 104.000 Männer sehen ihrem Führer in die Augen."[32] Er hat sie alle gesehen, überprüft, kontrolliert, wie ein Gott, der alles sieht. Die 104.000 Augenpaare und Blicke bündeln sich zu einem Blick. Hält er stand? Sechs Stunden und 10 Minuten dauert die Machtprobe, dann weicht der letzte SA-Mann aus dem Blickfeld des Führers. „(...) und jedem sieht er ins Auge ... jedem einzelnen ... und jeder gibt diesen ruhigen, ernsten Blick zurück ... du bist der Führer ... wir gehören dir ... mach mit uns, was du willst ... was du willst...."[33]

31) Theweleit 1986, 2. Bd., S. 155.
32) V.B. Nr. 293, vom 20. Oktober 1931.
33) Bade 1934, S. 143.

Quelle: Bade 1933, S. 44.

Arme/ Hände/ Fäuste

Das Höchste am SA-Mann ist nicht sein Kopf, sondern sein „gestreckter/ gereckter/ gesteilter" rechter Arm beim Hitlergruß. Die „gesteilten" Arme der SA-Kolonnen waren aber mehr als nur Führergruß beim Vorbeimarsch oder letzter Treueschwur für den toten Kameraden bei seiner Beerdigung. In den Beschreibungen der nationalsozialistischen Quellen taucht stereotyp immer wieder ein gleiches Bild auf, das Bild vom „Wald von erhobenen Armen".

> „Am anderen Ende des gewaltigen Platzes geht jetzt ein Wald von Armen steil empor."[34)]

> „(...) gleichsam als Bekenntnis zum Nationalsozialismus ein unübersehbarer Wald von Armen, einem Treueschwur gleich, sich zum Hitlergruß gen Himmel erhob."[35)]

---

34) V.B. Nr. 171/ 172, vom 19. /20. Juni 1932.
35) V.B. Nr. 191, vom 9. Juli 1932.

ABBILDUNG 29: „WALD VON ERHOBENEN ARMEN"

Quelle: Bade 1933, S.93.

„Während ein Wald von erhobenen Armen den letzten Treueschwur nachsandte."[36]

Hunderte und tausende von „gereckten Armen" führen zu dem Bild des Waldes, weil sie wie er über dem Menschen sind. Die Arme und Hände sind oben wie das Laub an den einzelnen Baumstämmen. Der Wald wächst hoch hinauf, die SA-Männer über sich hinaus. Zwei Bedeutungsketten entfalten die Arme im Bild des Waldes.

Es wurde schon darauf verwiesen, daß die SA das verbotenen Heer symbolisierte. Die Armee als Sinnbild der Nation hatte aber seine tiefere Wurzel im Vorbild des Waldes. Canetti verwies darauf, daß beide in ihrer Funktion als nationale Massensymbole „gerade ein und dasselbe" sind, er bezeichnete das Heer als „marschierenden Wald".[37] Die absolute Standhaftigkeit des Waldes, die feste Verwurzelung seiner Bäume im Boden, die keiner Bedrohung ausweichen, die nur gefällt, aber nicht verrückt werden können, diese Eigenschaften haben den Wald zum Symbol des Heeres

[36] V.B. Nr. 151, vom 31. Mai 1931.
[37] Canetti 1980, S. 190.

werden lassen. Eines Heeres, „das unter keinen Umständen flieht; das sich bis zum letzten Mann in Stücke hauen läßt, bevor es einen Fußbreit Boden aufgibt."[38] Die „gesteilten" Arme der SA erzeugten so über die Verknüpfung mit dem Bild des Waldes positiv besetzte Vorstellungen und Affekte von Stärke, Macht und Größe.

Dazu kommt folgendes: Die Arme setzen die Gleichheit und die Richtung der Körper über die ebenfalls gestreckten Hände fort.[39] Sie gehen nach oben, zum Himmel, aber nicht vertikal, sondern halb erhöht verweisen sie tendenziell auf das Ziel, dem der Gruße gilt.

> „(...) ziehen die Soldaten des neuen Deutschlands mit erhobenen Armen an den Führern vorbei."[40]

> „Hände erheben sich grüßend vor den Symbolen des neuen Deutschlands."[41]

Die „gereckten" Arme verführen die Augen ihnen zu folgen, unter der erhobenen Hand wird aus einem Hinaufschauen ein ehrfurchtsvolles Aufschauen. Dort, am Ziel, sind sie alle zu einer unauflösbaren Einheit verschmolzen, dort ist ihre Dichte am größten. Der imaginäre Raum, den die „gesteilten" Arme entfalten, wird zum faschistischen Dom mit seinem Gott-Führer im Zentrum. „Der Wald baut dem Kirchengefühl vor, dem Stehen vor Gott unter Säulen und Pfeilern."[42] Der „Wald von erhobenen Armen" produzierte also auch Gefühle des Glaubens und der Hingabe, Gefühle von Treue, Schutz und Sicherheit.

Zwei letzte Bemerkungen zu den Händen. Wenn sie sich nicht gerade zum Gruße erheben, werden sie oft „geballt". Als Fäuste zeigen sie neben der Entschlossenheit auch die Bereitschaft zum Zuschlagen, zur Gewalt. Diese Drohung zeigt sich in der das Koppel umfassenden Hand, da dieses oft abgeschnallt und als Waffe benutzt wurde.[43] Und ebenso wie die Gesichter konnten auch die Hände soziale Herkunft anzeigen. „(...) wer aufmerksam die erhobenen Hände der Zehntausende beobachtet hat, sah vielmehr schwielige, verarbeitete Fäuste als wohlgepflegte, der Handarbeit ungewohnte Hände."[44]

---

38) Canetti 1980, S. 93.

39) Der Spannungsbogen des proletarischen Grußes endet dagegen in der linken geballten Faust.

40) V.B. Nr. 240/ 245, vom 3. September 1931.

41) V.B. Nr. 163, vom 12. Juni 1931.

42) Canetti 1980, S. 93.

43) Vgl. Abbildung 25 und 42.

44) V.B. Nr. 57, vom 26. Februar 1931.

Quelle: Bade 1933, S. 37.

Die Bewegung der Körper

„(...) und der Gleichschritt der Kolonne unter den Klängen der SS-Spielleute und der SA-Kapelle war unbedingt imposant."[45] Das wesentliche und auffallendste der Bewegung der SA-Männer ist ihr synchroner Verlauf. Sie demonstrieren im gleichen Schritt, im „eisernen Schritt", im „strammen Schritt", im „ehernen Schritt". Die Gleichzeitigkeit des Bewegungsablaufes erscheint als einheitliche Bewegung der SA-Kolonne, sie scheint von einem eigenen und einzigen Willen beseelt. Den Marschierenden ist aber die Kompetenz über ihre Formation entzogen. Diese liegt in der Hand der Führer. Sie haben Kommandogewalt und sind durch entsprechende Abzeichen gekennzeichnet. Wenn sie räumlich abgehoben sind, marschieren sie vor, selten neben der Kolonne. Anfang und Ende des geordneten Marschierens wird durch das Kommando der Führer gesetzt. Das zwanghaft Verbindende während des Marschierens ist der Rhythmus

[45]) V.B. Nr. 139, vom 13. Juni 1930.

des Marsches, der Vierviertelttakt, der verhindert, daß jemand aus dem Tritt kommt. Vom Trupp bis zur Standarte ist die SA-Kolonne streng hierarchisch durchorganisiert, pyramidal mit dem „Obersten-SA-Führer" an der Spitze. Den Eindruck der Gleichheit, den der Betrachter durch die Gleichzeitigkeit der Bewegung erhält, ist Produkt des Drills, eines Trainings der Gleichschaltung, der „Arbeit" am „Menschenmaterial".

Die Bewegung der SA-Kolonne ist die Bewegung einer geometrischen Ordnung. Aufgestellt in Reih und Glied, in Längs- und Querrichtung aneinander ausgerichtet, jeweils im gleichen Abstand, ergeben die Bewegungen der Körper das Ordnungsmuster: Linien in rechten Winkeln, eine sich fortbewegende Gitterstruktur, festzusammengefügt, undurchdringlich, statisch, „eisern". Sowohl die innere Struktur als auch die äußere Erscheinungsfläche der SA-Kolonne verändert sich beim Marschieren nicht, nur als Ganzes entwickelt sie ihre Dynamik, eine Bewegung en bloc.

2. Die Uniform

Die Bekleidung der SA sollte sich, wie Hitler es festgelegt hatte, „nicht nach den Vorbildern der alten Armee, sondern nach einer durch ihre Aufgabe bestimmten Zweckmäßigkeit"[46] richten. Der „Dienstanzug" brauchte keinen militärischen Anforderungen genügen. „Nicht geeignet ist er als Felduniform."[47] Zwar mußte er „Beweglichkeit bei Abwehr von gegnerischem Terror, bei Auseinandersetzungen in Versammlungen (gestatten)", sein Wert bestand aber in erster Linie darin: „Vor allen Dingen mußte er in der Masse besonders wirkungsvoll sein."[48]

> „Und Braunhemden! Braunhemden! Braunhemden! Überall beleben sie das Straßenbild!"[49]

> „Seit zwei Jahren beherrscht zum ersten Male wieder das braune Ehrenkleid der Kämpfer Adolf Hitlers das Frankfurter Straßenbild."[50]

Farbe, Form, Schnitt

Die Uniformfarbe der ersten SA war Feldgrau wie die der Reichswehr. Erst mit der Neugründung der Partei und der SA am 27. Februar 1925 wurde das „Braunhemd" eingeführt. Dieser Beschluß wurde auf

46) Hitler 1931, S. 612.

47) Killinger 1933, S. 48.

48) Ebd., S. 48.

49) V.B. Nr. 130, vom 10. Mai 1931.

50) V.B. Nr. 171/ 172, vom 19. /20. Juni 1932.

ABBILDUNG 31: DIE SA-UNIFORM

Quelle: Hoffmann 1932, S. 46.

einer SA-Führertagung in Salzburg während der Festungshaft Hitlers gefaßt. Seitdem war die SA-Uniform hellbraun, „seine Lieblingsfarbe" (des „Führers" natürlich), wie uns Obersturmbannführer v. Killinger vertraulich wissen läßt. Es sei auch die Lieblingsfarbe von Bismarck gewesen. „Sie stellt gleichzeitig das Erdverbundene dar und wirkt sowohl beim Einzelgänger als auch gerade in der Masse aufmarschierter SA-Formationen grandios und wundervoll. Zwischen dem hellen Braun der Uniformen die roten Fahnen ergeben ein selten farbenprächtiges Bild."[51] In der marschierenden SA-Kolonne verschmolzen die einzelnen braunen Männer zu gewaltigen braunen Marschsäulen, diese zusammen ergaben das „braune Heer". Die SA grenzte sich über ihre farbige Markierung deutlich von den Massen ab. Gegenüber deren Pluralität sollte sich schon in der gleichen Farbe die Einheit und Geschlossenheit ausdrücken. Dazu war es unerläßlich, daß das Tuchmaterial tatsächlich die gleiche Farbgebung hatte. Um dies zu gewährleisten, wurden in der SA bis hin zur Faden-

[51] Killinger 1933, S. 48.

zahl des Textilstoffes Vorschriften erlassen. Hans Jaeschke, ehemaliger bevollmächtigter Textilsachverständiger im Reichswirtschaftsministerium schreibt in einem Artikel über die SA-Uniform im „Völkischen Beobachter":

> „Daß bei den festgesetzten Qualitäten auch der Farbton, Haltbarkeit in Schuß und Kette, Dehnung, Fadenzahl in Schuß und Kette, Gewicht usw., ebenfalls genau vorgeschrieben ist, dürfte unerläßlich sein. Hinsichtlich des Farbtones ist sonst zu befürchten, daß bei 100 zusammenstehenden Uniformträgern ebensoviel Farbabweichungen, hinsichtlich der verarbeiteten Tuche, ins Auge fallen."[52)]

Diese angestrebte totale Einheitlichkeit der Farbe, wie übrigens auch der Form, war in den Jahren der „Kampfzeit" oft nicht gewährleistet. Jedoch gelang es der SA, das Braun in den Vorstellungen und Empfindungen der Menschen der Weimarer Republik (und bis heute) fest in ihren politischen Besitz zu nehmen. Das Braun unterstrich den Symbolwert der SA-Kolonne als „marschierender Wald", heißt es z.B. in dem von Heinrich Annacker getexteten „Herbstlied der SA": „Braun ist unser Kampfgewand, braun sind Wald und Heide."[53)]

Farblich setzten sich von der braunen Uniform nur die Hakenkreuzarmbinde sowie die farbigen Spiegel am Kragen und die verschiedenen Rangabzeichen der Führer ab. Die SA-Männer trugen die roten Binden mit weißer Scheibe und schwarzem Hakenkreuz am linken Oberarm und ohne Abzeichen. Die Kragenspiegel unterschieden sich farblich je nach Herkunftsgau, z.B. trugen die Sachsen grüne, die Berliner schwarze, die Braunschweiger braune, die Bayern blaue Spiegel. Auf dem rechten Spiegel standen die Nummern des jeweiligen Sturmes und der Standarte, der der SA-Mann angehörte. Im linken Spiegel befanden sich die Führerzeichen, silberne Sterne: Ein Sturmführer hatte z.B. drei Sterne. Die höheren SA-Führer trugen Eichenblätter und farbige Mützendeckel als Rangabzeichen.

Zum „Dienstanzug" gehörte eine „kurze Hose, Schnürstiefel mit Gamaschen oder Schaftstiefel, die kurze braune Bluse, Koppel und Schulterriemen, die braune Schirmmütze ohne breiten Deckel mit Sturmriemen."[54)] Diese komplette SA-Uniform sollte einerseits nicht zu teuer sein, da sie ja als „erstes Opfer" von jedem neuen, auch arbeitslosen SA-Mann selbst finanziert werden mußte. Andererseits mußte sie

---

[52)] V.B. Nr. 236, vonm 23. August 1932.

[53)] Liederbuch der NSDAP. Herausgegeben im Auftrag der Parteileitung von Hans Bajer, 27. Auflage, München 1934, S. 8. (=Liederbuch 1934)

[54)] Killinger 1933, S. 48.

eine gewisse Qualität und Haltbarkeit aufweisen, insbesondere sollte sie „schweißecht, lichtecht, reibecht, waschecht und regenecht sein und gegen Mottenfraß mit Eulan präpariert sein."[55] Tatsächlich konnten sich auf Grund ihrer wirtschaftlichen Lage nicht alle SA-Männer die gesamte Uniform kaufen. Röhms Idealvorstellung der SA-Kolonne entsprach nicht immer der Realität. So erschien in einem Erlaß des „Obersten-SA-Führers Qu. Nr. 1731/ 32" vom 7. Juli 1932 folgender Passus:

> „Wer nicht im Besitz eines vollständigen Dienstanzuges ist, marschiert eben im weißen oder wenigstens hellen Hemd mit braunem Selbstbinder, Stiefelhose, hohen Stiefeln, Leder- oder Wickelgamaschen und entsprechenden Schuhen. Auch die kurze Lederhose mit weißen Strümpfen und schwarzen oder braunen Halbschuhen ist zulässig. Zu diesen Bekleidungsstücken wird keine Kopfbedeckung getragen, also auch keine Dienstmütze, *wie überhaupt jede Verquickung von Zivilanzug und Dienstanzugunzuläßig ist.* (...) Beim Marsch selbst sind innerhalb des Sturms die eingekleideten SA-Männer vorne, die im Behelfsanzug befindlichen am Ende der Kolonne einzuteilen."[56]

Teilweise wurden in organisationsinternen „Preisausschreiben" SA-Uniformen als „wertvolle Preise" vergeben. Z.B. am 10. Mai 1932: Der Reichsgeschäftsführer der Reichsleitung Bouhler schrieb einen Wettbewerb für die „besten Vorschläge" eines „wirksamen Kopfschutzes" aus. „Farbe und Form der neuen Kopfbedeckung können ruhig auffallend sein, und Schußfestigkeit ist unnötig, da militärische Gesichtspunkte für unsere Kopfbedeckung keine Rolle spielen und nicht in Frage kommen." Außer dem ersten und zweiten Preis (Hitlers „Mein Kampf") wurden „5 weitere Preise: je eine komplette SA- Ausrüstung"[57] vergeben.

Die schlecht sitzende Uniform gibt ihren Träger der Lächerlichkeit preis. Umgekehrt gilt: „Wichtig für die Attraktivität der Uniform ist der Schnitt: in ihm müssen Körperform und Uniform verbunden sein."[58] Wie die Rinde am Stamm des Baumes soll die Uniform der Körperform entsprechen, sie wird so zu einem „Hilfsmittel der körperlichen Aussage."[59] Wenn 1.000 Paare uniformierter Beine im Gleichschritt marschierten, wenn 1.000 uniformierte Arme sich zum Gruße „steilten" und 1.000 uniformierte Körper sich auf einen Schlag in Bewegung setzten, dann wirkte die Uniform als optischer Verstärker der Körpersprache und

---

55) V.B. Nr. 236, vom 23. August 1932.

56) Werner 1964, S. 578f, Fußnote (104). (H.d.V.)

57) V.B. Nr. 115, vom 16. Mai 1930.

58) Argument-Sonderband AS 60 1980, S. 101.

59) Schmeer 1956, S. 123.

Quelle: LBB 97004

der Körperbewegungen.

Uniform als Symbol

Wie bereits erwähnt, sollen die Menschen, die ein Massenkristall bilden, „nicht zu verwechseln sein". Die SA-Uniform war dazu ein geeignetes Mittel, in doppelter Hinsicht. Einmal, als Uniform, setzte sie sich ab gegenüber der Kleiderordnung der societá civile; dann, als „Braunhemd", gegenüber den Uniformen der gegnerischen Verbände, dem Rotfrontkämpferbund (RFB) und dem Reichsbanner. Tauchte die braune Uniform auf, wußte jeder: Die SA kommt. Mit dieser eindeutigen Abgrenzung nach außen ging folgendes einher: Gegenüber den Anderen wirkten sie alle gleich. Hinter dem braunen Tuch verschwanden die Individuen. Die Uniform erwies sich als „Instrument der Entpersönlichung". „In eine halb militärische Aufmachung gezwängt, legte der Träger seinen zivilen Status ab, um Befehlen von Männern zu gehorchen, die in vielen Fällen gesellschaftlich und beruflich weit unter ihm standen. Auch das untergrub die Fundamente des Ego und schnitt den einzelnen von seiner gesellschaftlichen Orientierung ab."[60] Die SA durchbrach mit ihrer Uniform die herrschende Kleiderordnung der Weimarer Republik. Die zivile Kleidung, die sozialen Status und soziale Hierarchie in ästhetischer Form ausdrückte, wurde durch die Uniform ersetzt, in der sich andere Differenzierungen und Hierarchisierungen neue Ausdrucksformen schufen. Vermischungen beider Bereiche, sowohl beim einzelnen SA-Mann als auch zwischen den SA-Männern in der Kolonne, durfte es, wie Röhm erlassen hatte, nicht geben. Die SA als uniformierende Organisation löste das zivile Individuum aus einem Bezugssystem des als ungerecht empfundenen Weimarer Ordnungsrahmen heraus und stellte den uniformierten Körper in einen neuen Ordnungsrahmen, die Welt des Nationalsozialismus. Die politische Homogenisierung der sozialen Heterogenität erscheint als ideologischer Effekt. Goebbels schrieb 1932: „Alle dienen einem gemeinsamen Ideal, und die einheitliche Uniform ist Ausdruck der gleichen Gesinnung."[61]

Für Manfred v. Killinger war es in „dieser Zeit der Gärung und Entwicklung ein Gebot der Stunde (...), schon durch seine Kleidung seine Gesinnung zu dokumentieren und sich nicht feige hinter dem zivilen Kleid des friedlichen Bürgers zu verstecken."[62] Der SA-Mann ist eben nicht „Bürger", schon gar nicht „friedlich", er ist „politischer Soldat", „Kämpfer". Die SA-Uniform ist „das Kleid des Kämpfers an sich."[63] Darin, in der Präsentation einer soldatischen Haltung, und nicht im militärischen Zweck liegt die Parallele zur Reichswehr, auf die die Nazis bewußt gesetzt haben.

Dabei ist das „Braunhemd" „nicht nur äußerer Ausdruck einer organisatorischen Zugehörigkeit oder Alltagsarbeit, sondern die betonte Unterstreichung einer bereits vorhandenen inneren Haltung, ist Symbol einer ganz bestimmten seelischen Verbundenheit, gemeinsamer Lebensformen und gleicher Opferbereitschaft."[64] Die Uniform war Symbol für die Lebensform des Kampfes. Sie stand für „das Gesetz des Sichwehrens, im Dasein des einzelnen und des ganzen Volkes".[65] Darin konnten sich große Teile der mittelständischen und proletarischen Massen wiederentdecken.

---

60) Richard Grunberger: Das zwölfjährige Reich. Der deutsche Alltag unter Hitler. Wien/ München/ Zürich 1971, S. 84.

61) Joseph Goebbels: Kampf um Berlin. München 1932, S. 99. (=Goebbels 1932)

62) Killinger 1933, S. 46f.

63) V.B. Nr. 189, vom 7. Juli 1932

64) Ebd.

65) Ebd.

Das Alltagsleben in der Weimarer Republik war für sie schon lange zum Lebens-, ja zum Überlebenskampf geworden. Die Uniform war so auch eine Kampfansage an das Weimarer System. Schon allein das Tragen der Uniform war ein „Sieg dieser Kampfmoral", der „ihr System zum Einsturz bringen (muß)."[66] Der Alltagskampf des Einzelnen wurde extrapoliert auf den „Befreiungskampf" Deutschlands. Damit war die Uniform aber weit mehr als nur Symbol des einzelnen Kämpfers; sie war „Symbol eines größeren, freien und mächtigen Deutschlands."[67] Symbol also der siegreichen Nation, „Ehrenkleid".

Umso dramatischer wurde der Verlust des „Braunhemdes" in Zeiten von Uniformverboten empfunden. Dann marschierte die SA mit weißen Hemden und z.T. mit Parteischlips oder mit nackten Oberkörpern.

3. Die Fahnen, Standarten, Transparente

Diese drei Ausdrucksmittel gehen über die Körper hinaus. Über ihnen kommen sie zur Geltung, weithin sichtbar. Sie zeigen Flagge und sie setzen Zeichen. Während die Fahne und die Standarte in enger Beziehung zu Unbewußtem stehen, gehören die Transparente eher in den Bereich der bewußten Aussage. Sie tauchen bei SA-Demonstrationen entsprechend selten auf; 1932 werden sie von Röhm per Erlaß sogar verboten. Dagegen sind die Fahnen und Standarten zentrale und unerläßliche Ausdrucksmittel jeder SA-Demonstration. Die Nationalsozialisten betrieben einen wahren Fahnenkult, die Fahne war „heilig", sie wurde „geweiht".

„Die Fahne hoch! Die Reihen dicht geschlossen!"

Gleich in der ersten Zeile des Horst-Wessel-Liedes taucht die Fahne auf. Auch beim Propagandamarsch ist sie vorneweg. „(...) setzte sich der Zug von reichlich 200 Nationalsozialisten, dem elf rote Fahnen mit Hakenkreuz auf weißem Feld vorangetragen wurden, (...) in Bewegung."[68] Vorne befinden sich auch die Standarten, die Symbole des Sieges. „Nun werden die Feldzeichen unserer Bewegung herausgetragen. (...) Die Standarte setzt sich an die Spitze des Zuges und unter klingendem Spiel beginnt der Propagandamarsch durch die dichtbesetzten Straßen."[69] Hinter der Hakenkreuzfahne und dem auffliegenden Adler der Standarte ziehen die Kolon-

---

66) Ebd.

67) Ebd.

68) V.B. Nr. 25, vom 30. Januar 1929.

69) V.B. Nr. 174, vom 22. Juni 1932.

ABBILDUNG 33: UNIFORMVERBOT. DIE SA MARSCHIERT IM WEISSEN „VERBOTSHEMD"

Quelle: Engelbrechten 1937, S. 373.

nen. Für das Hakenkreuz marschieren die SA-Männer, unter ihm sollen sich die Massen versammeln. Hinausgetragen soll es die Welt erobern. Zunächst aber erst einmal das Arbeiterviertel, die Stadt, das Dorf.

„Marschiert wird, komme was da wolle. In das letzte Nest werden unsere Banner getragen, keiner Marxistenkolonie bleibt der Anblick des Hakenkreuzes erspart."[70] Hier klingt durch woran der Fahnenkult anknüpft. Ihren Ursprung hat die Fahne als Zeichen des Heeres im Feld („Feldzeichen unserer Bewegung"). Hochgehalten diente sie den Soldaten als Orientierungspunkt, dort war die Befehlszentrale, der Kern des Heeres. Dorthin mußten sie zurück, wenn der Feind zu übermächtig war. Sank die Fahne, waren die Kämpfer orientierungslos; hatte sie der Gegner

[70] V.B. Nr. 126, vom 29. /30. Mai 1930.

Quelle: Hoffmann 1932, S. 4.

erobert, war die Schlacht meistens verloren. Deshalb wurde sie von den Besten verteidigt. Fiel der Fahnenträger, sprang sofort ein Mitkämpfer für ihn ein. Die Fahne mußte, komme was da wolle, oben bleiben. Dort, wo die eigenen Fahnen wehten, hatte man die Gewalt inne. Zu Hause, siegreich heimgekehrt, zeugten die Fahnen von den begangenen Ruhmes- und Heldentaten.

Die Hakenkreuzfahne war das zentrale Kampf- und Machtsymbol der marschierenden SA-Kolonne. „(...) leuchtet der Wald unserer Fahnen. (...). Fahnen, die zerissen und zerfetzt im Sturm, Fahnen, die den Kampf um das Recht der Straße und Versammlungslokale erlebten, Fahnen, um die gekämpft wurde, die aber immer und überall zusammen zum Siege leuchten."[71] Auch hier wieder das Bild des Waldes. Noch mehr als die „gereckten Arme" erzeugen die flatternden Fahnen durch ihre Bewegung diesen optischen Eindruck. „Die alten Sturmfahnen wehen wieder Sieg kündend im Wind, die Standartenadler leuchten wieder in der Sonne, und

71) V.B. Nr. 293, vom 20. Oktober 1931.

Quelle: Hoffmann 1932, S. 50.

hinter den blutroten Siegeszeichen formiert sich neu in riesigen Kolonnen das braune Heer Adolf Hitlers."[72] Hakenkreuzfahne und Standarte lösen Vorstellungen und Gefühle von (Be-)Drohung, Kampf, Sieg und Macht aus. Die Straßen, über denen das Hakenkreuz wehte, waren von den Kolonnen besetzt, dort hatten sie zeitweilig die Macht. „Zwickau unterm Hakenkreuz."[73] „Markneukirchen unterm Hakenkreuz."[74] „XY unterm Hakenkreuz.", lauten die Siegesmeldungen im „Völkischen Beobachter". Dann werden aus den Fahnen „Banner". „Voran die Standarte Baden, dann die einzelnen Stürme mit ihren sich stolz blähenden

[72] V.B. Nr. 169, vom 17. Juni 1932.

[73] V.B. Nr. 252, vom 27. Oktober 1930.

[74] V.B. Nr. 114, vom 24. April 1931.

Bannern."[75] Nicht nur der Boden unter ihnen, sondern auch die Luft darüber wird scheinbar in Besitz genommen. „Fahnen sind sichtbar gemachter Wind. Sie sind wie abgeschnittene Stücke von Wolken, näher und bunter, festgehalten und von gleichbleibender Form. Wirklich fallen sie auf in ihrer Bewegung. Die Völker, als vermöchten sie den Wind aufzuteilen, bedienen sich seiner, um die Luft über sich als die ihre zu bezeichnen."[76] Gleichzeitig erzeugt die im Winde flatternde Fahne Vorstellungen von Freiheit.

> „Jetzt enthüllen sie die roten Hakenkreuzfahnen. Befreit lassen sie sich vom Winde tragen. Endlich wieder einmal."[77]

> „(...) werden die heiligen Fahnen wieder stolz und frei flattern."[78]

> „(...) tragen sie ihre roten Fahnen der Freiheit (...)."[79]

Rot war das vorherrschende Element in der durch die traditionellen Farben des alten Reiches bestimmten Hakenkreuzfahne. Diese Farbe symbolisierte Aufruhr, das Schwarz-Weiß-Rot besaß hohe plakative Wirkung. Zusammen mit Gold stand das Rot für prunkende Macht, mit Grün erzeugte es ein Gefühl von wohliger Festlichkeit. Von einem SA-Festzug anläßlich des „Nationalsozialistischen Tages" in Eisfeld wird berichtet: „(...) einrückende SA-Abteilungen mit Hitlerfahnen geschmückt. (...) Viele Häuser hatten bereits geflaggt und waren mit grünen Kränzen und zahllosen Hakenkreuzfahnen geschmückt."[80] Adolf Hitler schreibt in seinem Aufruf „An das erwachende Deutschland" vom 1. Januar 1931:

> „Eine Fahne haben wir uns als Symbol erkoren einst, und wollen ihr dienen jetzt und für immer. (...) wir wollen in der Stunde, in der das Schicksal auch uns von Deutschland ruft, keine herrlichere Flagge als Letztes besitzen, als die Fahne der heutigen deutschen Erhebung! Unsere Fahne. Unser Banner."[81]

Hier klingt eine zweite Kette von Bedeutungsinhalten an, die fest mit der Fahne verbunden sind: Dienst, Opfer, Pflichterfüllung und Gefolgschaft. In einem 1933 von M. Barthels verfaßten SA-Lied werden beide Vorstellungswelten zu einem ganzen Leben unter der Fahne verdichtet:

> „1. Unter der Fahne schreiten wir, unter der Fahne streiten wir, unter der Fahne sausendem Schwung wagen wir alle nach vorne den Sprung. In Reihen

---

75) V.B. Nr. 121, vom 27. Oktober 1930.
76) Canetti 1980, S. 95.
77) V.B. Nr. 73/ 74, vom 13. /14. März 1932.
78) V.B. Nr. 187, vom 5. Juli 1932.
79) V.B. Nr. 4, vom 5. /6. /7. Januar 1930, „Der SA-Mann" Nr. 1.
80) V.B. Nr. 134, vom 7. Juni 1930.
81) V.B. Nr. 1/ 2, vom 1. /2. Januar 1931.

zu Dreien marschieren wir, voran unser leuchtendes Siegespanier. Hebt hoch unsere Fahne, die Fahne hebt hoch!
2. Unter der Fahne leben wir, unter der Fahne schweben wir, unter der Fahne sausender Bahn tragen wir unsere Herzen hinan, tragen wir unsere Herzen hinan. In Reihen zu Dreien (...).
3. Unter der Fahne werben wir, unter der Fahne sterben wir, unter der Fahne sausendem Schein jagen wir stolz zur Unsterblichkeit ein, jagen wir stolz zur Unsterblichkeit ein. In Reihen zu Dreien (...)."[82]

Die erste Zeile in einem Lied von Herybert Menzel lautet: „In unseren Fahnen lodert Gott, drum wir sie heilig nennen."[83] Die Wahrnehmung der flatternden Fahne entspricht dem lodernden Feuer, hier ist es göttliches Feuer. Die Symbole der Fahne und des Feuers verschmelzen in ihrer Bewegung und verstärken so ihre Bedeutung als Massensymbol. Hitler selbst beschreibt die Wirkung der Hakenkreuzfahne in „Mein Kampf": „(...) wie eine Brandfackel."[84]

„Schluß jetzt!"

Wie bereits erwähnt, verbot Röhm in einem Erlaß vom Juli 1932 das Mittragen von Tafeln und Transparenten; dies würde dem „soldatischen Eindruck Abbruch" tun.[85] Aber auch in den Jahren zuvor erfreuten sich Transparente in der SA keiner besonderen Beliebtheit.

In den 20er Jahren trug die SA öfters Transparente mit der Aufschrift: „Tod dem Marxismus!" Kurz vor dem Röhm'schen Erlaß wurden Transparente noch im Wahlkampf eingesetzt, um zur Wahl Hitlers und der NSDAP aufzurufen. „Gebt Adolf Hitler die Macht! Wählt Nationalsozialisten—Liste 2!", „Schluß jetzt!", „Alles wählt Hitler!" und „Deutschland wählt Hitler!" Das in der SA beliebteste und wohl am häufigsten fotographierte Transparent wurde immer wieder anläßlich der verschiedenen Uniformverbote mitgeführt: „Es blöckt das Schaf. Es lacht das Rind/ Weil Hemden staatsgefährdend sind." Außer diesen finden sich weder in Berichten über SA-Märsche noch in Bild- und Fotodokumenten weitere Transparente. Aber die wenigen weisen typische Züge nationalsozialistischer Propaganda auf. Im ersten Transparent wird der Feind verflucht, mehr noch, ihm wird sein Tod angedroht, es ist eine Morddrohung. In den vier folgenden wird das Hauptziel der Bewegung eingefordert: die

---

[82] Hans-Joachim Gamm: Der braune Kult. Das Dritte Reich und seine Ersatzreligion. Hamburg 1962, S. 45. (=Gamm 1962)
[83] Ebd., S. 47.
[84] Hitler 1931, S. 556.
[85] Werner 1964, S. 579.

Quelle: Engelbrechten 1937, S. 322.

Quelle: Engelbrechten 1937, S.393.

Macht. Und es wird per Befehl und totalitär eingefordert: „Alles (...)!" Schließlich wird im letzten Transparent der Gegner, in diesem Fall die

Quelle: Goebbels 1932, S.121.

uniformverbietende Staatsbehörde, der Lächerlichkeit preisgegeben und verhöhnt. Die SA hat ab Juli 1932 bei ihren Aufmärschen keine Transparente mit Parolen mehr benutzt. Sie wurden als Störung und Ablenkung vom Wesentlichen begriffen.

4. Das Feuer

> „Auf der Deutschherrnwiese ertönt der Befehl: 'Fackeln anzünden!' Was eben noch im Dämmer lag als nicht zählbare Menge, wird jetzt in loderndes Fackellicht getaucht. (...) Ein gewaltiges Bild, dieser Fackelzug! Wir stehen auf einem Dach am Frauentorgraben. Gleich lodernden, rechteckigen Flächen, die von unzähligen Männern durch die Straßen getragen werden, wirken die rechteckigen Marschblocks der Gaue. Man erkennt von hier oben nicht mehr den einzelnen Mann, den Fackelträger, man sieht nur noch das Ganze, (...), sieht nur das eine Feuer, das sie alle tragen (...)."[86]

Während des Fackelmarsches sind die äußeren Grenzen der SA-Kolonne gegenüber den Massen durch die Hell-Dunkel-Kontrastierung besonders schroff. Wer keine Fackel hat, gehört nicht dazu. Aber je näher man am Feuer, desto heller und wärmer ist es. Die unausgesprochene Aufforde-

---

86) „Niederelbisches Tageblatt", vom 11. September 1936. In: Gamm 1962, S. 112f.

rung der SA-Männer ,,Komm mit, Kamerad!" gewinnt gerade durch diese Kontrastierung an Attraktivität.

Gleichzeitig erscheinen die inneren Grenzen zwischen den SA'lern im ,,Flammenmeer" aufgelöst. Das Feuer wird als Masse empfunden; es verbindet, was vorher getrennt war. Die einzelnen Fackeln verschwimmen im ,,Flammenmeer" wie die Wassertropfen im Ozean. Die SA-Kolonne inszeniert mit den lodernden Fackeln eine Dichte, die sie selbst nicht hat und verstärkt dadurch die der Massen. Der Einzelne taucht unter im Ganzen. Das Feuer macht alle gleich; das, was in ihm aufgeht, verschwindet. ,,Wir Nationalsozialisten vertreten den Grundsatz: Ich als Einzelwesen bin nichts, mein Volk ist alles."[87] Das ,,Flammenmeer" symbolisiert nicht nur Massen, es ähnelt auch dem Wunschbild der nationalsozialistischen ,,Volksgemeinschaft": Ein Volk, ein Feuer. Und als göttliches Feuer ein ewiges Volk. ,,Wir sind vergänglich, das Volk ist ewig."[88] Das Feuer als Zeichen einer zerstörerischen Kraft drückt einen gewalttätigen Aktivismus aus. Alles was im Wege ist, wird erfaßt und niedergebrannt. ,,Ein gewaltiges Bild, dieser Fackelzug!" Aber die Gewalt ist nicht chaotisch, vielmehr gezügelt, geordnet in ,,lodernden, rechteckigen Flächen". Das Ornament bleibt bestehen.

Es sei nur kurz darauf hingewiesen, daß beim Fackelmarsch die SA-Kolonne auch olfaktorisch wahrnehmbar ist. Aber nur als notwendige Begleiterscheinung, der Rauch der Fackeln steigt in die Nase.

Akustische Ausdrucksmittel

Georg Bernhard schrieb 1933 in Prag: ,,Lärm war das Charakteristische der Bewegung."[89] Und Ähnliches meint wohl auch Karlheinz Schmeer, wenn er feststellt: ,,Wesensstil nationalsozialistischen Auftretens war das Fortissimo (...)."[90] In der Tat war das Erscheinen von SA-Kolonnen in den Straßen immer mit einer Akustik verbunden, die laut und aufdringlich daherkam. Aber der Wirkungsmechanismus dieser NS-Akustik bleibt verborgen, wenn sie einseitig als Lärm verstanden wird. Die hohe Phonzahl war nur eine Eigenschaft der akustischen Ausdrucksmittel und die Palette der SA, sich Gehör zu verschaffen, war vielfältiger.

Die Akustik der SA-Kolonne war die ,,Parallelaktion zu den opti-

[87] Killinger 1933, S. 17.
[88] Ebd., S.18.
[89] Georg Bernhard: Die Deutsche Tragödie. Der Selbstmord einer Republik. Prag 1933, S. 275. (=Bernhard 1933)
[90] Schmeer 1956, S. 131.

schen Auftritten und -märschen."[91] Zwei wichtige Unterschiede bestehen: Kann das Auge wegsehen, das Ohr kann nicht weghören, es ist nicht „verschließbar, ist Verführung jeder Art zugänglich." Und vielleicht ist der akustische Zugang zu den Herzen noch subtiler, weil das Ohr „schlecht ordnen" und „nur mit bekanntem vergleichen" kann, darüberhinaus aber „auch das registriert was es nicht kennt."[92] Auf jeden Fall gibt das Ohr „den Weg frei zum Gedächtnis und zur Seele. Wem der Schallraum gehört, dem gehören auch die Herzen."[93] Mit welchen Mitteln die SA-Kolonne diesen Schallraum okkupiert hat, ist Gegenstand der folgenden Seiten.

1. Der Marschrhythmus

„Die zündenden Rhythmen altpreußischer Militärmärsche klingen auf."[94] Rhythmus heißt wörtlich übersetzt „das Fließen"; es meint ein Gleichmaß, eine gleichmäßig gegliederte Bewegung, einen periodischen Wechsel, eine regelmäßige Wiederkehr. Der Rhythmus der SA-Kolonne war der Marschrhythmus.

Er erinnert weniger an das Geschmeidige des Fließens als vielmehr an das Gewalttätige des Mitreißens. Die Rhythmisierung der Bewegung der SA-Männer durch die Marschmusik erzeugte ihren dynamischen Charakter, er „riß mit" und führte zu einer Steigerung der Erregung. Der Marschrhythmus ist herrisch. Mit seiner einigenden Gewalt unterwirft er alle, die ihn zu Ohren bekommen, einem Gemeinschaftsgefühl. Ebenso wie die Uniform im optischen Bereich schaltet der Marschrhythmus im akustischen gleich. Er ist auch der „Versuch zur Heroisierung der Lebensanschauung und zur Militarisierung des Lebensstils."[95] Marschmusik war soldatisches Leben, orchestrierte die soldatische Haltung. Sie war eine akustische Erinnerung an das alte Heer, die alte Größe der Nation. Sie entsprach einer Akustik von Ordnung und Disziplin, also dem Gegenteil von Lärm als Geräusch des Chaos und der Unordnung. Bei den marschierenden SA-Männern berherrschte der Marschrhythmus die einzelnen Körper und dadurch die ganze Kolonne. „Diese Bildgehalte (der nationalsozialistischen 'Weltanschauung', d.V.) waren in den Marschrhy-

---

91) Utz Jeggle: Der Kopf des Körpers. Eine volkskundliche Anatomie. Weinheim/Berlin 1986, S. 121. (=Jeggle 1986)

92) Ebd., S. 112.

93) Ebd., S.121.

94) V.B. Nr. 180, vom 6. August 1929.

95) Schmeer 1956, S. 131.

thmus eingelassen und wurden darum vom gesamten Körper getragen. Die Ideologie erlaubte nicht, daß sie nur Angelegenheit des Verstandes blieb. (...) Um dem zu entgehen, wurde die Parole in Bewegung umgesetzt, sie wurde dynamisiert. Fortan lebte die Idee nicht nur im Kopf, sondern die Marschstiefel hämmerten sie unzählige Male in den Staub der Straße, die Augen der Singenden in der Marschkolonne fingen das Bild des Vorder- und Seitenmannes unverlierbar ein, diesen kollektiven Tausendfüßler, diesen Heerwurm, der sich singend dahinwälzte. Dabei war das Ich erloschen. Die Erfahrung der Kameradschaft wurde gepriesen, in der man das Individuum aufgab, ein Wir und Gefolgschaft zu finden. Das war die Aufgabe einer gesungenen Ideologie. Ideologie ist unendlich schwer wieder auszuscheiden. Mag der Verstand Anstoß nehmen an der Unzulänglichkeit der Funktionäre, mag der Einzelwille aufbegehren gegen dauernde Einsatzforderung, der Gleichschritt trägt weiter, der Blick ist nach vorne gerichtet und hält sich an den Reihen der Kameraden. Ein Ausbruch aus der Gehorsamsbindung verstößt den Abtrünnigen in schreckliche Leere. Da er nicht als Person, sondern nur zum Kollektiv erzogen wurde, bedeutet der Abfall zugleich den Verlust der Daseinsmitte. Als Abgelöster ist er nur schwer in der Lage, neue eigene Maßstäbe und Verhaltensmuster zu entwerfen, da sich in diese Entwürfe immer wieder die gesungene Ideologie, der Rhythmus der Marschkolonne einschieben (...)."[96] Die SA-Kolonne produzierte den „schneidigen" Marschrhythmus mit dem sie durch die Straßen zog auf unterschiedliche Art und Weise.

SA-Kapellen und Spielmannszüge

Ab 1927 wurde das Musikwesen in der SA unter der Führung von Wilhelm Hillebrand neu aufgebaut. Bereits auf dem Parteitag desselben Jahres waren 47 Musikzüge der SA aufmarschiert und es kann davon ausgegangen werden, daß diese bis in die Anfänge der 30er Jahre um ein Vielfaches anwuchsen. Meistens wurden die SA-Kapellen aus den bereits eingetretenen SA-Männern gebildet. Es kam aber auch vor, daß Musikvereine durch die Drohung des Entzugs der Instrumente und/ oder der Verlockung von Arbeitsplätzen geschlossen zum Übertritt in die SA „bewogen" wurden. Die „Tübinger Chronik" schreibt am 22. März 1932: „Die hiesige Musikkapelle 'Fidelia' ist vollzählig der nationalsozialistischen deutschen Arbeiterpartei beigetreten und wird dem Sturm 10/125 angegliedert werden, so

[96] Gamm 1962, S. 18.

Quelle: Engelbrechten 1937, S. 411.

daß derselben je nach Bedürfnis eine eigene Musikkapelle zur Verfügung steht."[97]

Und zur Verfügung mußten sie oft stehen. Möglichst keine Demonstration ohne Auftreten der SA-Kapelle. Manfred v. Killinger schrieb zum Thema „wirkungsvolles Demonstrieren": „Daß zu alledem gut ausgebildete Musikkapellen und Spielmannszüge gehören, ist eine Selbstverständlichkeit."[98] Gerhard Schulz spricht von der „unvermeidlichen Militärmusik".[99] Handelte es sich um einen relativ kleinen SA-Marsch, so genügte eine Kapelle, die an der Spitze aufgestellt wurde. „(...) voran der 24-Mann zählende, tadellose Spielmannszug Erfurt."[100] Bei größeren Veranstaltungen spielten mehrere Kapellen/ Spielmannszüge, die

---

97) „Tübinger Chronik", vom 22.März 1932.
98) Killinger 1933, S. 57.
99) Schulz 1975, S. 228.
100) V.B. Nr. 72, vom 27. März 1929.

über die Kolonne so verteilt wurden, daß zu jedem Zeitpunkt an jedem Ort die Marschmusik gehört werden konnte. ,,(...) marschierten dann unter den schneidigen Klängen von 10 Musikzügen mehr als 15.000 Braunhemden."[101] Das Ertönen der Marschmusik bildete den Auftakt zum Abmarsch. Es wurde Aufmerksamkeit erzeugt, man sollte dieses Ereignis nicht verpassen. ,,Pünktlich setzte sich auf das Kommando des Staf. der Zug unter den schneidigen Klängen der Kapellen durch die Straßen der badischen Hauptstadt in Bewegung."[102] Die SA-Musik diente als Ankündigung: Achtung, wir kommen! Obwohl noch nicht sichtbar, hörte man sie schon. Die Spannung und Erwartung stieg, immer näher und näher. ,,Von ferne schneidige Marschmusik, und dann kamen sie, unsere tapferen Braunhemden."[103] Oder eine SA-Kapelle empfing die Kolonne am Ort des Aufmarsches. Wenn hier der Vorbeimarsch abgehalten wurde, spielten sie dazu den ,,Parademarsch". Bestimmte Märsche wurden mit der Zeit nur zu bestimmten Anlässen gespielt. So der eben erwähnte ,,Parademarsch" beim Vorbeimarsch, der ,,Präsentiermarsch" beim Ab- und während des Propagandamarsches. Der ,,Badenweiler Marsch" wurde schließlich nur noch beim Eintreffen von Adolf Hitler gespielt. Darüberhinaus gab es eine Unzahl von friderizianischen, wilhelminischen und nationalsozialistischen Märschen, die auf die Massen ständig einhämmerten.

Die Ausstattung der SA-Kapellen und Spielmannszüge bestand aus Trompeten, Posaunen, Hörnern und den verschiedensten Schlaginstrumenten, wie Trommeln, Pauken und Rasseln. Blasmusik entsprach der ,,soldatischen Haltung": Sie war laut, schmetternd, aggressiv; Angriffsinstrumente schon im Heer.

Besondere Erwähnung müssen hier die Schalmeien-Kapellen finden. Sie wurden in den 20er Jahren vorwiegend vom ,,Rotfrontkämpferbund" der KPD eingesetzt. Deshalb war für die SA per Anordnung über den ,,Völkischen Beobachter" die Bildung von Schalmeien-Kapellen verboten.[104] Angeblich soll die einzige Ausnahme die Horst-Wessel-Schalmeien-Kapelle des Berliner Horst-Wessel-Sturms gewesen sein, da dieser ,,am stärksten (mit) dem RFB konfrontiert war."[105] Es lassen sich aber auf Fotos auch noch andere Schalmeien-Kapellen, wie z.B. die ,,Hermann-Thielsch-Schalmeien-Kapelle" identifizieren, so daß anzunehmen ist, daß diese Anordnung später wieder aufgehoben wurde. In einer

101) V.B. Nr. 191, vom 9. Juli 1932.

102) V.B. Nr. 121, vom 1. Mai 1931.

103) V.B. Nr. 133, vom 6. Juni 1930.

104) V.B. Nr. 295, vom 22.Dezember 1927.

105) Werner 1964, S. 406.

ABBILDUNG 40: DAS VORBILD: RFB-SCHALMEIEN-KAPELLE

Quelle: LBB II, 8080.

Bildunterschrift des Dokumentationsbandes „Die Weimarer Republik" heißt es dann auch: „Voran eine Schalmeienkapelle, die die Nazis von den Kommunisten übernahmen."[106] In dem SA-Roman „Die SA erobert Berlin" von Wilfrid Bade wird berichtet, wie Horst Wessel auf die Idee gekommen sein soll, eine Schalmeien-Kapelle trotz Verbot zu gründen.

> „(...) zerbricht sich Horst Wessel über ein ganz anderes Problem den Kopf. Über ein sehr hübsches und anmutiges Problem, nämlich über eine Musikkapelle. Er denkt nicht an Kapellen, wie die anderen SA-Stürme oder SA-Standarten sie haben, so mit Tschindara und Bumm. Nee, für den Horst-Wessel-Sturm, der mitten in die Kommune marschiert, muß etwas her, was die Kommunisten aufreizt, sie an die Fenster lockt, vor die Haustüren reißt, was sie ein bißchen ärgert und was sie zugleich angenehm kitzelt.
> Was haben denn die Truppen des Rotfrontkämpfer-Bundes für Kapellen? Sie haben Schalmeien! Schalmeien mit dem nervösen und zugleich aufpeitschenden Klang der französischen Clairons, etwas gedämpfter als diese, aber gerade deswegen Musik gewordene Provokation.

106) Die Weimarer Republik. Ihre Geschichte in Texten, Bildern und Dokumenten. Herausgegeben von F.A. Krummacher und Albert Wucher. München/ Wien 1965.

Quelle: Engelbrechten 1937, S. 396.

> Die Schalmeien sind in der SA verboten. Was Rotfront benützt, benützt die SA nicht.
> Horst Wessel lacht vor sich hin. Aber warum denn nicht? Gerade! Gerade! Die Kommune muß mit ihrer eigenen Musik gereizt, gelockt und geschlagen werden.
> Schalmeien sind leicht zu spielen, denkt er und viele SA-Männer des Sturms 5, die von der Kommune herüberkamen, können das Instrument spielen.
> Also das machen wir, denkt der Sturmführer, und also müssen wir sammeln."

Und dann nach erfolgreicher Sammlung beim Marsch im roten Wedding:

> „Und alles wird genau so, wie der Sturmführer es sich erträumt hat: alles rennt an die Fenster, alles stürzt aus den Haustüren, alles rennt aus den Seitenstraßen herbei, alles steht unter den Ladentüren.
> Mit Schalmeien spielt nur der Rotfrontkämpferbund und diesen erwartet man hier und man erwartet ihn mit Freude und Sympathie.
> Und dann biegt um die Ecke eine geschlossene, braune Schar, und immer größer und größer wird sie, in gleichem Schritt und Tritt und die Haken-

kreuzfahne weht über dem Kopf und es spielt und gellt und jubelt und tönt und musiziert und schalmeit: 'Die Fahne hoch, die Reihen dicht geschlossen....'
Das Horst-Wesssel-Lied!
Das nationalsozialistische Revolutionslied!
Auf kommunistischen Instrumenten!"[107]

Egal, ob sich diese Anekdote im „Tatsachenbericht" Bades so oder anders oder überhaupt nicht zugetragen hat, sie verweist doch richtig auf den Charakter der Taktik: Provokation, „Musik gewordene Provokation". Die Arbeiterbewegung und ihre Organisationen sollten mit ihren eigenen Mitteln bis auf das Blut gereizt werden. Waren es im optischen Bereich die roten Fahnen und Plakate, so hier im akustischen die Verwendung von Schalmeien.

SA-Lieder

„Singend wollen wir marschieren in die neue Zeit."[108] So lautete die erste Zeil in einem Lied von Will Decker. Die Nazis sangen bei jeder Gelegenheit. Das typische SA- Lied vor 1933 war das „Sturm- und Kampflied", das zugleich auch Bekenntnislied war und während des Propagandamarsches gesungen wurde.

„In kampfesfreudiger Stimmung, unsere Kampflieder singend, bewegte sich eine disziplinierte Marschkolonne (..)."[109]

„(...) und dann steigt von vielen Hunderten gesungen, das Horst-Wessel-Lied wie ein Bekenntnis zum Himmel."[110]

Das erste selbstkomponierte SA-Lied war die Vertonung des Gedichts „Sturm! Sturm! Sturm!" von Dietrich Eckart, dessen Schlußzeile zum bekanntesten SA-Kampfruf aufstieg: „Deutschland erwache!" Das berühmteste wurde aber ohne Zweifel das schon erwähnte Horst-Wessel-Lied, das zu einer zweiten Nationalhymne avancierte. Da es sehr oft zusammen mit dem Deutschlandlied gesungen wurde, verband sich auch hier ein nationales Element mit einem der nationalsozialistischen Bewegung. Diese Verknüpfungstechnik wurde ja bereits im optischen Bereich mit der Reichs- und Hakenkreuzfahne praktiziert. Die Nation und die kämpfende Bewegung verschmolzen.

---

107) Bade 1934, S. 187ff.
108) Gamm 1962, S. 36.
109) V.B. Nr. 46, vom 15. /16. Februar 1931.
110) V.B. Nr. 226, vom 14. August 1931.

Das Horst-Wessel-Lied war das „Lied der deutschen Revolution", das dem Lied der marxistischen Revolution, der „Internationalen" entgegengebrüllt wurde. In den Straßen tobte auch der Krieg der Lieder. Wilfrid Bade verdeutlicht dies ebenfalls sehr plastisch in seinem SA-Roman in einem Dialog zwischen dem SA-Mann Hermann Schulz und Horst Wessel höchstpersönlich.

> „Und weißte – mit dem Singen – da war det man ooch so ne Sache. Ziemlich mau. So richtige Lieder, wo man jejen die Internationale hätte an können, die hatten wir ja nu nicht und –"
> „Das ist es!" unterbricht ihn Horst Wessel aufgeregt, „das ist es nämlich! Das habe ich schon so oft empfunden! Da marschierst du nun und alles ist ganz hübsch und ganz gut und du kommst dir wunder wie vor – und mit einem Male fängt die Bande das Singen an: Die Internationale – erkämpft das Menschenrecht – es ist schon etwas dran an dem Lied, darauf könnt ihr euch verlassen, das ist gar nicht so ohne, das Lied, das hat so einen Schwung und da sitzt was drin in der Melodie – und die reißt mit, – auf zum letzten Gefecht! – Jawohl! (...) wenn sie dieses Lied hören, werden sie wie verhext, und wenn du dir den Mund fußlig geredet hast – sobald einer das Lied anstimmt, hast du umsonst geredet, alles in die hohle Hand." (...)
> „Sicher", gibt Hermann zögernd zu, „aber wir haben doch ooch Lieder, Mensch!"
> „Lieder! Lieder!" fährt Horst Wessel wieder auf, „natürlich habe wir Lieder! Eine ganze Menge sogar! Aber ich will euch was sagen: uns fehlt *das* Lied! Jawohl, *das* eine Lied, mit dem wir die Internationale an die Wand drücken können. Wir müßten auch so eine Internationale haben und die würde natürlich Nationale heißen, und die fehlt uns nämlich."[111]

Wenige Seiten später wird die angebliche Entstehungsgeschichte des Liedes geschildert.

> „Bevor sie zu diesem Marsch (die SA will zum Karl-Liebknecht-Haus am Bülowplatz marschieren, d.V.) antreten, spricht der Standartenführer einige wenige Worte zu ihnen: 'Die Kommunisten werden versuchen, zu stören. Demgegenüber hält die SA eiserne Disziplin. Unter allen Umständen wird die geschlossene Marschordnung aufrechterhalten. Wenn wir angegriffen werden – dann – die Reihen dicht geschlossen! Und nun – die Fahne hoch! – Standarte 4 – Marsch!!! –'
> Im Sturm 1 zuckt plötzlich ein junger SA-Mann heftig zusammen. Was hat der Staf soeben für Worte gebraucht?
> 'Die Reihen dicht geschlossen – die Fahnen hoch – '
> In dem SA-Mann Horst Wessel schlägt plötzlich eine Flamme auf. Die Worte sind doch wie ein Lied! – ein Lied! – ein Lied, denkt er und marschiert wie

---

111) Bade 1933, S. 165f. (H.i.O.)

> im Taumel mechanisch mit – die Reihen dicht geschlossen – die Fahne hoch – so ungefähr muß das Lied lauten und dann – die braunen Bataillone – und Hoffnung und Zuversicht – brüllt nur 'Nieder!' – hängt nur die ellenlangen Spruchbänder um euer Liebknechthaus – hängt nur eure Sowjetfahnen überall heraus – bald flattern Hitlerfahnen über allen Straßen – ja, so muß das Lied sein."[112)]

Über das fertige „Werk" heißt es kurz darauf: „Sie singen ein funkelnagelneues Lied, das ihnen sogleich merkwürdig nahegeht, es hat etwas von einem aufreizendem Schlachtgesang und einem uralten Volkslied zugleich."[113)] Und aus den Kampfzonen wird dann folgendes über den „Schlachtgesang" gemeldet:

> „Gläubig, brutal hart, fast beschwörend klingt es von unten herauf, das Lied Horst Wessels."[114)]
>
> „Das Lied Horst Wessels übertönt zuweilen das tosende Gebrüll der Moskauer. Erst singen es wenige, dann geht es fort von Gruppe zu Gruppe, durch den ganzen Zug. Da ist's, als versinke der Mob zur Rechten und zur Linken; keiner hört mehr das Brüllen dieser Tiere (...)."[115)]

Das Horst-Wessel-Lied wurde aber nicht nur auf den Propagandamärschen gesungen. Neben dem Uhlandschen Lied vom „Alten Kameraden" gehörte es zu jedem Trauermarsch, zu jeder Beerdigung eines gestorbenen SA-Mannes. Und Massenkundgebungen wurden durch sein Absingen beendet.

Die SA-Lieder wurden selbst zu einer Art des Terrors. Keiner sollte sich ihnen verweigern können; denen, die sie hören mußten, und das waren potentiell alle, wurden sie so oft eingehämmert, bis sie die Melodie, den Rhythmus und den Text nicht mehr vergaßen. „Holt alle hinterm Ofen vor, grad den, dem's nicht gefällt! Und singt ihm unsre Strophen vor, bis er das Lied behält.", textete Herybert Menzel in einem Marschlied der SA.[116)]

Das SA-Lied führte zu einem Wir-Gefühl, das über das kollektive und rhythmische Singen erzeugt wurde und direkt als „Quelle der Kraft" wirkte. Ein „packendes" Lied nötigte zum Einordnen, sich einreihen und unterordnen, mit den Kameraden zu einem neuen Ganzen zu verschmelzen. All das wurde im Lied sowohl inhaltlich als auch formal vorgeführt.

---

112) Ebd., S. 170ff.

113) Ebd.

114) V.B. Nr. 87, vom 12. /13. /14. April 1930.

115) V.B. Nr. 68, vom 22. März 1930.

116) Alexander von Bormann: Das nationalsozialistische Gemeinschaftslied. In: Horst Denkler/ Karl Prümm: Die deutsche Literatur im Dritten Reich. Stuttgart 1976, S. 256–280, hier S. 260. (=Bormann 1976)

Quelle: Engelbrechten 1937, S. 363.

Das Absingen der SA-Lieder führte zu einer Stärkung des Glaubens an die eigene Kraft. Je lauter und geschlossener man sang, desto stärker war man. Im Arbeiterviertel sangen sie sich Mut an. Hans-Jochen Gamm schreibt: „Das braune Kampflied hat primitive Töne und ist auf das Niveau der SA-Leute zugeschnitten."[117] Als Beispiel wird dann das Lied „Auf zum Kampf!" mit einem Text von Adolf Wagner angeführt. Das ist aber weniger eine antifaschistische Kritik an der SA und ihren Liedern als vielmehr eine bürgerliche an den Unterschichten. Der Vorwurf der Primitivität versperrt gerade die Sicht auf das Problem. Einmal waren die SA-Männer ja zu einem hohen Anteil entwurzelte, deklassierte Mittelstandsbürger und insbesondere Arbeiter. Zweitens waren die SA-Lieder selber sehr oft traditionelle Soldatenlieder des 1. Weltkrieges gewesen, die dann von der Arbeiterbewegung umgetextet und als sozialistisches Kampflied übernommen wurden, bevor die Nationalsozialisten ihnen wiederum ihren eigenen Text gaben. So verhält es sich z.B. auch mit dem Lied

117) Gamm 1962, S. 15.

„Auf zum Kampf!". Im wilhelminischen Lied hieß es noch: „Dem Kaiser Wilhelm haben wir's geschworen, Dem Kaiser Wilhelm reichen wir die Hand." Als proletarischer Kampfgesang, im sogenannten „Liebknechtlied", lautete es dann: „Dem Karl Liebknecht haben wir's geschworen, Der Rosa Luxemburg reichen wir die Hand." Und Adolf Wagner machte dann daraus: „Dem Adolf Hitler haben wir geschworen, Dem Adolf Hitler reichen wir die Hand."[118] Viele SA-Männer kannten ihre Lieder als ehemalige Arbeiterlieder, die sie nun als braune Lieder sowohl ihren roten Klassengenossen als auch dem Bürgertum entgegenbrüllten.

Die Adaption sozialistischer Lieder durch die SA und die Übernahme oder Annäherung an sozialistische Texte und Wortverbindungen kann deshalb auch nicht einfach als Leimrute und Arbeiterfängerei angesehen werden. „Brüder wir machen ein End. Reißet von Ketten euch los! Deutschland! Groß-Deutschland, wir kommen, schaffen dich völkisch und groß. Brüder, formiert die Kolonnen! Kennwort: Revolution. Deutschland, mein Deutschland, wir kommen, bringen dir Freiheit und Brot."[119] Hier verschaffte sich das antikapitalistische und antibürgerliche Moment der SA in der „Kampfzeit" des Nationalsozialismus einen Platz. Aber gerade das „von Hunderttausenden immer wieder gesungene und darum einverleibte Lied verwandelte die Wirklichkeit im Sinne der ausgesagten Idee. Es wird zum Ferment der Typenbildung; (...)."[120] In der singenden SA-Kolonne verwandeln sich proletarische Elemente des Habitus des einzelnen SA-Mannes in den typischen Habitus des SA-Mannes als „politischer Soldat". Und die Wortsignale (Kampf, Ehre, Treue, Opfer, Freiheit, Revolution, Volk usw.) , die die SA-Lieder enthielten, bekommen eine andere Bedeutung, wenn sie sich in jener Instanz verdichten, die auf einer unbewußten Ebene an die Stelle des Über-Ich trat: Führer, Nation und Reich, das Ganze. Ihm unterwarf sich das Ich. Das, was im Lied als Eigenes erschien, war in Wahrheit der Verlust des Selbst. Das „nationalsozialistische Lied ist letztlich der Nationalsozialismus selbst."[121]

---

118) Bormann 1976, S. 265.

119) SA-Sturmlieder. Herausgegeben im Auftrag der Zeugmeistereien von Pg. Hermann Roeler, Berlin, ohne Jahrgang, S. 56. (=SA-Sturmlieder)

120) Gamm 1962, S. 14f.

121) Ebd.

Marschtritt

„Der Rhythmus ist ursprünglich ein Rhythmus der Füße."[122] schreibt Canetti. Der Rhythmus der SA-Füße ist der Marschtritt. Im Gegensatz zu dem „Massentritt" der Arbeiterdemonstrationen, der noch eine Vielzahl von Gehweisen einschloß, kennt er nur noch das Unisono des Gleichschritts.[123]

> „Aber sie haben alle den gleichen Schritt. Das gibt einen Schlag und einen bezwingenden Rhythmus."[124]

> „Bremerhavens Straßen dröhnten im Marschtritt unserer Kolonnen."[125]

> „(...) hallte der schwere Schritt der eisenbeschlagenen Stiefel merkwürdig laut."[126]

Dieses Dröhnen war wirklich merk-würdig. Es nahm das Ohr in Besitz, es eilte der Kolonne voraus, schwoll an und hallte noch nach, wenn die SA-Männer bereits vorübergezogen waren. Die Kapellen und Spielmannszüge mochten Pausen zwischen den verschiedenen Märschen machen, der Marschtritt aber war immer zu hören. Sein Stakkato markierte akustisch die Macht. Dort, wo es „dröhnte" besaß die SA die momentane Herrschaft über die Straße. „(...) der Tritt der braunen Bataillone dröhnt durch die Lippe Stadt, (...). Wir (...) gehen stolz durch die Straßen."[127] Der braune Tritt hatte auch etwas Bedrohliches. Die SA-Männer wußten: Der Feind hört mit. Die Intensität des gemeinsamen Auftretens war auch die Intensität der gemeinsamen Drohung. Der Marschtritt sollte Angst machen. Die „Kommune" war wohl gemeint, wenn es hieß: „Der Boden zittert unter dem Gleichschritt der braunen Bataillone."[128] Mehr noch als die Märsche und die Lieder erinnerte der Marschtritt an ein Heer. Würde man nur hören, könnte man die SA-Kolonne nicht von einer marschierenden Kompanie unterscheiden. Im Ohr war die SA das Heer. Akustisch wurde die geplante Zukunft schon Gegenwart. Das „neue Deutschland" marschierte. „Der dröhnende Schritt unserer Kolonnen kündet eine neue anbrechende Zeit."[129]

---

122) Canetti 1980, S. 28.
123) Vgl. dazu Warneken 1986, S. 93ff.
124) V.B. Nr. 73/ 74, vom 13. /14. März 1932.
125) V.B. Nr. 169, vom 18. Juli 1930.
126) V.B. Nr. 219, vom 7. August 1931.
127) V.B. Nr. 180, vom 6. August 1929.
128) V.B. Nr. 171/ 172, vom 19. /20. Juni 1932.
129) V.B. Nr. 172, vom 27. Juli 1929, „Der SA-Mann" Nr. 23.

2. Rufe, die „Sprache der SA"

Ebenso wie die Transparente wurde auch das „fortgesetzte Rufen" im Juli Erlaß Röhms 1932 verboten, der „ernste, entschlossene Marsch" einer „disziplinierten Truppe" würde besser wirken.[130] Da aber auch später in Berichten von SA-Demonstrationen Rufe wieder auftauchen, dürfte eher weniger als gar nicht mehr gerufen worden sein.

Zentraler Kampfruf war das „Deutschland erwache! Juda verrecke!" Neben den variierten Heilrufen „Sieg heil!", „SA-Sieg! Heil!" und „Heil Hitler!" sind nur noch „Trotz Verbot nicht tot!" und „Nieder, Kommune!" bekannt geworden, sowie die Ruffolgen:

> „Wer hat uns verraten? Sozialdemokraten!
> Wer macht uns frei? Die Hitlerpartei!"
> „Wer auf die KPD vertraut,
> dem hab'n sie den Verstand geklaut!"
> „Was wollen wir im Roten Haus?
> Wir schmeißen alle Schieber raus!"
> „Die rote Front, brecht sie entzwei,
> SA marschiert, Achtung die Straße frei!"[131]

Das laut gebrüllte „Deutschland erwache!" sollte inhaltlich wie formal aufrütteln. Zum einen erklang es auf den Plätzen bei Massenkundgebungen nach dem Propagandamarsch.

> „Weithin erhallte ihr 'Deutschland erwache!' über den menschengefüllten Platz."[132]
>
> „Wieder braust das Heil auf die Freiheit und das tausendstimmige 'Deutschland erwache!' über den Platz. Groß, schön und gewaltig kommt das Echo von den Mauern zurück."[133]

Zum anderen wurde es dem politischen Gegner entgegengeschleudert, insbesondere bei dessen Versuchen, die SA-Demonstration zu verhindern oder zu stören. Mit den Rufen sollte der Gegner förmlich niedergebrüllt werden. Hierbei ergänzten sich die SA-Lieder und die SA-Rufe. Und oft waren die Rufe tatsächliche Schlachtrufe, mit denen man sich physisch auf den Feind stürzte.

> „(...) und wo dennoch Pöbeleien seitens der Kommunisten fallen, da werden diese Rufe erstickt in dem mächtig aufbrausenden 'Deutschland erwache!' der SA."[134]

---

130) Werner 1964, S. 579.
131) V.B. Nr. 174, vom 22.Juni 1932 und vgl. Bade 1934.
132) V.B. Nr. 133, vom 6. Juni 1930.
133) V.B. Nr. 73, vom 18. März 1931.
134) V.B. Nr. 128, vom 31. März 1930.

Quelle: Simplicissimus 1970, S. 269.

„Zur allgemeinen Erheiterung hatte lediglich ein besonders eifriger Marxist ein Transparent aufgehängt 'Nieder mit dem Hakenkreuz!'. Mit unseren Kampfliedern und dem Ruf 'Deutschland erwache!' antworteten wir auf diese marxistische 'Provokation'."[135]

„Die Kommune machte mit einer Handvoll Männchen und Weibchen eine 'machtvolle Protestkundgebung', versuchte sogar Sprechchöre zu bilden: 'Hitler verrecke!' und ähnliche mordhetzerischen Parolen. Lächerliches Beginnen! Ehern ertönt die Sprache der SA, (...), : 'Deutschland erwache!' Das Horst-Wessel-Lied steigt auf. Kläglich müssen Gegengesänge und Niederrufe verstummen."[136]

„Mit Heil Hitler und Deutschland erwache! griff auch die SA an. Der Geg-

135) V.B. Nr. 60/ 61, vom 1. /2. März 1931.
136) V.B. Nr. 178, vom 27. Juni 1931.

ner zurück! Wir hinterher, über Hecken und Zäune! Heran an die Häuser! 'Nieder Kommune!'."[137]

Die Gewalttätigkeit der Rufe drückt sich schon in der Sprache der Berichterstatter aus. Die Kampfrufe waren gleichsam akustische Waffen, und derjenige war der Sieger, der am lautesten brüllte. Mit ihnen wurde der politische Gegner ,,erstickt" bis er ,,verstummte". Er wurde aus dem Schallraum verdrängt, es war seine symbolische Vernichtung, er sollte für immer schweigen. Dann kamen die Siegesschreie. Diese konnten entweder von der SA-Kolonne alleine gerufen werden, ,,Sieg heil!", oder im Wechselruf mit dem jeweiligen Führer: ,,SA-Sieg!" - ,,Heil!" ,,Siegesgewiß rief er den SA-Mannen nur dreimal das stolze Wort zu: SA-Sieg! und dreimal antworteten die SA-Leute, einem gelobendem Schwur gleich, daß der Sieg erstritten und ihrer sein werde, mit einem donnernden 'Heil!'."[138] Hier waren es Bekenntnisrufe. Der Heilruf war aber auch ein Huldigungsruf an den Führer. Indem sie ihm das ,,Heil" zuriefen, unterwarfen sie sich ihm. Das gemeinsame Tun hatte auch beim Rufen eine uniformierende Qualität.

> ,,(...) donnerte auch schon ein dreifaches Heil auf unseren Führer durch den weiten Raum."[139]
>
> ,,Tosend erklingt: Heil Hitler!"[140]

3. Lärm, Geräusche, Stille

,,Die Trommel, das Instrument des aufreizenden Lärms, wäre tatsächlich — treffender als das Hakenkreuz, (...) — ein gerechtfertigtes Symbol des Kampfes der Hitler Bewegung um die Macht gewesen."[141] Auch Utz Jeggle schreibt von der ,,mitreißenden Kraft des Lärms in der Zeit der Bewegung"[142] des Nationalsozialismus. Sicherlich kamen die SA-Truppen aufreizend laut daher und brachten damit Unruhe, Aktivismus und Bewegung zum Ausdruck. Gerade dem Trommler kam die Funktion eines Weckers der Nation zu. ,,(...) den weckten die Trommler (...). Es öffneten sich die Fenster in allen Straßen, durch die unser Zug sich den Weg bahnte."[143]

---

137) Heinz Lohmann: SA räumt auf! Hamburg 1933, S. 185. (=Lohmann 1933)
138) V.B. Nr. 57, vom 26. Februar 1931.
139) V.B. Nr. 46, vom 15. /16. Februar 1931.
140) V.B. Nr. 226, vom 14. August 1931.
141) Bernhard 1933, S. 275.
142) Jeggle 1986, S. 121.
143) V.B. Nr. 280, vom 3. Dezember 1929.

Das Volk sollte aufgerüttelt werden, in der ,,Volksgemeinschaft" zu sich selbst finden und in der Überwindung der ,,Schmach von Versailles" als wiedererstarkte Nation auferstehen. Doch unterschied sich der Lärm der SA in einem ganz wesentlichen Punkt z.B. von dem chaotischen Lärm der Katzenmusik während der 48er Revolution. Diese ,,hatte keinen festen Takt, sondern ihre Musik bediente sich des Lärms und ihre Stärke lag in der Phonzahl. Die konzentrierte Unordnung zeigte an, daß unüberhörbar überlieferte Machtstrukturen erschüttert werden sollten."[144] Im Gegensatz zur revolutionären Bewegung hatte die nationalsozialistische den festen Takt des Marschrhythmuses. Der Marsch war nicht eine ,,konzentrierte Unordnung", sondern eine lärmende Ordnung. Die Lautheit gab dem SA-Marsch die Aura der Rebellion, deren wesentlicher Inhalt aber die totalitären nationalsozialistischen Ordnunhgsvorstellungen waren. Die Ordnung, die im optischen Bereich durch ihr starres Muster, im akustischen durch ihren zwingenden Marschrhythmus bestimmt und deren charakteristische Bewegungsform das Marschieren war, diese Ordnung wurde der als Chaos empfundenen Weimarer Republik gegenübergestellt. Gerade über den Chaos-Ordnungs-Diskurs wurden die Massen formiert.

Eines der häufigsten und intensivsten Geräusche war der Beifall der spalierstehenden Massen, der ,,Jubel". Mag die NS-Presse hier stark übertrieben haben, mögen die ,,Begeisterungsstürme" von den zivilen Parteigenossen, die am Rande standen und dort gleich jede Unmutsäußerung unterdrückten, organisiert worden sein, so bleibt es doch Tatsache, daß immer mehr Menschen begeistert waren. Diese Akustik der Zustimmung war keine Aktivität der SA-Männer. Sie sei aber trotzdem erwähnt, da sie unmittelbarer Ausdruck der Massenwirkung der SA-Kolonne war und einen nicht zu unterschätzenden Anteil dazu beitrug, erneut Massen anzuziehen und diese zu bekehren.

Das Geräusch der knisternden Fackeln soll nur kurz notiert werden. Es hatte für sich genommen keinen besonderen Ausdruckswert. Es war ein Beigeräusch des Fackelmarsches, das seinen Sinneseindruck komplettierte. Einen ganzen Geräuschkomplex bilden die Geräusche der Gewalt. Durch die Luft sausende Schulterriemen, das Stöhnen der Verletzten, Schüsse, Todesschreie; insbesondere im Jahre 1932 füllte sich der Schallraum mit einer Akustik des Bürgerkriegs, des Terrors. Die hörbare Vernichtung des inneren Feindes mag für viele Ausdruck der Entschlossenheit der SA gewesen sein und zu hämischer Genugtuung geführt haben, sie war jedoch

144) Jeggle 1986, S. 118.

kein Mittel der SA Massen auszulösen.

Schweigend marschierten die SA-Kolonnen sehr selten. Selbst bei Leichenbegängnissen ging es laut zu. Nur vereinzelt wird im „Völkischen Beobachter" wie anläßlich des Trauermarsches bei der Beerdigung des Pg. Arnold Guse berichtet: „(...) an der geschlossenen Phalanx dieser stummen Kolonnen erkennt man die Kämpfer für ein besseres Deutschland."[145] Meistens schwiegen die SA-Männer nicht von sich aus, sondern weil die Polizei sie dazu gezwungen hatte. Der „stumme Protest" war für die SA nur letzte Möglichkeit, wenn die Behörden Musik, Singen und Rufen verboten hatten.

> „Die Propagandafahrt war entsprechend der Notverordnung dem Kieler Polizeipräsidenten gemeldet, und von diesem genehmigt, allerdings mit der Einschränkung, daß keine Sprechchöre gebildet werden dürften, (...). Die stattliche Kolonne hatte sich kaum in Bewegung gesetzt, kaum hatten unsere Kämpfer angefangen, unsere Kampflieder zu singen, als das Begleitkommando der Polizei die Wagen zum Halten brachte und das Singen unserer Lieder verbot! Daraufhin begann der auf dem ersten Wagen sich befindliche Spielmannszug der HJ seine Weisen zu spielen! Wieder werden die Wagen angehalten! Dem Spielmannszug wird das Spielen untersagt! Weiter geht die Fahrt! Überall werden die Wagen bejubelt und begrüßt. (...). Erneutes Anhalten unserer Wagen! Das 'Heil Hitler'-Rufen wird verboten! Als dann nach kürzester Weiterfahrt unseren Jungens sogar das stille Grüßen durch Heben des Armes verboten wird, da wissen sie sich keinen anderen Rat mehr, als im Chor ihre Lieder zu pfeifen. (...) Aber auch die letzte Möglichkeit, Propaganda zu machen, Aufsehen zu erregen, wird unterbunden! Nun dürfen sie auch noch nicht mal pfeifen! Da hat die sonst so stillen Jungens von der Wasserkante ein furchtbarer Zorn erfaßt, und wie auf Kommando haben sie sich ihre Taschentücher vor den Mund gebunden! Und man muß schon sagen, daß dieser stumme Protest, der durch ein Dauerkonzert sämtlicher Hupen wirksam unterstrichen wurde, dem eigentlichen Zwecke der Propagandafahrt nur nützte."[146]

Selbst der „stumme Protest" gab sich laut. Die SA-Männer mußten schweigen, aber die Hupen konterkarierten. Stille war während der „Kampfzeit" für die SA unannehmbar, es hätte für sie nur Einverständnis mit und Unterordnung unter das „System" bedeutet.

---

145) V.B. Nr. 29, vom 29. Januar 1932.

146) V.B. Nr. 135/ 135, vom 14. /15. Mai 1931.

Raum, Zeit, Bewegung

Macht haben bedeutet auch, Raum und Zeit nach seinem Willen strukturieren zu können. Die SA wollte zur Macht und so ging es schon im Kampf um die Macht darum, Fähigkeiten und Praktiken der Beherrschung von Raum und Zeit zu lernen und auszuüben. Konkret: Welche Räume, Orte, Territorien besetzte die SA? Welche Bedeutungen und Auswirkungen hatte das? Gelang es der SA, eine neue Zeitstruktur durchzusetzen? Und wie wurden beide Koordinaten miteinander zur Bewegung verknüpft? Aktivismus und Tempo, auch der revolutionäre Gestus wurden durch die überall und zu jeder Zeit marschierende SA-Kolonne verkörpert und zu den Herzen der Massen transportiert.

1. Besetzte Orte

Die angestrebte Eroberung geographischer Räume durch den Einsatz der SA-Truppen richtete sich nach der politischen Strategie der Partei. Es ging ja nicht einfach um Räume, sondern um die in diesen Räumen lebenden Menschen. Hinter der Frage von Stadt und Land standen unterschiedliche Zielgruppen als Propagandaobjekt. Hier die Bauern, das Landproletariat und die alten kleinbürgerlichen Mittelschichten, dort die Arbeiterklasse, die neuen kleinbürgerlichen Mittelschichten und das städtische Bürgertum. Bis 1928 lag der Schwerpunkt der Propaganda der SA im städtischen Raum. Goebbels hatte einen Plan entwickelt nach dem sich die Organisation entsprechend dem Vorbild der italienischen Faschisten auf 24 Städte konzentrieren sollte. Diese Strategie war wenig erfolgreich, sie scheiterte an der Gegenwehr der Linksparteien. Daraufhin ordnete Hitler im Sommer 1928 an, den Schwerpunkt der propagandistischen Tätigkeit auf das Land, in die Dörfer und Kleinstädte zu verlagern.[1] Dies bedeutete jedoch nicht, daß die Städte dem ,,Feind" überlassen wurden, auch dort wurde weiterhin der ,,Kampf um die Straße" offensiv geführt. Besondere Bedeutung hatte dabei Berlin als Reichshauptstadt und Hochburg der politischen Arbeiterbewegung. Hier konnte exemplarisch der Kampf gegen die ,,Kommune" geführt werden, und ein Sieg mußte in hohem Maße Auswirkungen auf Preußen und damit auf das gesamte Reich haben. Entsprechend dieser Bedeutung Berlins war Goebbels bereits im November 1926 mit der Gauleitung Berlin-Brandenburg beauftragt worden.

---

[1] Jaschke/ Loiperdinger 1983, S. 128.

Quelle: Engelbrechten 1937, S. 351.

In der Stadt

Die soziale und politische Topologie der Städte materialisierte sich in ihren geographischen Räumen. Das Arbeiterviertel, politisch dominiert von der Linken; die bürgerlichen Wohngegenden, in denen die National-Konservativen erheblichen Einfluß hatten; dazwischen Stadtteile, die sozial und politisch indifferent gemischt waren. Die SA marschierte natürlich auch in den eher bürgerlichen Stadtteilen, ihr bevorzugtes Interesse galt aber den Arbeitervierteln.

> „Durch die roten und rotesten Gegenden bewegt sich der Zug. Die Fenster aller Stadtteile werden von neugierigen Menschen belagert."[2]

> „Es öffnen sich die Fenster in allen Straßen, durch die unser Zug sich den Weg bahnte. (...) Durch die Straßen, in denen Not und Elend zu Hause, und vorbei an den Palästen der Reichen."[3]

---

[2] V.B. Nr. 128, vom 31. Mai 1930.

[3] V.B. Nr. 280, vom 3. Dezember 1929.

Quelle: Engelbrechten 1937, S. 354.

Von Berlin berichtet Heinrich Bennecke, daß Goebbels „sofort die politische Propaganda in Gebiete tragen ließ, die von Linksradikalen bewohnt waren und beherrscht wurden, und sich nicht auf bürgerliche Wohngebiete beschränkte."[4] Die „roten Viertel" hatten für die SA den Charakter von Feindesland, ihre Demonstrationen waren Eroberungsfeldzüge, die aggressiv und expansiv tief in die fremden Territorien vorstießen. Als Sieg konnte in den Anfangsjahren schon verbucht werden, wenn es gelang, den Propagandamarsch überhaupt durchzuführen. Später, insbesondere in den Jahren 1931/32 tendierten die Auseinandersetzungen zu bürgerkriegsähnlichen Staßenschlachten. „Beherrscht" wurden die Arbeiterviertel von der SA erst nach 1933.

> „Die Straße gehört uns, auch im roten Viertel Danzig. Sturm 128 marschiert.— Mit Bierflaschen und Steinen empfängt das Untermenschentum unsere Kämpfer.— Die Straße aber behaupten wir dennoch."[5]

---

[4] Bennecke 1962, S. 140.

[5] V.B. Nr. 189, vom 10. /11. August 1930.

„3.000 Braunhemden marschieren in Chemnitz. (...) Die letzten marxistischen Bollwerke beginnen zu fallen, der Gegner räumt bereits kampflos das Feld. Das 'rote Chemnitz' ist unser."[6)]

In den Arbeitervierteln gab es besondere Orte, die von den SA-Kolonnen heimgesucht wurden. Das waren die Lokale der SPD und KPD, ebenso deren Parteibüros, wie auch die Gewerkschaftshäuser.

„In einer dunklen Straße sammelte sich alles. Ein kurzes Kommando, und im Sturmschritt ging es vorwärts. Wir bogen in eine Seitenstraße ein. Auch von den anderen Seiten stürmten unsere Truppen heran, und im Nu waren wir in das berüchtigte Lokal (des RFB, d.V.) eingedrungen. (...) Dann verließ der Sturm das Lokal und trat auf den Fahrdamm in zwei Gliedern an. Eine Hundertschaft verwegener Gestalten! — Kein Schimpfwort, kein Zuruf ertönt.— Stumm, wie eine drohende Wolke, marschierte der Sturm im Gleichschritt durch die dunklen Straßen des roten Südostens — Anklage und Warnung zugleich."[7)]

Neben den Arbeitervierteln, in denen der politische Gegner direkt angegriffen wurde, führte die SA ihren Kampf insbesondere in den Stadtzentren. Durch die Haupt- und Geschäftsstraßen zogen die Kolonnen zum Aufmarsch auf einen großen oder den größten Platz der Stadt. Auf dem Marktplatz vor dem Rathaus marschierten sie an ihrem Führer vorbei.

„(...) etwa um 11 Uhr begann der Umzug durch wohl sämtliche Hauptstraßen der Stadt."[8)]

„In getrennten Zügen bewegten sich dann die einzelnen Abteilungen durch die verschiedenen Straßen zum Marktplatz zur großen öffentlichen Kundgebung."[9)]

„(...) ein machtvoller Aufmarsch vor dem Rathaus."[10)]

Mit dem Auf- und Vorbeimarsch vor dem Rathaus, dem Sitz der kommunalen Staatsmacht, wurde schon der Anspruch auf die Machtübernahme in den Städten demonstriert. Standen öffentliche Plätze aus bestimmten Gründen nicht zur Verfügung, wurden kurzerhand andere Einrichtungen in Besitz genommen.

„Nachmittags zog die SA im Propagandamarsch durch die Stadt, (...) mündete der Zug in den Hof der Silcherschule, wo sich an die 1.000 Zuschauer zur Kundgebung versammelt hatten."[11)]

---

6) V.B. Nr. 307, vom 3. November 1931.

7) Erwin Reitmann: Horst Wessel, Leben und Sterben. Berlin 1932.

8) V.B. Nr. 166, vom 15. Juli 1930.

9) V.B. Nr. 178, vom 29. Juli 1930.

10) V.B. Nr. 9, vom 9. Januar 1931.

11) V.B. Nr. 228, vom 2. Oktober 1929.

Quelle: Bade 1933, S. 75.

> „Nach zweistündigem Marsch durch die von Menschenmassen umsäumten Straßen der Stadt marschierten die Scharen zur Schlußkundgebung auf den Schwanen-Schloß-Sportplatz auf."[12]

Als bevorzugte Orte für Zwischenkundgebungen während des Propaganda- und speziell des Trauermarsches wählte die SA nationale Kriegerdenkmäler.

> „(...) ehrten wir den Gefallenen am Kriegerdenkmal."[13]

> „1.000 Sa-Männer (...) (marschierten) zum Friedhof, wo vor dem Gefallenendenkmal eine kurze Gedächtnisfeier vorgesehen war."[14]

Hier wurde gelobt, daß die Toten des 1. Weltkrieges nicht umsonst gestorben seien. Handelte es sich um einen Trauermarsch für einen toten SA'ler, wurde auch ihm dieser Eid auf die Rache geschworen. Der Tod für die „Bewegung" verschmolz mit dem Tod für Deutschland.

---

12) V.B. Nr. 9, vom 9. Januar 1929.
13) V.B. Nr. 228, vom 2. Oktober 1929.
14) V.B. Nr. 178, vom 29. Juli 1930.

In Berlin war der Bülowplatz mit dem Karl-Liebknecht-Haus, dem Sitz des Zentralkomitees der KPD, ein besonderer Stachel der Marschmanie. Am 24. März 1929 wagten sich zum erstenmal SA-Einheiten auf diesen „Roten Platz".

„Und da marschiert die Standarte IV mit ihren Stürmen 1 - Alex, 2 - Prenzlauer Berg, 17 - Stettiner Bahnhof, 23 - Reinickendorf und 29 - Pankow zum erstenmal über den Bülowplatz und am Karl-Liebknecht-Haus vorüber. Ein tollkühnes Wagnis. Aber es glückt. Scheinbar sieht niemand die Braunhemden, hört niemand ihre Heilrufe auf den Führer."[15]

Und Wilfrid Badė schrieb in seinem SA-Traktat über diese SA-Demonstration:

„Hätte die Weltpresse begriffen, was an diesem Tage vor sich ging und welch eine Bedeutung dieser Marsch hatte, sie hätte Hunderte ihrer besten Reporter mobil gemacht und von ihnen diesen Marsch der Standarte 4 begleiten lassen. Denn die unbekannte Vorhut Europas trat an gegen den blutroten Stern Lenins, der verlorene deutsche junge Haufe machte sich zum Sturm bereit, die Standarte 4 zog zur feierlichen Demonstration gegen die Vernichter der heiligsten Begriffe."[16]

In den darauffolgenden vier Jahren zogen die SA-Kolonnen immer wieder dorthin. Das letztemal am 22. Januar 1933 zur Aktion „Front gegen das Karl-Liebknecht-Haus".

„20.000 Mann rücken durch Berlin und sammeln sich auf dem Bülowplatz, (...). Es ist ein beispielloses, ungeheures, begeisterndes Bild. Dort das K.-L.-Haus, das von der Polizei geräumt worden war, mit seinen roten, schreienden Transparenten, hier der Bülowplatz, sich anfüllend mit dem Heer der braunen Tausende. Dort das Gebäude des Sitzes des Zentral- Komitees der KPD, mit seiner riesigen Juden-Fahne, hier die anrückenden Kolonnen der Braunhemden, die Hakenkreuzbinde am Arm, ein Tönen und Rauschen und Klingen der Musikzühe und Spielmannszüge, ein brausendes Rufen der Massen, die Fäuste gegen das Haus des Arbeiterbetruges und Arbeitermordes geballt: 'Heil Hitler!' 'Deutschland erwache!'."[17]

Wie aus aktuellem Anlaß bestimmte Orte zu Aufmarschplätzen der SA und der zivilen Parteimitglieder werden konnten, zeigen beispielsweise die Demonstrationen und Kundgebungen gegen den Film „Im Westen nichts Neues" von Erich Maria Remarque. Er lief im Dezember 1930 im Mozartsaal am Nollendorfplatz in Berlin. Am 8. und 9. Dezember hatte die NSDAP zur Kundgebung gegen den Film vor dem Kino aufgeru-

---

15) Engelbrechten 1937, S. 90.

16) Bade 1934, S. 169f.

17) Engelbrechten 1937, S. 254f.

ABBILDUNG 47: „FRONT GEGEN DAS KARL-LIEBKNECHT-HAUS" 1

Quelle: LBB II, 5968.

ABBILDUNG 48: „FRONT GEGEN DAS KARL-LIEBKNECHT-HAUS" 2

Quelle: LBB 91739.

fen. Angeblich sollen sich laut „Völkischer Beobachter" am 8. Dezember 12.000 und tags darauf 60.000 Menschen beteiligt haben. Die Polizei hatte den Nollendorfplatz abgesperrt und alle Haltestellen der Straßenbahn und der Omnibuslinien aufgehoben. Nachdem es zu gewalttätigen Auseinandersetzungen zwischen der NSDAP/SA und ihren Anhängern mit der Polizei gekommen war, zogen die Demonstranten zum Wittenbergplatz. Dort hielten Goebbels und andere Parteifunktionäre Reden gegen das „Kulturschandmal, das den besten Soldaten aller Zeiten, den deutschen Frontsoldaten, herunterreiße". Für diese Kundgebung gab das Berliner Polizeipräsidium allerdings nur noch eine Teilnehmerzahl von 4.000 Personen an.[18)]

Die SA-Demonstrationen waren totalitär. Sie beanspruchten immer die ganze, sprich alleinige Macht über die Straßen der Stadt. Zeitweise wurde dies durch die Konzentration regionaler oder überregionaler SA-Verbände in einer Stadt anläßlich von Gaupartei-, Hitler- und Deutschlandtagen zur Realität. Leitartikelüberschriften im „Völkischen Beobachter" wie „Nürnberg ist unser!" anläßlich des „Reichsparteitages" im August 1929 drücken diesen Sachverhalt aus.

> „8 Uhr früh beginnt der größte Aufmarsch, den bisher eine politische Bewegung in Deutschland vollzogen hat. Insgesamt befinden sich in der Stadt nun an die zweihunderttausend Menschen, die zum Parteitag gekommen sind. (...) Das Straßenbild von Nürnberg wird völlig von den Braunhemden beherrscht, überall begegnet man ihnen. (...) Der Fahrdamm gehört den langen Marschkolonnen. (...) Vier Tage lang stand eine ganze Stadt unter dem Eindruck einer politischen Kundgebung."[19)]

So eine Stadtbesetzung gelang den Nazis nur bei besonderen Anlässen. Mit ihr gingen immer Akte der direkten physischen Gewaltausübung einher. Vollends zur quasimilitärischen Besetzung gerieten die SA-Großveranstaltungen dann, wenn, wie z.B. beim „mitteldeutschen SA-Treffen" am 17. und 18. Oktober 1931 in Braunschweig, die jeweilige Landesregierung von der NSDAP gestellt wurde. Dann bekam die SA faktisch die formale Staatsgewalt übertragen, der Nationalsozialismus konnte vorwegnehmend demonstrieren, was er unter der „wehrhaften, deutschen Staatsmacht" des „Dritten Reiches" verstehen würde. Das Ergebnis der zweitägigen Braunschweiger Stadtbesetzung waren zwei tote Arbeiter und 64 Schwerverletzte.[20)] Und die NS-Presse frohlockte: „Wir brachen den roten Terror und pflanzten das Hakenkreuz auf. Die Straße

---

18) V.B. Nr. 293 und Nr. 294, vom 10. und 11. Dezember 1930.

19) V.B. Nr. 182, vom 8. August 1929.

20) Jaschke/Loiperdinger 1983, S. 142.

ward frei für den Marschtritt brauner Bataillone, und damit frei für die Nation."[21]

Zuletzt sei noch auf eine besondere Raumbesetzung aufmerksam gemacht, die zwar nicht Resultat marschierender SA-Kolonnen war, aber ab Sommer 1930 diese doch oft komplettierte. Es wurde bereits gezeigt, daß die „flatternde" Hakenkreuzfahne die Herrschaft über den Boden und die Luft symbolisierte. Eine weitergehende Eroberung des Luftraumes über den Straßen, den Plätzen, ja über der gesamten Stadt wurde mit parteieigenen Flugzeugen zur Schau gestellt. Am 2. Juli 1930 gab die Propagandaabteilung des Parteiverlages Franz Eher per Anzeige im „Völkischen Beobachter" folgendes bekannt:

> „Parteigenossen! Die neuerliche Verfolgung unserer Bewegung durch behördlichen Uniform-Verbote usw. erfordert Verdoppelung unserer Propaganda. Der Parteiverlag hat ein eigenes Propaganda-Flugzeug erworben. Die Maschine ist ein Leichtflugzeug der Bayr. Flugzeugwerke. Auf den 14 Meter breiten Tragflächen trägt das Flugzeug die Aufschrift 'Völk. Beobachter'. Dieses unsere Propaganda-Flugzeug wird von uns bei allen größeren Parteiveranstaltungen, Aufmärschen usw. Propagandaflüge ausführen. (...). Die Anforderungen des Flugzeuges erfolgen durch die Gauleitungen an unseren Parteiverlag und müssen mindestens 14 Tage vor der Veranstaltung eingetroffen sein, damit der aufgestellte Flugplan reibungslos durchgeführt werden kann."[22]

Schon kurz darauf wurde von einer SA-Demonstration in Kehl am Rhein gemeldet: „Nach Beendigung der Kundgebung überflog das Flugzeug des 'Völkischen Beobachters' den Platz und die Stadt."[23]

Auf dem Lande

Das Konzept der Besetzung durch die Zusammenziehung regionaler SA-Einheiten und ihre Konzentration auf einen Ort wurde insbesondere in den ländlichen Gebieten und den Kleinstädten realisiert. Oft kam die Landunterstützung auch von den städtischen SA-Verbänden. So führten z.B. die „Propagandafahrten" der Berliner SA die Kolonnen weit in die brandenburgische Provinz. Systematisch wurden Orte und ganze Regionen mit der nationalsozialistischen Propaganda überzogen, insbesondere in Gegenden, in denen die NSDAP noch nicht oder sehr schwach vertreten war. Die SA-Einheiten ließen sich nieder, besetzten das Land und prägten

21) V.B. Nr. 295, vom 22. Oktober 1931.
22) V.B. Nr. 155, vom 2. Juli 1930.
23) V.B. Nr. 178, vom 29. Juli 1930.

Quelle: NS-Monatshefte 1934, ohne Seitenangabe.

Quelle: Engelbrechten 1937, S. 335.

mit ihren Umzügen und sonstigen Veranstaltungen (Platzkonzerte, Sportveranstaltungen) das Straßenbild des Dorfes/ der Region und den Lebensalltag seiner/ ihrer Bewohner.[24] ,,Von Ostersamstag bis Ostermontag quartierten sich die gesamten SA-Formationen in Hamminkeln, einer kleinen Ortschaft bei Wesel, ein. Die rein bäuerliche Bevölkerung dieses Ortes neigt politisch den Rechtsparteien zu, stand der NSDAP aber bisher vorwiegend fern."[25] Obwohl auch die Linksparteien auf dem Lande agitierten, stieß die SA hier auf erheblich weniger Widerstand als in der Stadt. Dabei ging sie geschickt auf die lokale Sozialstruktur ein, indem sie besonders die vorherrschende Berufsgruppe ansprach (Bauern, Handwerker). Ebenso gezielt wurde die antisemitische Agitation eingesetzt bzw. verstärkt. ,,Stellte sie irgendwo einen erhöhten Zuzug von jüdischen Familien oder einen betrügerischen Bankrott einer jüdischen Firma fest, nahm sie dies zum willkommenen Anlaß, den ganzen Landstrich mit ih-

[24] Jeremy Noakes bezeichnete die so auftretenden SA-Truppen als „shock troops". Zit.n.: Jaschke/ Loiperdinger 1983, S. 130.
[25] Franz-Josef Heyen: Nationalsozialismus im Alltag. Boppard 1967, S. 34. (=Heyen 1967)

rer Werbung zu überziehen."[26] Oft wurde der SA-Aufmarsch in einer Kleinstadt durch eine ganze Serie von Veranstaltungen in den umliegenden Dörfern vorbereitet. Z.B. führte die SA am 29. September 1929 15 Versammlungen in 15 verschiedenen Orten rund um Balingen durch. Tags darauf, ein Sonntag, fand in Balingen selbst eine im Verlauf typische SA-Propagandaaktion statt.

2. Die Okkupation der Zeit

„Am Sonntag früh weckte der Nagolder Musikzug mit schneidigem Spiel. Nach dem Kirchgang, dem ein SA-Appell vorausging, ehrten wir die Gefallenen am Kriegerdenkmal. (...) Nachmittags zog die SA im Propagandamarsch durch die Stadt."[27] Wecken, Appell, Kirchgang, Gefallenenehrung am Kriegerdenkmal, Propagandamarsch, Vorbeimarsch an den Führern, Aufmarsch mit öffentlicher Kundgebung und abendlicher Saalveranstaltung, das war ein fast standardisiertes Tagesprogramm für die SA-Einsätze in der Provinz.

Zum Teil gelang es den SA-Truppen, den üblichen Zeitablauf der Menschen in den Städten und Dörfern aufzubrechen und die Zeit nach ihren Vorstellungen neu zu strukturieren. Auch dabei war der Nationalsozialismus maßlos und totalitär. Immer mehr Zeit beanspruchte er für sich, fast rund um die Uhr wurde faschistische Gegenöffentlichkeit inszeniert, vom „Wecken" am frühen Morgen bis zum (mitter-)nächtlichen Verlöschen der Fackeln. „Über und über mit Blumen überschüttet ziehen die braunen Kämpfer des Dritten Reiches viereinhalb Stunden im schnellen Schritt vorbei."[28] Allein der Vorbeimarsch der SA am Führer dauerte auf dem Nürnberger Parteitag 1929 viereinhalb Stunden. Aber auch bei kleineren Veranstaltungen ging es in die Stunden. Und bei Wochenendveranstaltungen wurde der ganze Tagesablauf von der SA bestimmt.

War es in der Stadt, speziell in der Großstadt, erheblich schwieriger und nur in Ausnahmefällen möglich, die verschiedenen Zeitstrukturen der vielfältigen Lebenspraxen zu hegemonisieren und auf die spezifische Zeitstruktur der nationalsozialistischen Demonstrationspraxis zu reduzieren, so gelang dies auf dem Lande relativ häufig. In einer Referentendenkschrift des preußischen Innenministeriums heißt es dazu: „Oft setzen sich solche Werbetrupps tagelang an einem bestimmten Orte fest und suchen

[26] Rainer Hambrecht: Der Aufstieg der NSDAP in Mittel- und Oberfranken (1925–1933). Nürnberg 1976, S.251.

[27] V.B. Nr. 228, vom 2. Oktober 1929.

[28] V.B. Nr. 182, vom 8. August 1929.

durch die verschiedenartigsten Veranstaltungen, zu denen auch Platzkonzerte, Sportfeste, Zapfenstreich, an geeigneten Orten auch geschlossene Kirchgänge gehören, die ansäßige Bevölkerung für die Bewegung zu begeistern."[29] Und der Oberpräsident der Rheinprovinz schreibt im Mai 1930 dem preußischen Innenminister:

> „Bezeichnend für die Art und Wirkung der nationalsozialistischen Propaganda unter der ländlichen Bevölkerung ist eine gemeinsame Osterveranstaltung der Ortsgruppe Wesel zusammen mit 4 SA-Stürmen aus Essen, Mühlheim und Wesel (insgesamt etwa 300 Mann) in der Gegend von Wesel. (...) Sie (die Bevölkerung der Ortschaft Hamminkeln, d.V.) wurde nun zwei volle Tage durch die nationalsozialistische Propaganda bearbeitet. Zapfenstreich, Umzüge, geschlossener Kirchgang für Protestanten und Katholiken an beiden Ostertagen. Stand- und Abendkonzerte der SA-Kapelle, ein 'Sportfest', (...), zogen das Interesse der Bevölkerung auf den Werbetrupp. Außerdem wurden noch Umzüge in dem benachbarten Friedrichsfeld und am ersten Ostertag in Wesel, verbunden mit Standkonzert und einer öffentlichen Versammlung, veranstaltet. Die Bemühungen hatten erheblichen Erfolg."[30]

Die hier benutzten Formulierungen „suchten (...) die ansässige Bevölkerung für die Bewegung zu begeistern" und „zogen das Interesse der Bevölkerung auf den Werbetrupp" bagatellisieren den realen Sachverhalt. Die Bevölkerung konnte sich dem Geschehen fast nicht entziehen. Man konnte dagegen oder dafür sein, aber es war fast unmöglich, sich nicht auf die Aktivitäten der SA zu beziehen. Sie formierten die Räume und inszenierten den zeitlichen Handlungsablauf. In dieser doppelten Überwältigung wird das latente Gewaltpotential der SA-Truppen offensichtlich, das sofort manifeste Formen annahm, wenn jemand versuchte, sich der räumlichen und zeitlichen Okkupation seiner Lebenswelt zu entziehen oder es sogar wagen sollte, alleine oder mit anderen gemeinsam dagegen Widerstand zu leisten.

Daß die Nationalsozialisten sich über die Bedeutung des Zeitfaktors im klaren waren, geht schon aus Hitlers „Mein Kampf" hervor. Dort geht es zwar nicht um die Hegemonisierung der Zeitstruktur als vielmehr um den bestmöglichen Zeitpunkt einer Rede, aber der Sinn der Überlegung ist ebenfalls die Überwältigung der Massen. Hitler schreibt:

> „Wie schwer es ist, gefühlsmäßige Vorurteile, Stimmungen, Empfindungen

---

29) Die Nationalsozialistische Deutsche Arbeiterpartei. Referentendenkschrift aus dem preuß. Ministerium des Inneren Mai 1930 über den Stand der nationalsozialistischen Bewegung, LA Schleswig 301/ 558, S. 43f. Zit.n.: Jaschke/ Loiperdinger 1983, S.131.

30) Heyen 1967, S. 34.

usw. umzustoßen und durch andere zu ersetzen, von wie vielen kaum meßbaren Einflüßen und Bedingungen der Erfolg abhängt, das kann der feinfühlige Redner daran ermessen, daß selbst die Tageszeit, in welcher der Vortrag stattfindet, von ausschlaggebendem Einfluß auf dessen Wirkung sein kann. Der gleiche Vortrag, der gleiche Redner, das gleiche Thema wirken ganz verschieden um zehn Uhr vormittags, um drei Uhr nachmittags oder am Abend. (...) Nein, die Zeit selbst übt hier eine bestimmte Wirkung aus, genauso wie auf mich der Raum."[31)]

3. Die Bewegung der „Bewegung"

Die Organisationsform einer Kaderpartei stand im Selbstverständnis der Nationalsozialisten nicht im Widerspruch zum Aufbau der „Bewegung", sondern erschien geradezu als Voraussetzung dafür. Die Begrifflichkeit der „Bewegung" implizierte verschiedene Vorstellungen, die radikal gewendet, in einem Revolutionsmythos kulminierten.

Bewegung meint die Überwindung einer Strecke von einem Ausgangspunkt zu einem Ziel: Von der „Sieben-Mann-Partei" 1921 zur Massenpartei 1933, von der „Keimzelle" München zur reichsflächendeckenden NSDAP, von den 7 Mark und 50 Pfennig des Kassenberichts 1921 zu den Millionenbeträgen in den Wahlkämpfen 1932, von der lächerlichen Sekte zur Regierungspartei und schließlich vom „Zusammenbruch der Nation" 1918 zur „Wiederauferstehung" am 30. Januar 1933. Ernest K. Bramstedt schildert seinen „Eindruck von ununterbrochener Aktivität, vom Marsch auf ein Ziel, von einer Bewegung, die ihr Ziel erreichen muß." Seine Beschreibung der mündlichen und schriftlichen Propaganda gilt erst recht für die Propaganda durch die SA-Kampfdemonstrationen. „Es war eine Sprache, die den Leser oder Zuhörer niemals zur Ruhe kommen ließ. Sie hetzte ihn auf gegen den status quo und die bestehende soziale Ordnung, und sie schuf zugleich ganz bewußt die Illusion einer allumfassenden nationalen Bewegung, die bloß ihre widerwärtigen Feinde vernichten müßte, um zu gedeihen und erfolgreich zu sein."[32)]

Gekennzeichnet ist die „Bewegung" also durch ihre ungeheure Dynamik, ihre Wachstumsgeschwindigkeit und ihr Tempo. Damit stand sie nicht im Widerspruch zum Zeitgeist, im Gegenteil. Sie hat ihn auf die Spitze getrieben. Die NSDAP hat den „Kult der Aggressivität, der

---

31) Hitler 1931, S. 530f.

32) Ernest K. Bramstedt: Goebbels und die nationalsozialistische Propaganda 1925–1945. Michigan 1965, S. 72.

Schnelligkeit und der Fortbewegung"[33] systematisch auf den politischen Diskurs übertragen und in der Praxis des ,,Kampfes um die Straße" umgesetzt. In ihrer gewaltigen und gewalttätigen Expansion, durch ihr überall und jederzeitiges Dasein und Hinkommen erzeugte die SA die Aura eines Radikalismus, der sich als ,,Deutsche Revolution" verkaufen konnte. Goebbels schrieb 1934: ,,Wir haben diesem Kampf seinen Impuls, seinen heißen Atem, sein wildes Tempo, seine mitreißenden Parolen und seine stürmische Aktivität gegeben. (...) Tempo! Tempo! Das war die Parole unserer Arbeit."[34] Carl v. Ossietzky durchschaute schon 1930 dieses ,,Revolutionstempo": ,,Man gibt den unzufriedenen jungen Leuten die Symbole und das Tempo der Revolution und führt sie in die Reaktion. Der einzelne in der dichtgedrängten Marschkolonne, von stürmischen Zurufen und einer begeisternden Musik beflügelt weiß nicht, nach welcher Richtung es geht."[35]

Grundlegende Bewegungsform der SA war das Marschieren. Um den Schein einer Ubiqität der nationalsozialistischen Kampfdemonstration zu erzielen, wurden die SA-Truppen zum Teil mehrmals pro Tag in den Straßen eingesetzt. Welchen Umfang das annahm, verdeutlichen zwei Artikelüberschriften aus dem ,,Völkischen Beobachter": ,,Am 18. August beginnt die Lawine. 34.000 nationalsozialistische Versammlungen."[36] und ,,Unser Sturm fegt über Deutschland. Täglich gegen 200 Versammlungen."[37] Um den mehrmaligen Einsatz an verschiedenen Orten zu gewährleisten, mußte die Mobilität der SA-Männer drastisch erhöht werden. Erst zum Ort des Propagandamarsches hinzumarschieren dauerte zu lange, technische Hilfsmittel mußten eingesetzt werden. 1929 wurde beklagt, ,,(...) daß die Frage des Transports überall als ein Hemmschuh in der Aktivität der SA auftritt". Noch war nur ,,das Fahrrad, das geeignetste Fortbewegungsmittel, das wir in unseren Reihen zur Verfügung haben. Es ist dreimal so schnell wie die marschierende Gruppe."[38] Aber schon nach einem Jahr, nach der Gründung des ,,Nationalsozialistischen Automobilkorps(NSAK)" am 1. April 1930, hatte sich die Mobilität der SA erheblich gesteigert. ,,Und weiter gings.

---

[33] Peter Sloterdijk: Kritik der zynischen Vernunft, 2.Bd., Frankfurt 1983, S. 756.

[34] Goebbels 1934, S. 16.

[35] Carl v. Ossietzky am 14. September 1930 anläßlich der Reichstagswahlen. Zit.n.: Ernst Deuerlein (Hrsg.): Der Aufstieg der NSDAP in Augenzeugenberichten. München 1974, S. 314.

[36] V.B. Nr. 191/ 195, vom 17. /18. August 1930.

[37] V.B. Nr. 219/ 220, vom 15. /16. November 1931.

[38] ,,Der SA-Mann" Nr. 2 1929.

Personenwagen und Motorräder begleiteten die SA-Lastwagenzüge."[39] Ein weiteres Jahr später erschienen zum „1. Reichstreffen" des „Nationalsozialistischen Kraftfahrzeugkorps(NSKK)" im Oktober in Braunschweig etwa 5.000 Fahreuge.[40] „Wir halten jedes Tempo mit!" hieß die Devise der Kraftfahrzeug- und Motorradfahrer. Die erste Zeile des „Kampfliedes der Berliner Motor-SA" lautete: „Laßt die Maschinen brausen Kameraden, laßt laufen den Motor, so schnell er kann."[41] Als extremster Ausdruck des „Kultes der Schnelligkeit und Fortbewegung" können die drei „Deutschlandflüge" Adolf Hitlers 1932 angesehen werden.

Gerade diese ungeheuere Dynamik der „Bewegung" und der Einsatz neuester Technik grenzten den Nationalsozialismus auch als eine moderne Kraft gegenüber dem bürgerlich-konservativen Lager ab.

[39] V.B. Nr. 139, vom 13. Juni 1930.
[40] V.B. Nr. 298, vom 25. /26. Oktober 1931.
[41] Liederbuch 1934, S. 34.

„Wir halten jedes Tempo mit!“ (Motorstaffel der SA.)

Quelle: Killinger 1933, ohne Seitenangabe

Kraftfahrstaffel Berlin

Quelle: Killinger 1933, ohne Seitenangabe.

Gewalt und Terror

„Durch Groß-Berlin marschieren wir. Für Adolf Hitler kämpfen wir! Die rote Front, brecht sie entzwei! SA marschiert – Achtung – die Straße frei!"[1] Der Frontverlauf für die SA war der Einflußbereich der linken Arbeiterparteien. Hier kam es zu Feindberührungen. Die politischen Auseinandersetzungen tendierten zum Bürgerkrieg. Die politische Topographie der Städte verwandelte sich in eine paramilitärische. „Achtung – die Straße frei!" hieß nicht nur: Platz da, jetzt kommen wir!, sondern verwies auch auf die Praxis, selbst Hand anzulegen, die Straßen zu „säubern", „frei" zu machen. Die SA-Kampfdemonstrationen waren von Anfang an aggressive, expansive, Gewalt provozierende und ausübende Eroberungsfeldzüge.

1. Gewalt und Terror bei Hitler

Bereits in „Mein Kampf" hatte Hitler unmißverständlich bekundet, wie sich die SA bezüglich der Gewaltfrage verhalten würde:

> „Sie war durchdrungen von der Lehre, daß, wenn einmal die Vernunft schweigen und die Gewalt die letzte Entscheidung habe, die beste Waffe der Verteidigung im Angriff liege; und daß unserer Ordnertruppe der Ruf schon vorausgehen müsse, kein Debattierclub, sondern eine zum äußersten entschlossene Kampfgemeinschaft zu sein."[2]

Das hieß im Klartext, bis hin zum Mord alle Stufen der Gewalt als Mittel der Politik nicht nur zu dulden, sondern sie auch möglichst erfolgreich zu organisieren. Sobald die Hakenkreuzfahne sichtbar und das Dröhnen des Marschtritts hörbar war, sollten sich automatisch Assoziationen von fanatischem und rücksichtslosem Vorgehen einstellen, um so ein Klima der Angst und Einschüchterung zu erzeugen. Wilfrid Bade bezeichnete die SA als „die große Drohung des Führers".[3] Die Darstellung des Willens und der Bereitschaft zur Gewaltanwendung erreichte ihre Eindringlichkeit gerade durch den tatsächlich ausgeübten physischen Terror. Die Demonstration der Gewaltentschlossenheit und die reale Gewaltausübung waren zwei Seiten einer Medaille. Jederzeit konnte das eine auf Kommando in das andere umschlagen. Deshalb kann auch der „normale", ohne Prügeleien und Straßenschlachten verlaufende Propagandamarsch nicht als friedliche Veranstaltung bezeichnet werden.

---

[1] Liederbuch 1934, S. 16.
[2] Hitler 1931, S. 550.
[3] Bade 1934, S. 89.

Quelle: Bade 1933, S. 56f.

Quelle: Engelbrechten 1937, S. 345.

Der ausgeübte Terror selbst wurde wiederum zur Propagandawaffe und als „Sieg über den Marxismus" gefeiert. Insbesondere verschaffte er den Nationalsozialisten überregionale Publizität in der parteifremden Presse. Die Taktik Hitlers ging auf:

> „Ganz gleich, ob sie über uns lachen oder schimpfen, ob sie uns als Hanswursten oder als Verbrecher hinstellen; die Hauptsache ist, daß sie uns erwähnen, daß sie sich immer wieder mit uns beschäftigen und daß wir allmählich in den Augen der Arbeiter selber wirklich als die Macht erscheinen, mit der zur Zeit allein noch eine Auseinandersetzung stattfindet."[4)]

Der Straßenterror machte vor allem auf diejenigen einen positiven Eindruck, die in der Weimarer Republik nur ein möglichst schnell zu überwindendes Durchgangsstadium erblickten. Bei ihnen geriet der Terror zum Symbol der Liquidierung des „Systems" und der „Kommune". Mit der Feststellung Hitlers, daß die beste Waffe der Verteidigung der Angriff

4) Hitler 1931, S. 544.

sei, konnte jede Provokation, jeder Terrorakt der SA als bloße Verteidigung und damit als gerechte und heroische Tat ausgegeben werden. Z.B. schrieb der „Völkische Beobachter" am 24. Juli 1929: „(...) ist es am Sonntag abend im nördlichen Teil der Stadt Zwickau zu einem schweren Zusammenstoß zwischen Kommunisten als Angreifer und Nationalsozialisten als Verteidiger gekommen."[5] Es ist immer der Gegner, der angreift. Per definitionem von „Dolchstoß" und „Novemberverrat" ist der politische Feind der Terrorist gegenüber Deutschland, der Zerstörer der Nation, und so verwandelt sich jeder Terror der SA in die Verteidigung des Vaterlandes. Schon allein die bloße Existenz und manchmal auch nur die phantasierte Existenz der politisch Andersdenkenden und ihrer Symbole, reichte aus, sich gegenüber solcher „Provokation" wie selbstverständlich „zu Wehr" zu setzen.[6] Nicht erst im nachhinein als Legitimation, sondern schon vor jeder Handlung empfand sich die SA im Recht, ja geradezu verpflichtet, für die „Befreiung Deutschlands" auch bis „zum äußersten" zu gehen. Da sich die SA-Männer als letzte Bastion eines Deutschtums in der verhaßten Republik verstanden, empfanden sie die politische Auseinandersetzung als Kampf auf Leben und Tod, in dem jedes Mittel gerechtfertigt war, wenn es nur dem eigenen Siege diente. Goebbels drückte dies in dem ihm eigenen Pathos folgendermaßen aus: „In dieser schreienden Raserei eines Kampfes zwischen Gut und Böse gab es keinen Pardon. Entweder schlugen die anderen uns, oder wir streckten die anderen zu Boden."[7] Am prägnantesten formulierte der „Oberste-SA-Führer" v. Pfeffer in seinem „SABE 3" vom 3. November 1926. Darin hieß es, die SA kenne „nur das Motto (bildlich): Slah dot! du oder ich!"[8] Entsprechend lautete die Devise: „Terror bricht man nicht durch Geist, sondern durch Terror."[9] Und die SA-Männer wurden zum „blindlings auszuführenden Angriff (...) erzogen."[10]

---

[5] V.B. Nr. 169, vom 24. Juli 1929.

[6] So führte das Gerücht während des NSDAP-Parteitages 1929, Max Hölz sei in Nürnberg, zu einer Gewalteskalation der SA und ihrer ideologischen und psychologischen Verkehrung in einen defensiven Verteidigungsakt. Vgl. auch Jaschke/ Loiperdinger 1983, S. 136.

[7] Goebbels 1932, S. 17.

[8] Franz v. Pfeffer: SABE 3 Staf, vom 3. November 1926. Zit.n.: Werner 1964, S. 379.

[9] Hitler 1931, S. 393.

[10] Ebd., S. 600.

2. Gewaltakte

Die gewalttätigen Auseinandersetzungen zwischen der SA und dem Reichsbanner und insbesondere dem „Rotfrontkämpferbund" und dessen Nachfolgeorganisationen nahmen verschiedene Formen an. Das reichte von nächtlichen Überfällen auf heimkehrende Besucher von politischen Veranstaltungen über die Legion gewordenen Saalschlachten und die unzähligen Prügeleien um die Parteilokale und -kaffees bis hin zu gezielten Mordanschlägen. All diese Gewaltakte gehören in das breite Spektrum faschistischen Terrors. Hier sollen sie nicht behandelt werden, sondern nur jene, die in unmittelbarem Zusammenhang mit den SA-Demonstrationen standen.

Die Straßenschlacht

Eine Straßenschlacht konnte entweder von der SA begonnen werden oder eine Reaktion der Arbeiterorganisationen auf die Provokationen der SA sein. Natürlich wurden Prügeleien auch von Linken angefangen. Der antifaschistische Kampf wurde nicht nur mit friedlichen Mitteln geführt und gerade die von der Neumann-Gruppe bis 1932 herausgegebene Parole „Schlagt die Faschisten, wo ihr sie trefft!" führte auch zu individuellen Terrorakten von Seiten der KPD. Aber die Straßenkämpfe, die sich während und nach Propagandamärschen in den Arbeitervierteln entwickelten, waren Folge einer gezielten Provokationsstrategie der SA. Als Beispiel für das Vorgehen der SA ein Bericht des SA-Mannes Conny Mesmer über einen Propagandamarsch in die Arbeiterstadt und rote Hochburg Wittstock:

> „Auf dem Markt in Wittstock sollte die Versammlung stattfinden. Ich ließ meine Garde zusammentreten und traf die nötigen Vorbereitungen. Wir marschierten in der üblichen räubermäßigen Kostümierung, in weißen Hemden mit aufgekrempelten Ärmeln. (Uniformverbot in Preußen, Juni 1930, d.V.) Als Kennzeichen bei eventuellen Zusammenstößen trug jeder Mann um das rechte Handgelenk einen schwarzen Flicken gebunden. Auch eine Fahne hatten wir uns besorgt, die an einer großen Wäschestange getragen wurde. So marschierten wir zum Dorfe hinaus.
>
> Eine große Schleife marschierten wir durch die Stadt. Man erwartete uns. Aber der Empfang war anders, als wir ihn uns gedacht hatten. An allen Ecken standen die üblichen Klumpen, die Fäuste bis zu den Ellenbogen in die Taschen vergraben, die Ballonmütze im Nacken, an der Brust den üblichen roten Vereinsorden. Aber alles verhielt sich lautlos. Kein höhnischer Zuruf, nicht mal die üblichen Pfiffe in den Nebenstraßen. Meine 52

Mann sangen die frechsten Lieder, die sie konnten, besonders kitzlige Verse wurden wiederholt. Aber alles half nichts, der Gegner biß nicht an.

Schließlich marschierten wir zum Markte, um endlich zur Sache zu kommen. Eine Ecke davor kam uns ein Auto entgegen, der Fahrer rief mir zu: 'Aufpassen, am Markt geht es los!' Auch ohne diese Ankündigung sah man als Fachmann, daß es hier zum Klappen kommen würde. Gegenüber dem Rathaus an der Ecke der St. Marienstraße und an allen anderen Ecken des Platzes stand das Volk in wüsten Haufen. Meine Männer sangen und marschierten in mustergültiger Gruppenordnung. Ich sprang ein paar Schritte voraus, stellte mich mit dem Rücken gegen den Pöbel und ließ meine 52 Mann an mir vorbeimarschieren. Im selben Moment sprang mir von hinten ein alter Mann ins Genick. Von allen Ecken ging das Theater los. Ich riß mich herum, schlug ihm die Faust zwischen die Augen, und er knackte blutend zusammen. Im selben Augenblick sah ich, wie mit einem Schlage die ganze Menschenmenge losging. Messer blitzten auf, ein paar Weiber warfen sie aus Markttaschen unter die Männer. Es war ein Bild, von dem ich später in ruhigeren Tagen oft geträumt habe.

Ich war wieder vorgesprungen und rief meinen Hornisten an. Der riß das Horn hoch und blies vorn neben unserer Fahne das Signal. Wie auf dem Exerzierplatz, so klappte die Sache. Im Nu saßen die Männer drin in den dichten Haufen und schlugen sich wie die Irrsinnigen. Nur die Fahne stand einsam auf dem Markt. Alles andere hatte sich aufgelöst in kleine Knäuel. Ich sah, wie der Hornist mit seinem Horn einem Mann das Gesicht zerschlug, wie an anderer Stelle ein Kamerad am Boden lag und zertrampelt wurde. Vielleicht fünf Minuten dauerte das Handgemenge, dann hatten auch wir Waffen. Seitengewehre, Messer und lange Knüppel, die mit Stacheldraht umwickelt und mit rostigen Nägeln verziert waren. Der Markt war frei —"[11]

Daß die ganze Aktion gefechtsfeldmäßig vorbereitet war, wird neben der Waffenfrage (Depot, Transport, Übergabe an die „Kämpfer") auch an dem Kundschaftersystem und Kurierdienst deutlich: Der Fahrer im Auto wußte, wo die Provokation „zum Klappen" kommen sollte. Und die Betonung der Zahl 52 im Text, eine eher geringe Personalstärke für eine „erfolgreiche" Aktion wie diese, könnte in Wirklichkeit auf ein bewußtes Täuschungsmanöver als Aufforderung zum Angriff verweisen. Es kann angenommen werden, daß wesentlich mehr SA'ler bzw. Pg's an dieser Demonstration beteiligt waren, allerdings in Zivil.

Der schwierige und komplizierte politische Klassenkampf zwischen Links und Rechts reduzierte sich in der Straßenschlacht auf die simple Alternative: Gelingt es der SA ihre Demonstration durchzuführen oder

[11] Engelbrechten 1937, S. 132f.

Dicke Luft!

Quelle: NS-Monatshefte 1934, ohne Seitenangabe.

kann sie daran gehindert werden? Das Ergebnis selbst war mehr als ein Sieg in der konkreten Schlacht, es wurde zum Symbol der Unter- bzw. Überlegenheit der jeweiligen Weltanschauung und Ideologie.

> „Bei der sich nun entwickelnden regelrechten Straßenschlacht waren die gut disziplinierten Nationalsozialisten die Überlegeneren. Sie trieben die Kommunisten über 100 Meter weiter im ersten Ansturm zurück. Um ihre blutig geschlagenen Genossen zu retten, unternahmen die Kommunisten dann doch einen Gegenangriff, der jedoch ebenfalls abgeschlagen wurde. Die Kommunisten wurden zersprengt und zerstreuten sich hierauf schnell, während die Nationalsozialisten spontan sich zu einem Zug formierten und ihren Demonstrationszug durch die Stadt fortsetzten."[12)]

Gewalt und Terror waren für die SA nicht einfach nur Mittel zum Zweck; im „Zerschlagen", „Zersprengen" und „Zerstreuen" des Feindes fand der Haß auf das „System" seine zeitweilige Entladung, Rache wurde zelebriert. Die SA-Faust im Gesicht des Kommunisten streckte nicht nur diesen zu Boden, sondern zerschlug gleichsam auch die ganze „Schmach" der deutschen Nation. Die SA-Demonstration brauchte Gewalt und Terror wie die Luft zum Atmen, um an emotionale Ebenen der Weimarer Nachkriegsmassen heranzukommen, die mit friedlichen Mitteln nicht erreicht worden wären. Von daher waren bestimmte antifaschistische Aktionen direkt kontraproduktiv. Roheit und Brutalität der SA-Männer mögen für viele abstoßend gewirkt haben; bei denen aber, die Begeisterung angesichts der SA-Kolonnen empfanden, kam dieses Gefühl gerade auch wegen ihres gewalttätigen Charakters zustande.

Die „Watte"

Die braunen Marschkolonnen wurden insbesondere bei ihren Demonstrationen in die Arbeiterviertel von zivilen SA-Männern, der sogenannten „Watte" begleitet. Links und rechts liefen sie auf den Bürgersteigen mit. „So marschieren die Stürme unter dem wilden Toben roter Begleitender — es ist nur gut, daß Sturm 5 längs der Kolonne als 'Watte' eingesetzt ist — die lange Kaiser-Friedrich-Straße herunter (...)."[13)] Die „Watte" hatte mehrere Aufgaben. Einmal diente sie als Flankenschutz gegenüber möglichen Gegendenmonstrationen und stand für Straßenschlachten als Reservetruppe zur Verfügung. Um Störaktionen zu verhindern, ohne die marschierende Kolonne selbst auflösen zu müssen, wurde die „Watte" aktiv. Wilfrid Bade beschreibt den „Dienst" der zivilen SA'ler folgender-

---

12) V.B. Nr. 169, vom 24. Juli 1929.

13) Engelbrechten 1937, S. 102.

maßen:

„Und dann marschieren sie. Links und rechts von der Kolonne die 'Watte'. Das sind die C.O., die Civilordner, die man 'Watte' nennt. Sie decken den braunen Zug auf dem Bürgersteig. Nach den zahlreichen Überfällen der letzten Zeit hat man sich zu dieser geschickten Form der Bedeckung entschlossen. Es sind ausgesuchte, kräftige SA-Leute in Zivil. Sie tragen keinerlei Abzeichen. Sie sind zu jeder Sekunde bereit, jedem auf die Hühneraugen zu treten, der auch nur Miene macht, einen Stein aufzuheben oder die Hände in die hintere Hosentasche zu versenken. Es sind Männer aus Stahl und Eisen und sie sind einigermaßen rücksichtslos. Sie marschieren auf dem Bürgersteig neben den uniformierten Kameraden. Die Menge, die den braunen Bataillonen zujubelt, weiß nichts von ihnen. Höchstens meldet bisweilen ein Polizeibericht, daß es bei einem Aufmarsch der SA zwischen Zuschauern, die den Zug begleiteten, zu Schlägereien gekommen sei. Auf diese Weise tut die 'Watte' ihren Dienst."[14)]

Um jeden Widerstand zu unterdrücken, bildeten sie „Greiftrupps" und „Rollkommandos", die gezielt gegen Parteimitglieder von SPD und KPD vorgingen. Sie forderten sie z.B. auf ihre Parteiabzeichen abzunehmen. Kamen sie dem nicht nach, wurden sie kurzerhand verprügelt. „Diese Rollkommandos durchstreifen die Straßen, greifen sich, wenn es gerade klappt, den einen oder anderen oder einen Trupp Kommunisten heraus und vertrimmen sie mit der Gelassenheit und Gründlichkeit, die eine solche Sache verdient, das ist aber auch alles."[15)] Die zivilen SA'ler überfielen auch Parteilokale und -kaffees, während sich der politische Gegner auf den offiziellen Marsch der SA konzentrierte und dort seine Kräfte formiert hatte.

„Die Zivilordner machen einen kleinen Abstecher in das Romantische Cafe hinein. (...) Die C.O. geht nur einmal hin und einmal her und dann ist niemand mehr in diesem Lokal, den sie nicht hier sehen will. Eine Scheibe geht dabei in Trümmer, aber es wird noch mehr in Trümmer gehen, denkt sie unberührt. 314 Tassen Kaffee werden an diesem Tage nicht bezahlt."[16)]

Ebenfalls die „Watte" war es, die am Rande der SA-Demonstrationen gegen Juden vorging.

„Plötzlich stehen auf dem Kurfürstendamm zwanzig rauhe Gestalten, und jeder östliche Jude wird wiederum etwas unfreundlich angesehen und etwas unfreundlich behandelt."[17)]

---

14) Bade 1934, S. 87.
15) Ebd., S.202.
16) Ebd., S. 89.
17) Ebd., S. 125.

„Vom Kaiserplatz in Wilmersdorf bis zum Wittenbergplatz wird die 'Watte' zu jedem Juden, der ihr begegnet, äußerst unfreundlich. Die uniformierte SA in der Mitte der Straße sieht nicht einmal hin. Das geht sie nichts an. Sie trägt die Fahne und die Idee Adolf Hitler's durch den Westen Berlins, der der jüdische Westen genannt wird. Sie hat in diesem Augenblick nichts anderes zu sein, als die große Drohung des Führers."[18]

Das war eine praktische Arbeitsteilung. Die SA-Kolonne konnte ihre Marschordnung aufrechterhalten, als furchtlose und gut disziplinierte Truppe erscheinen, während sie mit dem Terror, der dafür eine Bedingung war, offiziell nichts zu tun hatte. Zudem konnten die „Zivilordner" jederzeit als agents provocateurs Prügeleien provozieren, die der SA den Vorwand gaben, für „Ordnung" zu sorgen und die Straßen zu „säubern". Damit besaß die SA ein probates Mittel einer Eskalationsstrategie.

Waffen

Das Tragen von Waffen bei Demonstrationen, Versammlungen und Kundgebungen war im sogenannten „Stockverbot" per Gesetz untersagt. Jeder SA-Mann mußte bei seinem Eintritt in die SA eine Verpflichtung unterschreiben, in der es u.a. hieß: „(...); ich verpflichte mich, an keiner militärischen Übung teilzunehmen und keine Waffen zu führen."[19] Die Abgrenzung der SA von allem wirklich Militärischen entsprach einerseits ihrem Zweck, andererseits war dies Bestandteil der Legalitätsstrategie Hitlers und diente auch zur Vorbeugung gegen ein mögliches SA-Verbot. In der Öffentlichkeit der Weimarer Republik war die offizielle Haltung der NSDAP und SA-Führung eindeutig: Wir haben keine Waffen und wir werden auch keine benutzen. Die Realität der Straßenkämpfe sah allerdings anders aus.

In der Beilage „Der SA-Mann" wurde am 15. Januar 1931 ein Artikel über den SA-Sport mit der Zeile übertitelt: „SA lernt Selbstverteidigung. Die Erziehung des waffenlosen Körpers zur Waffe."[20] Boxen, Ringen und Jiu-Jitsu waren die Kampfsportarten, die die SA trainierte. In diesen Disziplinen wurden sogar „Reichs-SA-Meisterschaften" ausgetragen. In Berlin wurde im Sommer 1931 aus den Sportstudenten der Hochschule für Leibesübungen in Charlottenburg ein besonderer „Sportsturm" gebildet und der „S. Untergruppe Groß-Berlin" direkt unterstellt. Die Hauptaufgabe dieses „Sportsturms" war die Ausbildung der SA-Männer in Boxen

---

18) Ebd., S. 89.
19) Zit.n.: Bennecke 1962, S. 163.
20) „Der SA-Mann" Nr. 2, vom 15. Januar 1931.

und Jiu-Jitsu.[21] Von diesen beiden Sportarten hatte Hitler schon in „Mein Kampf" erklärt, daß sie

> „mir immer wichtiger erschienen als irgendeine schlechte, weil doch nur halbe Schießausbildung. (...) Die körperliche Ertüchtigung soll dem einzelnen die Überzeugung seiner Überlegenheit einimpfen und ihm jene Zuversicht geben, die ewig nur im Bewußtsein der eigenen Kraft liegt; zudem soll sie ihm jene sportlichen Fähigkeiten beibringen, die zur Verteidigung der Bewegung als Waffe dienen."[22]

Die Ausbildung zum Schläger war sozusagen die legale Seite des SA-Terrors. Die Faust war die Grundausstattung. Nicht umsonst wurde die SA ja „Faust der Bewegung" genannt. Die illegale Seite war der Besitz und Gebrauch von Waffen bzw. waffenähnlichen Geräten. Das Arsenal reichte dabei von Schlagringen, Zaunlatten, Stöcken und Stangen, Stahlruten und -peitschen über Gummiknüppel und Gummischläuchen, an deren Ende Schraubenmuttern mit Draht befestigt waren bis hin zu Messern, Dolchen, Pistolen, Revolvern und Seitengewehren. Da sich die SA'ler mit diesen Waffen nicht erwischen lassen durften, mußten der Transport, die Übergabe und das Verschwinden dieser Terrorutensilien gut organisiert sein. Tatsächlich blieb die Waffensuche der Polizei meist ohne Erfolg.[23] Diesen Umstand verdanken die SA-Männer zum großen Teil ihren Frauen und Freundinnen, den „SA-Bräuten", die als „getarnte Waffenverstecke" die SA-Demonstrationen auf den Bürgersteigen begleiteten. „Hier soll auch etwas gesagt werden über die Bräute der SA-Männer, die Mädels. (...) Auf der anderen Straßenseite schritten sie, um im geeigneten Augenblick die Waffe dazuhaben oder auch mit ihr zu verschwinden."[24] Oft wurden die Waffen auch in den „Sturmlokalen" deponiert. „Schulz angelte sich Hertha, die Kellnerin. 21 Jahre alt, strohblond ohne Wasserstoffsuperoxyd, verständig wie ein Mann und höchstens mal mit einem träumerischen Blick für eine SA-Uniform behaftet. Sie versteht im Nu. Ein Revolver verschwindet im Klavier, eine Pistole auf der Damentoilette."[25]

---

[21] Engelbrechten 1937, S. 174.

[22] Hitler 1931, S. 611f.

[23] Hans-Joachim Mauch: Nationalistische Wehrorganisationen in der Weimarer Republik. Frankfurt/ Bern 1982, S. 74. (=Mauch 1982)

[24] Engelbrechten 1937, S. 152.

[25] Bade 1934, S. 206.

Sie suchen, aber sie finden nichts

Quelle: Killinger 1933, ohne Seitenangabe.

3. Gewalteskalationen

Der SA-Terror steigerte sich im Verlauf der Jahre zwischen 1929 und 1932 sowohl im Umfang als auch in seiner Härte und Rücksichtslosigkeit. Ablesbar ist diese Entwicklung einmal an dem rapiden Anstieg der „Schadensfälle" der „SA-Versicherung", die ab 1. September 1930 in die „Hilfskasse" der NSDAP umbenannt wurde. Bereits am 1. März 1930 war die Versicherungspflicht für alle Parteimitglieder eingeführt worden, der monatliche Beitrag betrug 30 Pfennige. Dieser Versicherungsschutz war keine durch die Partei organisierte allgemeine Ersatzhaftpflicht, sondern gezielt auf den „Dienst" im Rahmen und im Namen der NSDAP und SA zugeschnitten. Er umfaßte „die Unfälle, die das Versicherungsmitglied in der Zeit vom Verlassen der Wohnung , um an Veranstaltungen, Märschen und Übungen der Partei teilzunehmen, bis zur Rückkehr von diesen in die Wohnung erleidet."[26] Die Anzahl dieser ,,Schadensunfälle" erhöhte sich im Laufe dieser vier Jahre von 881 1929 über 2.506 1930 und 6.307 1931 bis auf 14.006 im Jahre 1932.[27] Diese Zahlen geben keine genaue Entwicklung des SA-Straßenterrors wieder. Es handelt sich ja erstens um die eigenen ,,Opfer" und zweitens tauchen bestimmte Vorfälle von vorneherein überhaupt nicht in der Versicherungsstatistik auf, wie z.B. alle Sachbeschädigungen, die bereits 1927 aus dem Versicherungsschutz herausgenommen worden waren. Absolut erhöhten sich die ,,Schadensfälle" fast um das 16fache. Stellt man dieser Zunahme die des Mitgliederwachstums der NSDAP gegenüber — von 1929 rund 176.000 auf 1.415.000 im Jahre 1932[28] , was einer Verachtfachung entspricht — so ergibt sich auch eine relative Zunahme des Terrors.

Einen ersten bedeutsamen Schub der Gewalteskalation vollzog die SA im Wahlkampf 1930. ,,Sie begann in der Wahlkampagne 1930 und dann in zunehmendem Maße die Taktik des bewaffneten Terrors gegen ihre Gegner auszuweiten, (...)."[29] Im Dezember 1931 sandte eine ,,Terrorabwehrstelle beim Parteivorstand der SPD" eine Denkschrift ,,Gewalttaten der Nationalsozialisten" an Paul v. Hindenburg und Wilhelm Groener. Darin wurden für die Jahre 1930 und 1931 1.484 Gewaltakte der Nazis verzeichnet, durch die 62 Menschen getötet und 3.200 verletzt worden waren.[30] Ein zweiter Terrorschub wurde nach der Aufhebung des SA-Verbotes am 17. Juni 1932 freigesetzt. Nachdem die NSDAP bereits das Jahr 1932 zum ,,Jahr der Entscheidung" ausgerufen hatte, forderte Gunter d'Alquen am 18. Juni 1932 im ,,Völkischen Beobachter" die SA-Männer auf: ,,Wir haben jetzt Kraft gesammelt, SA marschiert nun zum letzten Gefecht."[31] Unter dem Eindruck der Wahlerfolge in Mecklenburg-Schwerin, Oldenburg und Hessen und beflügelt von der Aufhebung des SA-Verbotes, nahm die SA, radikaler denn je, erneut den ,,Kampf um die Straße" auf und stürzte sich in den Wahlkampf für die kommenden Reichstagswahlen am 31. Juli. Eine Zusammenstellung des preußischen Innenministeriums über Terrorakte in Preußen (ohne Berlin) vom 1. Juni bis 20. Juli 1932 wies 322 Fälle von Straßenterror mit 72 Toten und 497 Schwerverletzten aus. Dabei wurden die Kommunisten

---

26) Werner 1964, S. 414.

27) Ebd., S. 412.

28) Ernst Deuerlein (Hrsg.): Der Aufstieg der NSDAP in Augenzeugenberichten. München 1974, S. 430. (=Deuerlein 1974)

29) Pätzold 1981, S. 120.

30) Ebd., S. 132f und Anmerkung (3), S. 403.

31) V.B. Nr. 170, vom 18. Juni 1932.

Quelle: Simplicissimus 1970, S. 266.

203mal, die Nationalsozialisten 75mal und das Reichsbanner 21mal als „Angreifer" bezeichnet. In den restlichen Fällen hatte die Verantwortlichkeit nicht geklärt werden können.[32] Dieser Bericht erschien allerdings erst im August 1932, wurde also erst nach dem Papenschen Staatsstreich vom 20. Juli von dem neuen, nun konservativ-reaktionärem preußischen Innenministerium veröffentlicht. Es liegt der Verdacht nahe, daß die Schuldfrage, die hier zuungunsten der Linken entschieden worden war, ohne weiteres auch zur Legitimation der Ereignisse des 20. Juli dienen sollte. Bennecke schreibt, daß für „diese Vorfälle heute fast ausschließlich die SA verantwortlich gemacht (wird)."[33] Insgesamt wurden allein in

32) Bennecke 1962, S. 189.
33) Ebd.

den Monaten Juli und August auf Reichsebene über 300 Menschen in politischen Auseinandersetzungen getötet und rund 1.200 verletzt.[34]

Höhepunkt dieser Entwicklung war der 17. Juli 1932, der sogenannte „Blutsonntag von Altona". Nach den Erinnerungen des damaligen Chefs der Ordnungspolizei Hamburg, Polizeioberst Danner, hatten die Nationalsozialisten vor, „in solchen Stadtvierteln zu demonstrieren, die von Kommunisten bewohnt" waren. Deshalb hatten sie beim Polizeipräsidium Altona einen Demonstrationszug angemeldet, der auch „durch das dunkelste Abruzzenviertel" führen sollte. Nachdem der sozialdemokratische Polizeipräsident Eggerstedt sich nicht in der Lage sah, der SA eine andere Marschroute zu verordnen, kündigte die KPD einen Tag vor der geplanten Demonstration vor dem Polizeiamt Wandsbeck an, zur Selbsthilfe zu greifen und aktiven Widerstand zu leisten falls der Propagandamarsch der SA nicht verboten würde. Nachdem dieses Verbot nicht erlassen worden war, sammelten sich am 17. Juli rund 7.000 SA-Leute in der Nähe des Altonaer Bahnhofs, dem Ausgangspunkt der Demonstration. Die Polizei hatte die Bewohner der an der Marschroute liegenden Wohnungen aufgefordert ihre Fenster zu schließen und zur Bekräftigung dieser Anordnung Warnschüsse abgegeben. Als ein Teil des Zuges gegen 17 Uhr von der großen Johannisstraße in die Schauenburgerstraße eingebogen war, kam es zu einem Feuergefecht zwischen Arbeiterwiderstand und Begleitpolizei. Nach Barrikadenbau und Barrikadenabriß, nach zweistündigen Auseinandersetzungen und Schießereien waren, je nach Angaben in der Literatur, zwischen 15 und 19 Tote und 285 Verletzte die Bilanz dieses Sonntags. Unter den Toten sollen sich zwei uniformierte Nazis befunden haben.[35]

4. Die Toten der SA

Es kann nicht bezweifelt werden, daß die in vielen nationalsozialistischen Selbstzeugnissen beschworenen Gefühle von „heißer Wut, unendlicher Trauer und tiefstem Schmerz" über die getöteten SA-Männer und Parteimitglieder wirklich durchlebt wurden. Gerade in den Kreisen der Angehörigen und den unteren Ebenen der SA, dem Trupp und dem Sturm, wo man sich noch persönlich kannte, wo die Kameradschaft ja nicht nur Ideologiekonstrukt war, sondern Tag für Tag erlebt wurde, war dies sicherlich der Fall. Die reale Empörung und Trauer über den

[34] Karlheinz Dederke: Reich und Republik. Deutschland 1917 – 1933. Stuttgart 1969, S. 248. (=Dederke 1969)

[35] Vgl. Danner: Ordnungspolizei Hamburg. Hamburg 1958. Zit.n.: Bennecke 1962, S. 198ff; Ders.: 1970, S. 160ff; Pätzold 1981, S. 172f.

Verlust des Sohnes, Bruders, Vaters, des Kameraden diente als Schmierfett für die Ausschlachtung durch die Propagandamaschinerie. Die SA-Toten waren erneuter Ausgangspunkt weiteren Terrors. Die versprochene Abrechnung nach dem „endgültigen Sieg", der schon im Stillen organisierte Vergeltungsschlag in der nächsten Straßenschlacht und der Wille zur Rache standen immer mit am Grab. „Wir sind nicht Amboß, sondern Hammer!"[36] schrieb der „Völkische Beobachter" in seinem Leitartikel „Wir gedenken der Toten" im November 1931. Die Toten waren der Stoff, aus dem der Mythos von den „Märtyrern der deutschen Revolution" gemacht wurde. Für Deutschland sterben, für die „Bewegung" sterben, für das „Dritte Reich" sterben, Leben und Tod bekamen einen Sinn. Die Menschenopfer des 1. Weltkriegs und der „Kampfzeit" waren nicht umsonst. In den Inszenierungen der SA erschienen die lebenden Kämpfer als die Garanten für die Auferstehung, Wiedergeburt und Erlösung der Toten, und die Toten als Mahnung und Stachel der Lebenden.

> „Die Heldentafel unserer Toten ist das Größte an unserer Bewegung, ist das, was die deutsche Jugend, was Millionen Volksgenossen mit magnetischer Kraft in unsere Reihen zieht. Eine Bewegung, für deren Idee man so sterben kann, wie unsere Helden sterben, und in der alle bereit sind, es ihnen gleichzutun, trägt in sich das moralische Recht, Deutschland zu sein. In dieser Bewegung erlebt das deutsche Volk wahrhaft seine Wiedergeburt. Die zwei Millionen Toten des Weltkrieges, die ihr Leben ließen für ein Reich der Ehre und Freiheit, stehen heute im Geiste bei uns. Die nationalsozialistische Freiheitsbewegung hat von ihnen das Vermächtnis und die heilige Pflicht übernommen, das Deutschland zu schaffen, für das sie in den Tod gegangen sind. Wir werden ihnen nicht Denkmäler aus Erz und Stein setzen, sondern wir werden ihnen das Denkmal weihen, das ihrer allein würdig ist: Das Dritte Reich, für das sie starben."[37]

Die exakte Anzahl der Verluste der SA ist schwer anzugeben. Der „Völkische Beobachter" gab im November 1931 für das Jahr 1929 10 und für 1930 19 Tote an.[38] Manfred v. Killinger beklagte in beiden Jahren jeweils einen Toten weniger; für das Jahr 1931 stieg seine Statistik auf 46 Getötete und bis zum August 1932 kamen noch einmal 71 dazu.[39] In dem von Wilfrid Bade verfaßten und vom „Cigaretten-Bilderdienst Altona-Bahrenfeld" herausgegebenen Parteibilderbuch „Deutschland erwacht. Werden, Kampf und Sieg der NSDAP" ist von mindestens 300

[36] V.B. Nr. 312/ 313, vom 8. /9. November 1931.

[37] Ebd.

[38] Ebd.

[39] Killinger 1933, S. 79ff.

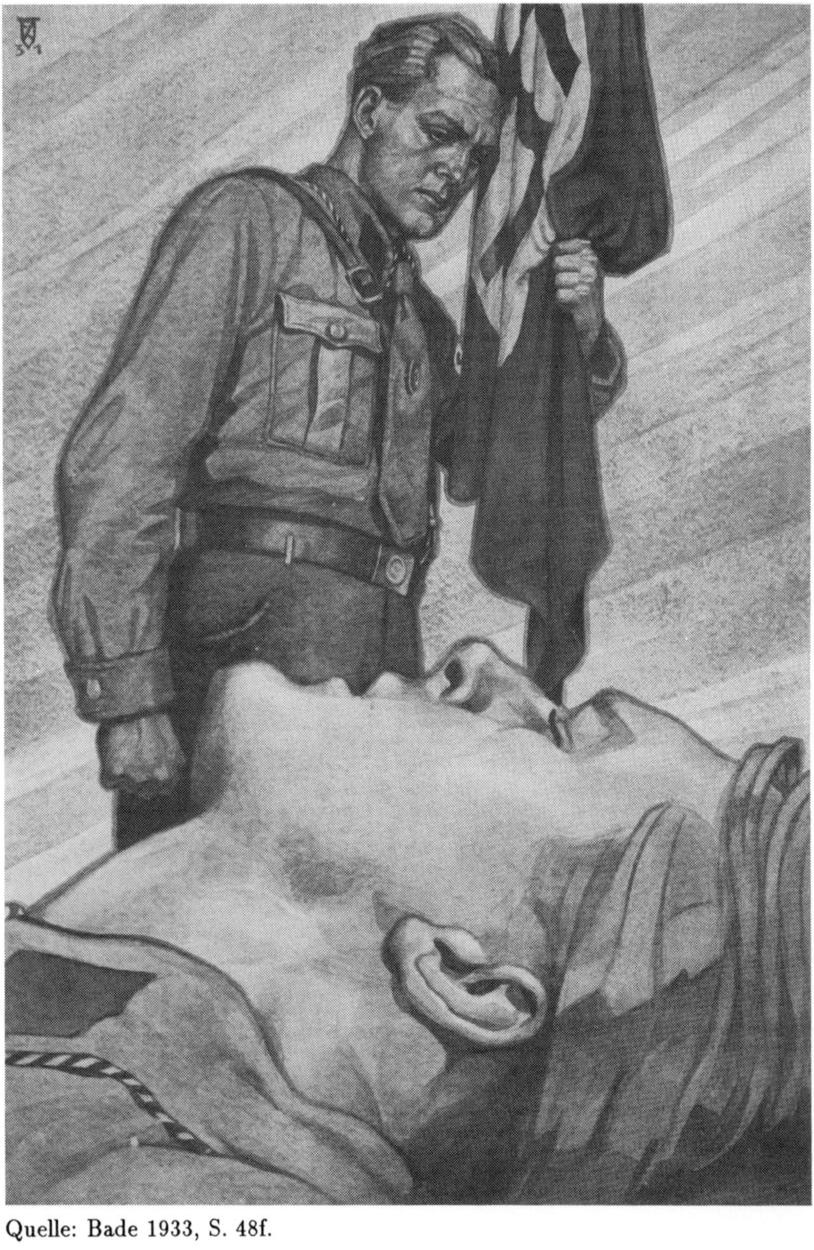

Quelle: Bade 1933, S. 48f.

Quelle: Bade 1933, S.49.

Toten in den „Kampfjahren" die Rede.[40] Noch ungenauer sind die Zahlenangaben über die Verletzten.

„Nach Tausenden rechnen die Verletzten. Bald sind es 12.000, bald schon zwanzigtausend. Steckschüsse, zerschlagene Schädel, Stiche in den Rücken, eingehämmerte Gesichter, mißhandelte Körper, es ist immer wieder dasselbe: feiger Überfall, meist auf einzelne Kameraden, aber auch Verwundungen aus regelrechten Schlachten, aus Versammlungen und Aufmärschen. 30.000 Verwundete sind es schon, – 35.000 ... will es gar kein Ende nehmen? Über 40.000 sind verletzt als die Freiheitsstunde schlägt."[41]

Im Februar 1931 schlug Edmund Heines Röhm Richtlinien für die „einheitliche Ehrung" der „gefallenen" SA-Männer vor:

„Die Toten der SA müssen so geehrt werden, und mit ihnen, soweit es der gute Geschmack irgendwie erlaubt, ein derartiger Kult getrieben werden, daß das Sterben für die Bewegung nahezu erstrebenswert erscheint. (...) Der tote SA-Mann muß durch seinen Tod noch einmal der Bewegung nutzen.

---

40) Bde 1933, S. 48.
41) Ebd., S. 48.

Wir müssen mit jedem Opfer des roten Terrors eine derartige Propaganda treiben, daß die Roten viel mehr Schaden als Nutzen von den Terrorakten haben."[42)]

Heines Vorhaben wurde zum Teil in die Tat umgesetzt, im einzelnen sah es u.a. folgendes vor:

„Sofort nach Ermordung eines Parteigenossen, nicht erst längere Zeit später, wenn das Ereignis nicht mehr aktuell ist, erscheint im V.B. und im I.B. das Brustbild des Toten (...) möglichst auf der 1. Seite (...) und auf der Seite, in der Adolf Hitler seine Wochenüberschrift schreibt (...). Im Textteil, rührende Schilderungen der verwaisten Eltern, Familie, Geschwister und Bräute etc. (...). Von jedem Toten werden möglichst grausige Bilder aufgenommen (auf denen Verwundungen sichtbar sind etc.). Diese Bilder werden zu einem Lichtbildervortrag zusammengestellt und bei Protestversammlungen vorgeführt. (...) Auf den Plakaten mit Aufforderungen zur Teilnahme an dem Protestumzug bzw. Protestversammlung wird ein großes Brustbild des Ermordeten aufgeklebt. Zentrale Herstellung und Versand dieser Aufklebebilder."[43)]

Während der Propagandamärsche liefen Verletzte des Sturmes demonstrativ mit an der Spitze des Zuges. Für die Öffentlichkeit dekorativ mit Mullbinden, Verbänden und Bandagen ausstaffiert, sollten die Verwundeten sowohl vom Terror der anderen, vom „roten Terror" künden als auch die eigene Härte, Entschlossenheit und Opferbereitschaft dokumentieren: Die „Kommune" könne sie zwar in Stücke hauen, aber vom Marschieren, vom „Trommel und Werben" abhalten, das könne sie nicht. Zu wahren Kultfiguren wurden Horst Wessel und Hans Maikowski hochstilisiert. Hier wurde das „kontrapunktische Spiel von heldenhaftem Märtyrer und teuflischen Feind"[44)] auf die Spitze getrieben. Obwohl beide nicht von den politischen Gegnern ermordet worden waren[45)], hinderte dies die NSDAP nicht im geringsten daran, aus ihnen Opfer der „Mörderkommune" zu machen.[46)]

---

42) Edmund Heines an den Chef des Stabes. München, 9. Februar 1931, B.H.St.A., Mnch., Abt.I, Sonderausgabe I/1565. Zit.n.: Werner 1964, S. 583.

43) Ebd., S.583.

44) Bramstedt 1965, S. 88.

45) Vgl. u.a.: Bramstedt 1965, Jan Petersen: Unsere Straße. Eine Chronik. Geschrieben im Herzen des faschistischen Deutschlands 1933/ 34. Köln 1983, S. 52f.

46) Vgl. u.a.: Bade 1934, S. 190ff., Bade 1933, S. 80, V.B. Nr. 38, vom 7. Februar 1933.

Quelle: Engelbrechten 1937, S. 399.

1. Exkurs: Paramilitarismus in der Weimarer Republik

Die paramilitärischen Erscheinungsformen und der reale Terror der SA-Demonstrationen waren eingebunden in das allgemeine Phänomen des Paramilitarismus der Weimarer Republik. Es ist hier nicht der Ort für eine detaillierte Analyse dieses Phänomens.[47] Dennoch erscheinen zumindestens ein paar Hinweise auf seine historischen Voraussetzungen und seine Zuspitzung im Gewaltfetischismus der SA in ihrem „Kampf um die Straße" sinnvoll. Der Paramilitarismus als allgemeingesellschaftliches Phänomen bildete den fruchtbaren Nährboden aus dem sich die „politischen Soldaten Adolf Hitlers" rekrutierten. Seine SA-Spezifik war dabei der wirkungsvolle Katalysator, der diesen Prozeß in Gang setzte und beschleunigte. Die SA erwies sich als die erfolgreichste Organisation, die allgemeingesellschaftliche Erscheinung in eine konkrete politische Bewegung

[47] Verwiesen sei auf die schon erwähnte Arbeit von Hans-Joachim Mauch 1982.

umzusetzen.Sie verstand es am besten, den Sprung von der ,,Haltung" zur ,,Tat" zu organisieren (,,Kamerad, komm mit!").

Der Paramilitarismus stand in der historischen Tradition des Militarismus des Deutschen Kaiserreichs. Sowohl die institutionalisierte Sonderstellung des Militärs in der preußischen Verfassung als auch die Militarisierung breiter bürgerlich-mittelständischer Schichten in der Wehrbewegung des wilhelminischen Obrigkeitsstaates bildeten hier traditionelle, ideologische und organisatorische Bezugspunkte.[48] Der Krieg selbst, als extremster Ausdruck des deutschen Militarismus, stiftete einen Alltag, in dem Gewalt und Terror nicht nur allgegenwärtig waren, sondern geradezu als Garant für das eigene Überleben wie das der gesamten Nation erscheinen konnte. Das ,,Slah dot! du oder ich!" Franz v. Pfeffers war die Wirklichkeit des 1. Weltkrieges. Töten, um nicht getötet zu werden war die zynische Grunderfahrung des Soldaten im Schützengraben. Freund oder Feind, Entweder-Oder, Alles oder Nichts, diese Kriegserfahrungen wurden in das politische Leben der zivilen Gesellschaft nach dem Kriege übernommen. Der Militarismus fand seine gesellschaftlichen Subjekte und organisatorische Fortsetzung nach 1918 in den Freikorps, Geheim- und Kampfbünden, bürgerlichen Selbstschutz- und Wehrverbänden. Die stellungs- und einkommenslosen Soldaten und Offiziere konnten und wollten zum großen Teil nicht in die zivile Gesellschaft reintegriert werden. Die langjährige Identität als Soldat und Krieger wandte sich brüsk von ihr ab. Ihre eigene soldatische Existenz erschien ihnen als das genaue Gegenteil der Republik mit ihrem Parlamentarismus, der für sie ,,wendig, lavierend, windig, taktisch, feig, kompromißlerisch, klein, unklar, zweideutig, weich" war. Der Soldat dagegen war ,,heldisch, klar, hart, tapfer, groß im Ertragen, Gehorchen, Dienen, Durchhalten".[49] In den Freikorps und Wehrverbänden und später in der SA konnte sich die soldatische Haltung mit einem Politikverständnis verbinden, durch das die Politik als Kampf und quasimilitärische Veranstaltung erlebt werden konnte. Daß diese Auffassung von Politik nicht nur als ,,Vulgärradikalismus" in den sozialen Niederungen demobilisierter ,,Frontschweine" existierte, sondern auch in den höheren Gefilden von Philosophie und Staatsrecht Eingang gefunden hatte, belegt nicht zuletzt Carl Schmitt mit seiner ,,Philosophie des Terrors": ,,Politik ist charakterisiert durch ein Freund-Feind Denken, und die Entscheidung, wer als Freund und Feind gilt, steht nicht mehr

[48] Vgl. Mauch 1982, S. 17.
[49] Sloterdijk 1983, S.749.

unter normativen Kriterien."[50]

Eine weitere Stabilisierung erfuhr der Paramilitarismus im Zusammenhang mit der Weltwirtschaftskrise. Die paramilitärische Weltanschauung wirkte als „Bestandteil einer politischen Kompensationsideologie".[51] Die paramilitärische Sicht der Welt und ihre Wertordnung ermöglichte eine Ersatzbefriedigung für soziale und politische Ohnmachtserlebnisse. „Paramilitärische Organisationen boten mit ihren Demonstrationen, Umzügen und deren Gleichschritt, Musikkapellen und Massenchören einen Ersatz, der die Zwistigkeiten des täglichen Lebens vergessen machen und eine umfassende Lösung aller Probleme bieten sollte."[52]

Die Erfahrung von politischer Gewalt, besonders im bäuerlich-mittelständischen Milieu[53], existierte bereits bevor die NSDAP sich an die Spitze der reaktionären Bewegung setzen konnte. Die Tolerierung und Ausübung der unterschiedlichen Terrorformen waren bereits vor ihrer „revolutionären" Propagierung durch die SA als Sprengsatz unter der Weimarer Republik angelegt, lange bevor die SA dann die Lunte anzündete. Die Gewalterfahrung wurde von der NSDAP und der SA integriert und lebte im Gewaltkult und dem realen Terror der SA-Truppen weiter. Was der SA diesen Erfolg gegenüber den anderen völkischen und nationalistischen Verbänden, insbesondere dem Stahlhelm, beschied, war ihre leidenschaftlich aktivistische Intensität: Rücksichtslosigkeit und Brutalität in extremster Form, verpackt als Verteidigung des nationalen Lebens gegenüber dem internationalen Feind und gehandelt als „revolutionäres" Mittel für eine Metamorphose der deutschen Nation zu Wiederauferstehung und Macht.

---

50) Carl Schmitt: Die Diktatur von den Anfängen des modernen Souveranitätsgedankens bis zum proletarischen Klassenkampf. 1928. Zit.n.: Gebhardt: Handbuch der deutschen Geschichte, Bd. 4, 1. Teilband, bearbeitet von Karl-Dietrich Erdmann. Stuttgart 1973, S. 292.

51) Mauch 1982, S. 82.

52) Ebd., S. 17f.

53) Z.B. die schleswig-holsteinische Protestbewegung der Bauern und Handwerker in den Jahren 1928 bis 1930, die mit Massenaktionen bis zu 140.000 Teilnehmer (28. Januar 1928) von sich reden machte und auch nicht vor einer „Serie von Bombenanschlägen auf Finanzämter und Verwaltungsgebäude zurückschreckte". Vgl. dazu Jaschke/ Loiperdinger 1983, S. 128.

Inszenierungen von Macht und Ordnung

Der Geschlechterdiskurs

Die SA-Demonstration war eine Veranstaltung ausschließlich von Männern. Als Grund dafür könnte angenommen werden, die zunehmende Militarisierung des politischen Konfliktes erfordere eben „ganze Kerle", Frauen seien für den „Kampf um die Straße" nicht geeignet. Diese Annahme wäre aber in mehrerer Hinsicht falsch. Einmal zeigt die Beteiligung von linken proletarischen Frauen z.B. am Barrikadenbau, daß weibliche Aktivitäten in einer politischen Straßenöffentlichkeit auch in ihrer paramilitärischen Zuspitzung zwar selten, aber immerhin möglich waren. Zweitens übernahmen die nationalsozialistischen Frauen auch wenn sie nicht mitmarschierten bestimmte Aufgaben und erfüllten wichtige Funktionen. Schließlich war die Ausübung von Gewalt nur die eine Seite der Medaille, die andere war die Ausübung von Faszination. Und hier stellen sich entscheidende Fragen: Worin bestand die Attraktion eines SA-Aufmarsches als einer marschierenden Kolonne von Männern und warum störten Frauen dabei so sehr, daß es nicht nur den SA-Männern ganz schlecht bei der Vorstellung wurde, Frauen wären in ihren Reihen?

1. Die NSDAP, „Partei der Männer"

Am 1. März 1929 erschien im „Völkischen Beobachter" eine Statistik, in der für die Reichstagswahlen 1928 angegeben wurde, wie hoch der Prozentsatz von Frauen- bzw. Männerstimmen bei den verschiedenen Parteien lag. Die NSDAP erreichte danach mit 42,7 Prozent Frauen- und 57,3 Prozent Männerstimmen den höchsten männlichen Anteil von allen Parteien. Direkt gefolgt von der KPD, bei der sich ein Verhältnis von 45,6 zu 54,4 Prozent ergab. Zwei Jahre später, bei der Reichstagswahl 1930, übernahm die KPD die männliche Spitzenposition mit 54,8 Prozent Wählern, während die NSDAP Platz zwei einnahm und sich ihr Stimmmenanteil faktisch je zur Häfte auf Frauen (49,1 Prozent) und Männer (50,9 Prozent) verteilte.[1] Der „Völkische Beobachter" kommentierte das Resultat von 1928 mit den Worten: „Wir können stolz auf das Ergebnis sein. Wir sind die Bewegung, die prozentual am meisten Männer und damit die größte Anzahl von wirklichen Kämpfern auf ihre Sitze bei der letzten Reichstagswahl vereinigen konnte." Man sei mit „freudigem Bewußtsein

[1] „Statistik des deutschen Reiches", Bd. 372 und 382. Zit.n.: Rita Thalmann: Frausein im Dritten Reich. 1984, S. 70. (=Thalmann 1984)

erfüllt, die Partei der Männer zu sein."[2]

„Partei der Männer" war die NSDAP aber weniger aufgrund ihres Wählerpotentials als vielmehr wegen ihrer inneren Struktur, ihrer Mitgliederzusammensetzung und ihres öffentlichen Auftretens. Ein Jahr nach ihrer Gründung waren 10,5 Prozent aller Mitglieder Frauen.[3] Dieser Anteil erhöhte sich bis 1924 zwar auf 20 Prozent, verringerte sich dann aber wieder ganz erheblich nach 1924. Nach 1930 waren nie mehr als 5 Prozent Frauen in der Partei organisiert.[4] Bereits im Januar 1921 waren Frauen durch einen einstimmigen Beschluß von der Mitgliedschaft in der Parteiführung oder eines leitenden Ausschusses ausgeschlossen worden. Auch die Organisationsform der am 1. Oktober 1931 gegründeten „Nationalsozialistischen-Frauenschaft (Deutscher Frauenorden)" war Ausdruck der Machtverhältnisse zwischen den Geschlechtern. Nicht nur, daß die betroffenen Frauen im Vorfeld dieser Neugründung weder informiert noch befragt worden waren [5], auch der organisatorische Aufbau selbst beschnitt die Kompetenzen der Frauen ganz erheblich. In den „Ausführungsbestimmungen über die Neuorganisation der nationalsozialistischen Frauen in der Nationalsozialistischen-Frauenschaft" vom 1. November 1931, unterzeichnet von Gregor Strasser, hieß es: „Diese Frauenschaft stellt die von selbst eintretende Zusammenfassung aller nationalsozialistischen Frauen dar, ohne eigene Organisation und Beitragspflicht und untersteht der politischen Leitung der Partei."[6] Das bedeutete konkret, daß die Frauenschaftsleiterinnen von den Ortsgruppenleitern bestimmt wurden und ihnen verantwortlich waren. Auch die Gau-Frauenschaftsleiterinnen wurden von den Gauleitern ernannt, besaßen nur beratende Funktion und verfügten über keinerlei Befehlsgewalt gegenüber den ihnen unterstehenden Frauen. Diese war in der ausschließlichen Kompetenz der Orts- und Gauleiter.[7]

Frauen waren in der NSDAP also nicht nur eine verschwindend kleine Minderheit und vollständig von der Leitung der Partei ausgeschlossen, auch auf ihrem ureigensten Terrain, bei den Frauenfragen und in der Frauenpolitik selbst, lagen alle Entscheidungsbefugnisse in den Händen der Männer. Und schließlich war die SA, die Organisation also, die wie

---

[2] V.B. Nr. 51, vom 1. März 1929.

[3] Georg Franz-Willing: Die Hitlerbewegung., I.Bd. Hamburg/ Berlin 1962, S. 129.

[4] Annette Kuhn/ Valentine Rothe: Frauen im deutschen Faschismus. Bd. 1: Frauenpolitik im NS-Staat. Düsseldorf 1982, S. 52.

[5] Dorothee Klinksiek: Die Frau im NS-Staat. Stuttgart 1982, S. 21.

[6] V.B. Nr. 321, vom 17. November 1931.

[7] Ebd.

keine andere in der „Kampfzeit" die NSDAP in der Öffentlichkeit vertrat, eine ausschließliche Männerorganisation.

2. Exkurs: Die nationalsozialistische Frauenrolle

Das Frauenbild der Nationalsozialisten fußte auf einer langen ideologischen Tradition grundsätzlicher Frauenfeindschaft und knüpfte an Vorstellungen über das „Wesen der Frau" aus dem 19. Jahrhundert an. Natürliche, organisch-biologische Unterschiede zwischen den Geschlechtern wurden als Beweise für angebliche psychisch-geistige Differenzen und unterschiedliche kulturelle Bestimmungen ausgegeben. So entwickelte z.B. Karl Beyer in seinem Buch „Familie und Frau im neuen Deutschland", ausgehend von dem Unterschied zwischen Zeugung und Geburt, eine Spezifik männlicher und weiblicher Existenz, die durch eine Polarisation von aktiv-passiv, geben-empfangend, beweglich-gebunden, schutzgebend-schutzbedürftig und tierhaft-pflanzlich geprägt war.[8] Diese „natürlichen Wesensunterschiede" wurden dann zu unterschiedlichen Aufgabenverteilungen in der Gesellschaft verlängert. Die Existenzberechtigung der Frauen lag für die Nazis primär in ihrer Gebärfunktion, erst als Mutter kam „das Weib" zu seiner eigentlichen Bestimmung. Frauen als „organische Grundlage des Volkes" waren zuständig für die „arische Fortpflanzung" und die „Reinhaltung der Rasse". Der Mann dagegen sollte die Welt erobern, sie beherrschen, darin sollte seine „Kulturleistung" bestehen. „Der Mann wird Architekt des Makrokosmos sein, die Frau Schützerin des Mikrokosmos."[9] Diese Einschränkung des Lebenssinns auf das Gebären war schon in Hitlers „Mein Kampf" deutlich geworden. Hitler hatte die Bewohner des zukünftigen völkischen Staates in drei Kategorien aufgeteilt: Die vollwertigen Staatsbürger, die Staatsangehörigen und die Ausländer. Eine deutschgebürtige Frau sollte zunächst nur als Staatsangehörige betrachtet werden und ihre vollen Zivilrechte als Staatsbürgerin erst über die Heirat, respektive der Verpflichtung Kinder zu gebären, erlangen können.[10]

Die Definition von Frausein als Gebärmaschine multipler arischer Kinder und die einseitige diskriminierende Zuschreibung „natürlich-weiblicher" Eigenschaften führte nun im offiziellen Selbstverständnis der

---

[8] Karl Beyer: Familie und Frau im neuen Deutschland. Berlin/ Leipzig 1936, S. 83. Zit.n.: Marianne Lekher: Frauen im Nationalsozialismus. Wie aus Opfern Handlanger der Täter wurden.Frankfurt 1984, S. 26. (=Lekher 1984)

[9] V.B. vom 10. September 1934. Zit.n.: Thalmann 1984, S. 75.

[10] Hitler 1931, S. 488ff.

Quelle: Bade 1933, S.74.

Partei und ihrer Propaganda gerade nicht zu einem Standpunkt der Minderwertigkeit der Frauen. Besagter Karl Beyer kam z.B. zu der „Erkenntnis", daß „die Wertverteilung bei beiden Geschlechtern im ganzen die gleiche ist, daß also Frauen diesselbe Werthöhe erreichen wie Männer, nur daß das Gebiet, auf dem jedes Geschlecht zu seiner höchsten Vollendung kommt, ein anderes ist."[11] Nach den nationalsozialistischen Vorstellungen sollten die Lebensbereiche von Frauen und Männern klar abgegrenzt sein, zwei Welten, die sich jedoch gegenseitig ergänzen zum Wohle des Ganzen, des faschistischen Großdeutschen Reiches. Hitler erklärte am 8. September 1934 in seiner Rede „Der Führer an die deutschen Frauen" auf dem Nürnberger Parteitag:

[11] Karl Beyer 1936. Zit.n.: Thalmann 1984, S. 76.

> „Wenn man sagt, die Welt des Mannes ist der Staat, die Welt des Mannes ist sein Ringen, die Einsatzbereitschaft für die Gemeinschaft, so könnte man vielleicht sagen, daß die Welt für die Frau die kleinere ist. Denn ihre Welt ist ihr Mann, ihre Familie, ihre Kinder und ihr Haus. Wo aber wäre die größere Welt, wenn niemand die kleine Welt betreuen wollte? (...) Wir empfinden es nicht als richtig, wenn das Weib in die Welt des Mannes, in sein Hauptgebiet eindringt, sondern wir empfinden es als natürlich, wenn diese beiden Welten geschieden bleiben."[12)]

Die Komplementarität der Geschlechter in der „Volksgemeinschaft" beschwor schon zwei Jahre vorher Guida Diehl in ihrem Buch „Die deutsche Frau und der Nationalsozialismus":

> „Der Mann trägt die Nation, die Frau trägt die Familie. Die Gleichberechtigung der Frau besteht darin, daß sie innerhalb eines durch ihre Natur begrenzten Wirkungsbereiches die größte Achtung genießt, die ihr auch zukommt. Mann und Frau repräsentieren zwei sehr verschiedene Wesensarten. Beim Mann herrscht der Verstand vor. Er sucht, entdeckt und häufig eröffnet er neue, unermeßliche Reiche. (...) Das Gefühl hingegen ist viel beständiger als der Verstand, und die Frau, die Gefühl ist, ist folglich das Element der Stabilität."[13)]

Hinter der Propaganda dieser nationalsozialistischen Komplementaritätsthese erscheint jedoch schon die nationalsozialistische Praxis. Die Trennung und Distanz zwischen den „zwei Welten" erlaubt kein gemeinsames Handeln und Erleben. Die Geschlechter leben kalt, emotionslos, beziehungslos nebeneinanderher, jeder in seiner Welt: Die Frau im Haus bei den Kindern, während der Mann mit seinesgleichen (NSDAP, SA, später Reichswehr) „neue, unermeßliche Reiche eröffnet". Auch die Wertigkeit und Funktionalität zwischen den beiden Welten ist allzu deutlich. Das, auf was es den Nazis ankommt, ist die „große Welt": Staat, Nation und vor allen Dingen „neue, unermeßliche Reiche". Die Familie, die „kleine Welt" der Frau, ist das „Element der Stabilität", der Reproduktion und Betreuung, das „geistige Objekt der männlichen Sehnsucht nach 'der Heimat'."[14)]

Nach dem mehrere tausend Mann zählenden SA-Aufmarsch in Braunschweig im Oktober 1931 schrieb Guida Diehl einen Zeitungsartikel unter der Fragestellung „Was bedeutet der Braunschweiger Tag für uns Frauen?". Darin hieß es:

---

12) V.B.vom 10. September 1934. Zit.n.: Thalmann 1984, S. 76.

13) Guida Diehl: Die deutsche Frau und der Nationalsozialismus. Eisenach 1932. Zit.n.: Thalmann 1984, S.76.

14) Lekher 1984, S. 28.

„Und wir Frauen? Wir sind nicht mitmarschiert und mancher ist es bitter schwer geworden, an solchem Tag nur Zuschauerin zu sein. Aber unsere Herzen sind mitgegangen. Wir kommen zu euch, ihr deutschen Brüder, (...). Ihr seid zum Kampf mit den Waffen, mit dem Arm berufen. (...) So haben wir uns (...) den Geisteskampf hinter der Front (erwählt). (...) Alle Kräfte des Gemütes und des Herzens, ein wirklich deutsches Frauentum, das euren Frontkampf stärkt, statt ihn fade oder schwächlich herabzuziehen. Jetzt haben freilich die Ehefrauen große Opfer zu bringen, wenn sie ihre Männer in diesen Kampf Tag um Tag hergeben müssen, aber sie sollen sie freudig bringen. (...) Da muß sich unser deutscher Frauenwille dem Manneswille zugesellen um klar und stark an der Zukunft zu schaffen. Da muß die germanische Frau wieder erstehen, die ihrem Mann bei der Ehe Schwert und Speer als Mitkämpferin mitbrachte."[15]

Hatten Frauen in der bürgerlich-kapitalistischen Gesellschaft schon immer ihr Arbeitsvermögen für die Reproduktion der Ware Arbeitskraft verausgabt, so verlangten die Nationalsozialisten mehr. Die Ressourcen für die Überlebensfähigkeit der Familien und Haushalte wurden schmäler und schmäler. Der SA-Mann war aber fast nie zu Hause. Die Kosten und Lasten hatten die Frauen zu (er-)tragen, und zwar „freudig". Darüberhinaus kam ihnen nun die eminent wichtige Aufgabe zu, den „Geisteskampf hinter der Front" zu führen — die „Heimat" sollte nicht noch einmal ideologisch „zersetzt" werden — und mit „der Kraft des Gemütes und des Herzens den Frontkampf zu stärken", also als Motivationsquelle und psychologische Aufladebatterie des „Kämpfers" zu dienen. Nicht ein, wie auch immer vorstellbares privates Glück war subjektiver Zweck der vielen Anstrengungen, sondern die politische Zukunft Deutschlands, zunächst seiner „Befreiung". Gefordert wurde die „Mitkämpferin". In der konzipierten Rolle für die NS-Frau der „Kampfzeit" war der Bruch mit der zivilen Gesellschaft bereits angelegt. Das war nicht mehr die zivile Familienmutter und Ehefrau, das war die zu allen Opfern bereite „germanische Frau", die deutsche Soldatenmutter und -braut. Damit erhielt der „politische Soldat" sein weibliches Pendant. Ab 1939 wurden diese Rollenzuschreibungen mörderische Realität. Vor 1933 wurden sie im innenpolitischen Kampf bereits erprobt und eingeübt.

---

[15] V.B. Nr. 317, vom 13. November 1931.

2. Frauenaktivitäten

Wie sah also das „eigene Engagement"[16] der nationalsozialistischen Frauen bei den Straßendemonstrationen aus? Wie wurden sie von der Parteileitung verplant und instrumentalisiert?

In der Berichterstattung der NS-Presse über die Demonstrationen der SA tauchen Frauen sehr selten auf. Am 24. Mai 1929 findet sich im „SA-Mann" folgendes: „Der Deutsche Frauenorden und die Jung-Mädchen-Gruppe bewirteten uns (...) in ganz vorzüglicher Weise. Belegte Brote und heißer Tee waren die Stärkung für den weiteren Marsch, der uns noch bevorstand."[17] Auch drei Jahre später hieß es anläßlich eines SA-Aufmarsches in München: „Die Frauenschaft verteilte belegte Brötchen und gedörrte Zwetschgen."[18] Und die nationalsozialistischen Frauen sorgten „in vorbildlicher Weise für das leibliche Wohl"[19] der SA-Männer. Diese physische Versorgung der SA-Truppen mit Essen und Getränken war keine Nebensächlichkeit. Angesichts oft stundenlanger Märsche unter zum Teil schwierigsten Bedingungen, insbesondere im Winter; auf den Propagandafahrten in die ländlichen Gebiete, die nicht selten das gesamte Wochenende in Anspruch nahmen, die von Dorf zu Dorf und Kleinstadt zu Kleinstadt führten, stärkten „belegte Brote und heißer Tee" ganz erheblich die Kampfmoral der SA-Männer. „Liebevoll geschmiert" entsprangen sie genau der „Kraft des Herzens den Frontkampf zu stärken" und erzeugten Gefühle eines gemeinsamen Kampfes für Volk und Vaterland. Darüberhinaus führte diese 'Selbstversorgung' bei manchen Gelegenheiten zu einer gewissen Unabhängigkeit von Lokalen und Gaststätten in „feindlichen" Gebieten.

Auf die Funktion der „SA-Bräute" als „getarnte Waffenverstecke" wurde bereits eingegangen. Diese Aufgabe wurde mit der zunehmenden Eskalation des Terrors, insbesondere ab 1932, immer wichtiger für die SA. Ihre erfolgreiche Lösung sicherte nicht nur einzelne SA-Männer vor dem Zugriff der Polizei und Justiz, sondern im weitesten Sinne auch die gesamte Organisation sowohl vor einem Verbot als auch vor dem Verlust ihres „guten Rufes" innerhalb bestimmter Kreise des Bürgertums. Es versteht sich von selbst, daß diese Tätigkeiten der Frauen vor

---

[16] Marianne Lekher schreibt dazu: „Ein eigenes Engagement war ihnen nur zusammen mit den übergeordneten Männern gestattet. Lebendigkeit nur innerhalb der militärisch formierten männlichen 'Bewegung' erlaubt.", Lekher 1984, S. 38.

[17] „Der SA-Mann" Nr. 21, vom 24. Mai 1929.

[18] V.B. Nr. 187, vom 5. Juli 1932.

[19] V.B. Nr. 180, vom 6. August 1929.

1933 nirgendwo beschrieben, sondern erst nach der „Machtergreifung" in SA-Romanen und Parteidokumentationen über die „Kampfzeit" rückblickend heroisiert wurden.

Die beiden am häufigsten notierten Verhaltensweisen, die aber im Rahmen der SA-Veranstaltungen quasi organisierten Charakter annahmen, waren das Jubeln und das Trauern der Frauen. Es sei nochmal darauf verwiesen, daß die Authentizität dieser Gefühle nicht bestritten wird, aber die planmäßige Einbeziehung ihrer Äußerungsformen in die SA-Spektakel erhob sie in den Rang von Organisationsleistungen, die komplementär zu der eigentlichen Demonstrationsleistung der SA-Männer wirkte. Heidelberg 1929: „Es zeigt sich das gleiche Bild wie vorher. Begeisterung, Freude, Jubel, und viele, viele Blumen — Frauen und Mädchen, (...) jubelten uns zu."[20] Nürnberg im gleichen Jahr: „Die Frauengruppe Nürnberg kränzte jeden einzelnen mit frischem Eichengrün."[21] Und in Braunschweig 1931: „Frauen durchbrachen die Absperrung um die jungen Krieger zu küssen."[22] In der Inszenierung der SA-Demonstration wurden die „zwei Welten" praktisch vollzogen: Im Zentrum die marschierenden SA-Männer auf den Straßen; die Frauen abgegrenzt, aber doch dazugehörig, auf den Bürgersteigen, jubelnd. Sie warfen ihnen Blumen zu. Die Frauen brachten diese als populäres Stilelement in die SA-Demonstration ein. Leider wurde nirgends berichtet, welche Blumen dabei benutzt wurden. Aber es darf wohl vermutet werden, daß im Gegensatz zu den roten Nelken der Arbeiterbewegung, die sich mit der Vorstellung der Arbeiter als Klasse verbanden, die Blumen der NS-Frauen mit „klassenüberwindenden" Bedeutungen konnotiert waren. Mit dem „Eichengrün" wurden die Männer als „Sieger" gefeiert. „Küssende" und die „Absperrung durchbrechende" Frauen waren sichtbar gewordener Ausdruck des affektiven Potentials und der gewaltigen Attraktion des Geschehens. Mitmarschieren war den Frauen verboten, aber in ihrer Bewegungsrichtung, hin zu den marschierenden Männern, war die gewünschte Reaktionsweise auf die Aufforderung „Komm mit, Kamerad!" emotional enthalten. Diese Frauen waren wirklich vorbildlich. Beim „Jubeln und Trauern" produzierte die „Lebendigkeit" der Frauen eine Atmosphäre, in der die Männer ihre Rolle als „politischer Soldat", ihre „eiserne Manneszucht" erst voll zur Geltung bringen konnten. Je besser die „weibliche Welt" inszeniert wurde, umso kraftvoller konnte die „männliche Welt" ihre Faszinationen entfalten.

---

20) „Der SA-Mann" Nr. 21, vom 24. Mai 1929.
21) V.B. Nr. 180, vom 6. August 1929.
22) V.B. Nr. 294, vom 21. Oktober 1931.

Dies galt gerade auch für die Trauermärsche. Hitler schrieb in einer Art Reportage über den anläßlich der Beerdigung des SA-Mannes Hermann Schmidt in Schleswig(Holstein) am 16. März 1929:

„Fahnen und Standarten begleiten den toten Freund. Die Angehörigen folgen schmerzerfüllt nach. Ein großer hagerer Mann kann die Tränen kaum verbeißen, während die Mutter ihnen erliegt. Schwestern und Brüder vervollständigen das Bild der Klage. (...) die Fahnen senken sich über den Sarg und der tote Kamerad gleitet langsam in die Erde, während die Mutter und die Frauen schluchzen (...). Die Augen der SA glühen, (...), die Männer herum haben die Rücken geradegezogen, und in den Taschen stecken geballte Fäuste. Hier sagt einem der Geruch der Erde, daß ein Wind gesät wird, der einst einen Orkan als Ernte hat."[23]

Im Bericht über das „letzte Geleit" des SA'lers Peter Kölln zu Itzehoe heißt es:

„So manche Mutter steht am Straßensaum, und vor innerem Schmerz laufen ihnen *Tränen über die Wangen*. Sie fühlen mit dieser Mutter, die ein unergründliches Geschick so schwer traf. Aber es ist eine tapfere Mutter, die ihren Schmerz, den ihr niemand lindern und niemand abnehmen kann, schweigend erträgt, die nicht klagt, weil sie dieses höchste und schwerste Opfer für Deutschland brachte."[24]

Guida Diehl beendete ihren Artikel mit den Worten: „Ich bin nicht mehr ich selbst.../ Ich war!/ Ich bin ein Glied der heil'gen Schar, / Die sich dir opfert, Vaterland."[25]

3. Die „Weiber der Kommune"

„(...) da begann das Bombardement, das durch eine Kommunistin eröffnet wurde."[26]

„In der Freilitzstraße hatten sich bei der Siegerstraße einige Dutzend Kommunisten angesammelt, die unsere SA und SS mit Schmährufen der gemeinsten Art überhäuften. Weiber taten sich besonders hervor, spuckten unsere Leute an."[27]

„Im Nu sammelten sich Massen auf der Straße, unter denen man Frauen sah, die mit langen Messern bewaffnet waren."[28]

„Entmenschte Weiber strecken ihre Krallen vor und fordern mit krei-

---

23) V.B. Nr. 64, vom 16. März 1929.

24) V.B. Nr. 222, vom 9. August 1932. (H.i.O.)

25) V.B. Nr. 317, vom 13. November 1931.

26) V.B. Nr. 126, vom 29. /30. März 1930.

27) V.B. Nr. 187, vom 5. Juli 1932.

28) V.B. Nr. 104, vom 5. Mai 1929.

schender Stimme zum Angriff auf. 'Wenn ich im Vorderhaus wohnte', erklärte eine solche Hyäne, 'würde ich sie mit heißem Wasser überschütten!' Wohl selten sah Chemnitz so viel viehisches Gesindel."[29]

Schlimmer noch als jeder Kommunist war die Kommunistin. Die Angst, die diese Frauen auslösen, sitzt tief. Sie waren mit „langen Messern bewaffnet". Der phallische Charakter der Waffe wird ebenso deutlich, wie das befürchtete Ziel ihres Einsatzes: Die Kastration bzw. Tötung. In einem Artikel „Der entsetzliche Mord an Pg. Franz Hilz" kolportiert der „Völkische Beobachter" am 7. Mai 1932: „Verzweifelt wehrte sich unser Kamerad, dann trifft ihn der furchtbare Stich durch die Hoden in den Unterleib und zerschlägt eine Schlagader." [30] Dieser Satz ist im Original hervorhebend gesperrt gedruckt. Diese Verletzung mit Todesfolge mag durchaus Realität gewesen sein, und die „Mörder" waren diesmal auch Männer, „8 bis 10 Kommunisten", aber daß dieser Satz überhaupt so geschrieben werden konnte, zeugt von der Kastrations- bzw. Tötungsangst der faschistischen Männer.

Als Reaktion auf diese Bedrohung wurden die Frauen in den Artikeln „entmenscht" und in „Hyänen" und „viehisches Gesindel" verwandelt. Auf den Straßen gab es zweierlei Möglichkeiten. Entweder versuchte die SA-Kolonne sich durch die Potenzierung ihrer Ausdrucksmittel gegen die Gefahren immun zu machen, die Angst abzuwehren: Nichts hören, nichts sehen, nur durch. Dann wurden die „stramme Haltung" noch strammer, die laut gesungenen Lieder noch lauter und der Marschtritt noch „dröhnender". „Ein Gröhlen, ein Pfeifen, Quieken der Weiber und Trillern von Pfeifen. Die SA marschiert — den Blick geradeaus gerichtet — unerschrocken durch diese Hölle."[31] Oder die Straße wurde mit Gewalt „frei gemacht", dann wurde zugeschlagen, meist floß dabei Blut. Im „Völkischen Beobachter" ließen sich von 1929 bis 1933 keine Berichte finden, in denen sich unverhohlene Freude über die Verwandlung der „Weiber" in „blutüberströmte Masse" zeigte.[32] Aber daß diese Vorstellung auch bei den SA-Männern latent vorhanden war, zeigt sich im Roman „SA räumt auf! Aus der Kampfzeit der Bewegung." von Heinz Lohmann. Dort wird eine Straßenschlacht zwischen KPD und SA-Truppen beschrieben, in deren Verlauf es zu Schießereien kommt und eine Kommunistin einen SA-Mann auf bestialische Weise ermordet. Es scheint legitim, die

[29] V.B. Nr. 68, vom 22. März 1930.

[30] V.B. Nr. 128, vom 7. Mai 1932.

[31] V.B. Nr. 169, vom 18. Juli 1930.

[32] Vgl. die von Theweleit untersuchten Schreibproduktionen der Freikorpsmänner. Hier Theweleit 1986, Bd. 1, S. 89f.

ABBILDUNG 62: DIE „WEIBER DER KOMMUNE" AUF EINEM STRASSENPLAKAT DES KIELER MATROSENAUFSTANDES 1918

Quelle: Theweleit 1986, Bd. 2, S. 19.

affektive Beschreibung der Tötungsart als Projektion des eigenen Wunsches, was mit dieser „Furie" zu geschehen hätte, zu interpretieren.

„Zwei Kameraden lagen schon still und friedlich da. Der Leib des dritten wehrte sich noch gegen den Tod, bäumte sich unter Stöhnen auf. (...) Wohl bildete sich vor dem zuckenden Körper jetzt eine Feuerlücke, aber nur, um einem fetten Weibsbild Raum zu geben, das — eine Eisenstange schwang. Die Furie brüllte ununterbrochen. 'Sterben müßt ihr verfluchten Faschistenschweine, ja sterben!' Uns stockte der Herzschlag. Was nun? Gab es noch mehr an Scheußlichkeit? Jawohl, es gab! Es gab so ein grinsendes Vieh, das unseren Sterbenden die Hirnschale einschlug, sein Gesicht zertrampelte und immer wieder die Eisenstange niederfallen ließ, bis ein letztes Zucken verkündete, daß selbst der Tod dieser Höllenbestie das Opfer nicht länger lassen wollte."[33]

Gegenüber dem nationalsozialistischen Frauenideal der Soldatenmutter und -braut, dem weißen Prinzip und, wenn man so will, gerade noch positiven Anteil des faschistischen Frauenbildes, erscheint in den „Weibern der Kommune" der negative Pol, das rote Prinzip: „ein Konglomerat aus Frauenrechtlerin/ Kommunistin/ Jüdin/ Hure."[34] Der Kernpunkt der Bedrohung, die von diesen Frauen ausging, war die weibliche Sexualität. Im roten Prinzip wurde die Frau mit dem Sinnlichen codiert, das den unterdrückten und nach außen projizierten Anteil der Männer an ihrer eigenen Triebhaftigkeit und Sexualität darstellte und nun dort, in den Frauen, verachtet und bekämpft werden konnte. Dadurch, daß die Frauen mit der bedrohlichen Sexualität gleichgesetzt wurden, erschien Weiblichkeit den Männern als zerstörerische und zersetzende Kraft, die zu Chaos und Tod führen mußte. Frauenangst produzierte Frauenhaß.

4. Faschistische Realitätsproduktion

Die Bedrohung durch die Frauen wurde aber nicht nur als Aggression auf die eigene Person empfunden, sondern sie überzog auch den politisch-gesellschaftlichen Raum. Von den Frauenrechtlerinnen, Kommunistinnen, Jüdinnen und Huren schien eine Gefahr für die ganze Kultur auszugehen. Der Staat, die Nation, das Vaterland, Deutschland geriet in Gefahr von diesen Frauen vernichtet zu werden. „Was wir hier am Werk sehen, scheint eher ein Prozeß zu sein: der faschistische Prozeß der Aneignung und Verwandlung der Realität."[35] Ausgangspunkt dieses Produktions-

---

[33] Lohmann 1933, S. 188.

[34] Lekher 1984, S. 38.

[35] Für Theweleit gibt es nicht einerseits eine subjektive, innere Phantasieproduktion und andererseits eine objektive und äußere Realitätsproduktion, sondern nur noch die

prozesses war die Wahrnehmung jeder Art selbstständiger lebendiger Bewegung, insbesondere die von Frauen, deren Emotionalität und Sexualität für den soldatischen Mann prinzipiell unerträglich war. Er entwickelte sofort Abwehr- und Angriffsmechanismen. Diese wirkten auf das Selbst als Erhaltungsmechanismen, auf das Objekt bezogen als Abtötungsmechanismen. Seine spezifische Produktion nahm den gesellschaftlichen Produkten, Menschen als auch Dingen, das in ihnen verausgabte Leben. Seine „Produktionsweise ist die Verwandlung von Lebendigem in Totes, der Abbau von Leben."[36] Theweleit bezeichnet diesen Vorgang als „Anti-Produktion". Nach dem zerstörerischen Akt der Entlebendigung der Realität baut die „Anti-Produktion" mit den Elementen der entlebendigten Welt neue Ordnungen auf. „Die ihres Eigenlebens beraubte Realität wird neu formiert, zu großen übersichtlichen Blöcken zusammengeschoben, die als Baumaterial dienen für eine übersichtlichere, zukünftige monumentale Welt, das 'Dritte Reich'. (...) Je lebloser, geordneter, monumentaler die Realität erscheint desto sicherer fühlen sich diese Männer. Die Gefahr ist die Lebendigkeit selbst."[37]

3. Exkurs: Die psychische Verfaßtheit des soldatischen Mannes

Die psychischen Phänomene, die Theweleit an den soldatischen Männern diagnostiziert — Unfähigkeit zu Objektbeziehungen, Auflösung des Ichs, Absencen, halluzinatorische Vorstellungen, Koppelung von Abwehr- und Angriffsmechanismen — verweisen auf eine Beschädigung im Bereich der Grundstörungen. Ihr Ursprung liegt damit zeitlich vor der ödipalen Situation mit ihrer familialen Trias. Ein wesentlicher Unterschied zu dieser besteht darin, daß eine Ich-Instanz im Sinne der freudschen Topik von Ich/ Es/ Über-Ich wenn überhaupt, dann nur fragmentarisch ausgebildet wurde. Ein Ego bildet sich nach Freud erst durch die Identifikation im Ödipus: Das Ich ist das Produkt eines Differenzierungsprozesses des Es und die Voraussetzung für die psychischen Prozesse der Objektbeziehung, der Abwehr und Verdrängung. Diese Prozesse sind Funktionen des Ich und werden von ihm gesteuert. Davon konnte bei den soldatischen Männern aber nicht die Rede sein. Unfähig zu normalen Objektbeziehungen schienen sie kein Ich im Sinne einer Vermittlungsinstanz zwischen der

---

Produktion des Realen.

[36] Theweleit 1986, B. 1, S. 270.

[37] Ebd., S. 272f.

Außenwelt und der unbewußten Welt des Es entwickelt zu haben. Ihr Ich existierte nur bruchstückhaft.

Den Grund dafür sieht Theweleit in einer noch nicht abgeschlossenen Loslösung von der symbiotischen Mutterbeziehung, ,,es handelt sich um nicht fertig geborene oder auch um nicht zuende geborene Menschen."[38] Dieser Loslösungsprozeß, der sich normalerweise beim Säugling von der Symbiose über eine lustvolle Besetzung der eigenen Körperperipherie zur sicheren Gewißheit des eigenen Selbst gegenüber der Mutter und der übrigen Aussenwelt vollzieht, diese ,,extrauterine Geburt", war beim soldatischen Mann gestört. Sein psychischer Hauptdefekt bestand darin, ,,nie zur Sicherheit von innen heraus libidinös besetzter Körpergrenzen gelangt zu sein."[39] Damit ging nun sowohl die Sehnsucht einher, erneut mit der Mutter zu verschmelzen, als auch gleichzeitig die Angst, von ihr verschlungen zu werden.

Warum es nicht zur Herausbildung eines sicheren Gefühls der eigenen Körpergrenzen und zu einer Ich-Instanz im Sinne Freuds gekommen war, resümiert Theweleit folgendermaßen: ,,(...) durch die Eindämmung und Negativisierung ihrer Körperflüsse, durch den Zugriff strenger harter Hände, die die Lustempfindungen aus der Haut vertrieben, durch schmerzhafte Eingriffe körperlicher Strafen aber möglicherweise auch durch gelegentliche oder andauernde 'verschlingende' Emotionalität mütterlicherseits, die das Kind mit unverarbeitbaren intensiven Reizen 'überschwemmt', vor denen es ebenso nach 'innen' flüchten kann wie vor dem Schmerz."[40]

Wurde dem soldatischen Mann also in der primären Sozialisation die Herausbildung eines eigenen Ichs versagt, so wurde ihm in der sekundären Sozialisation ein künstliches Ersatz-Ich anerzogen. Bedeutendste Erziehungsmittel waren dabei die Prügel und die durch sie ausgelösten Schmerzen. ,,Ich fühle Schmerz, also bin ich. Wo er zu fühlen ist, wird 'Ich' — die psychische Instanz Ich."[41] Das Resultat dieser ,,Aufzucht" in Elternhaus, Schule, Lehre, Kadettenanstalt, jugendlicher peer-group und Militär war der Körperpanzer, der als künstliches Ich figurierte.[42] Er wirkte in zwei Richtungen. Einmal als Verschluß und Damm gegenüber den eingeschlossenen Vorgängen im Körperinneren. Und gleichzeitig hatte es dieser gedrillte Körper gelernt, ,,sich in größere Gebilde mit panzerar-

[38] Theweleit 1986, Bd.1, S. 246.
[39] Ebd., S. 245.
[40] Ebd., S.246.
[41] Ebd., S. 191.
[42] Ebd., vgl. insbesondere das Kapitel ,,Sexualität und Drill", S. 167ff.

tiger Peripherie bruchlos einzufügen."[43)]

Das, was da im Körperinneren ständig rumorte, was der Muskelpanzer einschließen und kontrollieren sollte, wurde vom soldatischen Mann als etwas bedrohlich Triebhaftes, Fließendes, Verschlingendes und Chaotisches erlebt. Der Körperpanzer geriet permanent von innen und von außen unter Druck. Von innen deshalb, weil der soldatische Mann es einerseits selbst fließen lassen wollte und er sich eigentlich nichts so sehr wünschte, als den alten Zustand der Verschmelzung wieder herbeizuführen. Andererseits ging gerade von dieser gewünschten Symbiose die existentielle Gefahr aus: Waren die Dämme einmal gebrochen, floß es unkontrolliert, dann würde der Panzer hinweggespült, dann drohte der soldatische Mann im Chaos zu versinken. Diese Lebensbedrohung durch das Triebhafte des Körperinneren war mit jeglicher selbständiger Lebensäußerung äußerer Objekte codiert. Alles Ungeordnete und Unstrukturierte, alles Fließende, Vermischte und Uneindeutige, das er in der Außenwelt wahrnahm, wurde von ihm als Verkörperung des eigenen Unbewußten erlebt. Die Revolution erschien nun als Dammbruch; der Muskelpanzer des deutschen Mannes hatte sich als zu weich erwiesen, der ,,Dolchstoß" hatte ihn zerstört; hereingebrochen war der politische Gegner, die rote Flut; in den aufrührischen Massen unter Beteiligung der Frauen erschien sowohl der politische Feind als auch das feindliche Prinzip der Weiblichkeit. Die negativen Affekte, die der soldatische Mann angesichts solcher Massen empfand — Verachtung, Haß, Ekel und Angst — entstammten ,,nicht unmittelbar dem Bezug auf die Menschenmasse selbst", sondern ,,im Bezug auf die 'Masse'aus dem eigenen Leib."[44)] Die Weimarer Republik wurde als Sumpf empfunden, der nicht mehr ganz so gefährlich war wie die flüssigeren Fluten, aber auch dieser mußte trockengelegt werden.

Gegenüber dieser ständigen inneren und äußeren Bedrohung des fragmentarischen Ichs entwickelte der soldatische Mann Erhaltungsmechanismen: Prozesse der Entdifferenzierung und Entlebendigung alles Lebenden, die ihre extremste Form im Tötungsakt selber fanden. Darunter der Drang neue Ganzheitsgebilde zu bauen, ,,die der symbiotischen durch die hierarchische Struktur zu entkommen suchen."[45)] Dieser unaufhörliche ,,Gestus des Zusammenfügens"[46)] äußerte sich in dem ständigen Ver-

---

43) Ebd., S. 190.

44) Ebd., S. 9.

45) Ebd., S. 256.

46) Ebd., S. 248; Theweleit bezeichnet diesen ,,Gestus des Zusammenfügens" als den ,,Hauptgestus der faschistischen Art der Organisationsbildung und der faschistischen Propaganda".

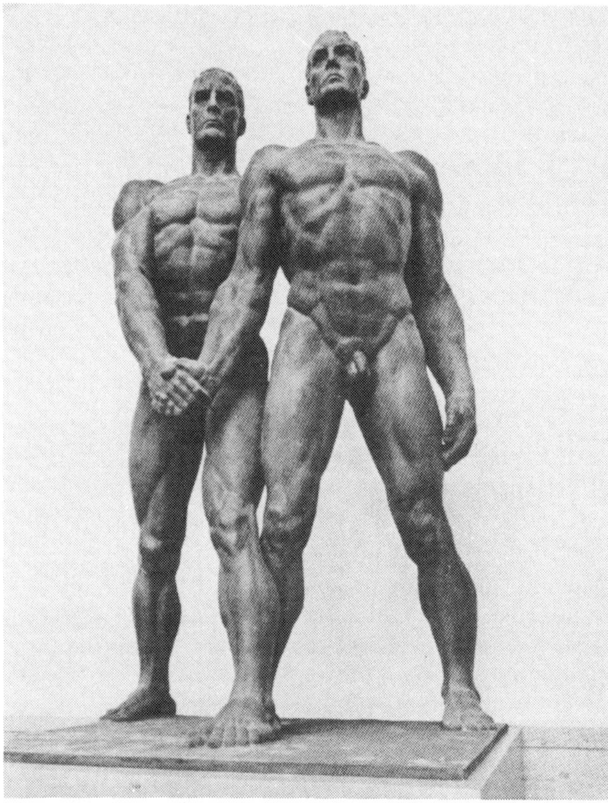

Quelle: Theweleit 1986, Bd. 2, S. 189. Kameradschaft, von Joseph Thorak.

such des nicht zuende geborenen soldatischen Mannes, neue Ganzheiten zu errichten, in denen er selber herrschen konnte. Indem er sich in diese neuen Ganzheitsgebilde eingliederte, erfuhr sein bedrohtes Ich eine enorme Stärkung. Zur Abstützung seines personalen Ichs, seines Körper-Ichs, be- und umgab sich der soldatische Mann in und mit größeren gesellschaftlichen Organisations-Ichs, die durch ihr entlebendigtes und geordnetes Innere und ihre panzerartigen harten und schroffen Grenzen nach außen erhöhte Sicherheit versprachen. Solche Ich-stabilisierenden neuen Ganzheitsmaschinen waren z.B. die Partei, die SA, der SA-Trupp und die marschierende Kolonne, aber auch die Nation, die „Volksgemeinschaft" und das Heer. „Das künstliche Ich stärkten z.B. alle Formen von militärischer Organisation, der Drill, die geordnete Gesamtheit de

Truppe, Aufmärsche, hierarchische Organisationen, klar Überschaubares, Monumentales."[47)]

Theweleit erhob seinen Befund an Männern mit Freikorpsvergangenheit, die im 1. Weltkrieg gekämpft hatten und im wilhelminischen Kaiserreich sozialisiert worden waren. „Ich vermute, daß im wilhelminischen Deutschland nur sehr wenige Menschen das Glück hatten, einigermaßen zuende geboren zu werden, (...). Daß sich so viele Verbindungen vom Verhalten der soldatischen Männer zum 'Normalmann' ergeben haben, dürfte eben darauf zurückzuführen sein."[48)] Diese Kriegsteilnehmergeneration überwog im Führungskader der SA. Aber weder ist der Typ des soldatischen Mannes mit dieser Generation identisch noch beschränkt er sich auf sie. Auch in der Nachkriegsgeneration, die in der SA-Mitgliedschaft vorherrschend war, ist er auffindbar. Ihr traditionelles Sozialisationsgefüge war durch den 1. Weltkrieg großteils zerstört worden, weswegen sich auch in dieser Generation zu einem erheblichen Teil keine oder nur bruchstückhafte Ich-Strukturen herausbilden konnten. Es mag durchaus sein, daß nicht alle Nazis soldatische Männer waren, aber der „politische Soldat" war das erkorene Ideal aller paramilitärischen Anstrengungen innerhalb der SA-Ausbildung. Es dürfte von daher nicht übertrieben sein, die These aufzustellen, daß innerhalb der SA der soldatische Mann der vorherrschende Typus war und es macht Sinn, „das Verhalten der 'soldatischen Männer' quasi als 'Höchstform' faschistisch männlichen Verhaltens heranzuziehen."[49)]

Ebenso war der SA-Mann nicht ein von der übrigen Männerwelt abgetrennter, besonders exotischer Fall, ein ganz anderer. „Die Sorte Männer", schreibt Theweleit, „soll also keineswegs prinzipiell von den übrigen Männern isoliert werden. Sie bildet vielmehr so etwas wie die Spitze des Eisberges von Patriarchalität; was unter der Oberfläche liegt, macht die Gewässer aber insgesamt kalt."[50)]

5. Männerfaszinationen

Einerseits:

> „Umzüge, durchgeführt von schlecht gegliederten, uneinheitlich gekleideten, schwatzenden und rauchenden Mannsbildern, die keinen Tritt halten können, dazwischen Frauen und Kinder, ja man sah sogar Kinderwagen, die

---

47) Lekher 1984, S. 48.

48) Theweleit 1986, Bd. 2, S. 248.

49) Lekher 1984, S. 46.

50) Theweleit 1986, Bd. 1, S. 216.

mitgeschoben wurden, werden niemals auf den deutschen Menschen einen erhebenden Eindruck machen und zum Nacheifern anfeuern, im Gegenteil, ihr Anblick wird, wenn nicht lächerlich, abstoßend und vielleicht sogar ekelhaft wirken."[51]

Andererseits:

„Jeder, der sich einmal mit Propaganda beschäftigt hat, weiß, daß gerade beim deutschen Volke nichts kräftiger wirkt und Eindruck macht als marschierende Kolonnen. Männer, wohlgeordnet in straffer Haltung, nicht rechts und links schauend, nicht schwatzend, rassige, energische Gesichter. Der Anblick solcher Kolonnen läßt das Herz jedes deutschen Mannes, jeder deutschen Frau, jedes Buben und Mädels höher schlagen."[52]

Der Ekel und die Begeisterung, die Manfred v. Killinger angesichts dieser verschiedenen Menschenformationen befielen, entsprachen der eigenen Körperorganisation. Innen, das Eingesperrte, die „molekulare Ordnung des Unbewußten"; streng davon getrennt und in einem antagonistischen Verhältnis dazu stehend, der Körperpanzer, das Einsperrende, die „molare Ordnung der Herrschaft".[53]

Hier die molekulare Masse: ungeordnet, vielfältig, strömend, nicht marschierend, mit „Mannsbildern" und nicht „Männern", mit „Weibern durchsetzt", Weiblichkeit sogar sichtbar, kurz, alles, was der soldatische Mann (der „deutsche Mensch") hier wahrnahm, war mit dem codiert, was ihn abstieß, ihm Angst machte, bedrohte: Weib, Lebendigkeit, Chaos. Dort die molare Masse: geordnet, einheitlich, gleichgeschaltet, als Block auftretend, gestrafft, männlich. Die überwältigende Wirkung, die diese molare Organisation der männlichen SA-Kolonne auslöste, kam durch die einheitliche Wahrnehmung einzelner faszinativer Aspekte zustande. Verdichtet in einem Bild, hingen sie unmittelbar miteinander zusammen.

Die Kolonne als „Ganzheitsmaschine"

„Man muß diese jungen Männer in den Braunhemden gesehen haben, um einen Begriff zu bekommen, welche Kraft in der Hitlerbewegung steckt. Ein grandioses Heer von fanatischen Männern, die ihren Führern blind folgen, ihren Führer Adolf Hitler vergöttern, denen das deutsche Vaterland alles ist, für das sie kämpfen, leiden, Opfer bringen und zu sterben bereit sind. Jeder einzige Mann eine Persönlichkeit, und trotzdem ein Teil einer fabelhaft

---

[51] Killinger 1933, S.41

[52] Ebd., S. 40.

[53] Theweleit 1986, Bd. 2, S. 90; die Begriffe „molar" und „molekular" gehen zurück auf Gilles Deleuze/ Felix Guattari: Anti-Ödipus. Kapitalismus und Schizophrenie I. Frankfurt 1974, siehe dort S. 360 ff.

Quelle: Bade 1933, S. 149.

funktionierenden Maschine."[54])

Die Kolonne wurde vom einzelnen SA-Mann als neuer Körper wahrgenommen, in dem er mit anderen gleichen, gleichgeschalteten Teilen zusammengefügt war. Doppelte Ganzheit: Einmal in der äußeren Form, im Ornament des Blocks, in der Aneinanderreihung der Körper und in der schroffen und totalen Abgrenzung der gesamten Kolonne gegenüber dem Außen. Dann in der Synchronisation der Körperteile und ihrer Bewegungen, den „gesteilten" Armen, den „leuchtenden" Augen, dem gleichen Tritt der Beine usw.; sie bildeten neue Ganzheiten im Inneren der Maschine. Die Kolonne war für den SA-Mann das endlich wiedergefundene verlorene Ganze, hier fühlte er sich nicht zerrissen, hier bestand eine Einheit, eine hierarchische zumal: Der Führer stand oben, die SA stand über den Massen. Die Herrschaftsverhältnisse waren klar, der Wille zum Ganzen war der Wille zur Macht. Diese Ganzheitsmaschine diente also als Gebilde zur Ich-Erhaltung, als Organisations-Ich zur Stütze des brüchigen und gefährdeten Ersatz-Ich des einzelnen SA-

[54]) V.B. Nr. 184, vom 10. August 1929, „Der SA-Mann" Nr. 25.

Mannes. Je größer dieses Organisations-Ich war, desto besser. Zu einem noch Größeren konnte sich die Kolonne jedoch nur mit ihresgleichen verbinden. Sturmbann zu Sturmbann, Standarte zu Standarte, die Kolonnen wuchsen zum „grandiosen Heer". Mit der Ganzheitsmaschine bekämpften die SA-Männer ihre Wunschmaschinen des Unbewußten. In ihrer molaren Struktur brachten sie diesen Kampf zum Ausdruck. Ordnung, Hierarchie, Geschlossenheit, Eindeutigkeit und ihre Art von Männlichkeit. Das, was der „Völkische Beobachter" an den „jungen und fanatischen Männern" als „Persönlichkeit" entdeckte, existierte nicht „trotzdem", sondern gerade weil sie Bestandteil einer „fabelhaft funktionierenden Maschine" waren.

Über die Sicherung ihrer eigenen Existenz hinaus produzierten die Männer in der Kolonne einen „Mehrwert an Code, der der Erhaltung anderer mann/ männlicher Ganzheitsgebilde dient(e)."[55] Solche männlichen Ganzheitsgebilde waren für den faschistischen Mann das Heer, die Nation, die „Volksgemeinschaft" und das „Reich". Die Faszination und Euphorie, die er bei der Vorstellung oder Wahrnehmung solcher Gebilde empfand, bestand darin, daß sich molare Ordnungen zu noch größeren Ordnungen derselben Art zusammenfügten, oder daß eine molare Ordnung in der Einheit eines Gebildes über die molekulare Ordnung gesiegt hatte. „Die Einheit, von der der Faschist spricht, ist demnach deutlich eine gewaltsame Zusammenfügung von Unterdrücker und Unterdrücktem zu einem Herrschaftsgebilde.Einheit bezeichnet überhaupt ein Herrschaftsgebilde, nicht etwa eines von Gleichheit. Gleichheit wäre Vielheit, Masse; sie ist gerade das Gegenteil von 'Einheit', die sich aus einem oben/unten, außen/innen etc. notwendig zusammensetzt. Dem soldatischen Mann verschafft die derartige Einheit einen Zugang zur Lust. Sie bewahrt ihn vor dem Tode durch Spaltung und Zerfall."[56]

Die SA-Demonstration als „gebändigte Flut"

Ein weiterer Reiz der SA-Aufmärsche bestand in der „öffentliche(n) Inszenierung des Verbotenen."[57] Während des Marsches wurde der männliche „double-bind" — es einerseits „fließen lassen" zu wollen, die Wunschproduktion zuzulassen und genau dies andererseits bei Strafe des eigenen Todes nicht zu können —, symbolisch aufgehoben. Die Wunschproduktion, der fließende Wunsch wurde in aller Öffentlichkeit inszeniert, al-

55) Theweleit 1986, Bd.2, S. 182.
56) Ebd., S. 102f.
57) Theweleit 1986, Bd. 1, S. 549.

Quelle: Bade 1933, S. 147.

lerdings in einer Form, die seinen bedrohlichen Charakter eliminierte. Das strömende Weibliche wurde zum starren Männlichen. Das männliche Äußere, der Körperpanzer, war stärker als das weiblich Innere. In der Formierung von Menschen in geordnete hierarchische Strukturen vollzog sich die Verwandlung von molekularer zu molarer Organisation. Die molekulare Kraft des Unbewußten drang zwar nach außen, sie durfte fließen, aber nur in den männlichen Grenzen einer molaren Struktur. Die SA-Kolonne erschien als gebändigte Flut. Die Triebbejahung wurde im Muster der Triebunterdrückung, in der Form des monumentalen Ornaments inszeniert. Für die soldatischen Männer stellte also das Demonstrieren in der Marschkolonne eine Form der Freiheit dar, in der sie sich nicht auflösten. In der gemeinsamen Übertretung des Verbotenen machten sie die Erfahrung, daß sie nicht isoliert und gespalten waren; für sie, wie für große Teile der Rezipienten dieses „grandiosen Schauspiels" war es wie „die Utopie einer Erlösung."[58] Die Unterdrückung der Wunschproduktion

[58] Ebd., S. 550.

Quelle: Bade 1933, S. 114.

des Unbewußten wurde in der SA-Demonstration nicht an Frauen vollzogen, sondern an Männern. Frauen wurden insofern unterdrückt als sie von dieser Veranstaltung unmittelbar ausgeschlossen blieben. Der entscheidende Punkt ist aber, daß in der SA-Kolonne die Herrschaft des Mannes über das feindliche Weibliche in ihm selbst inszeniert wurde.

Von Mann zu Mann

Das Männliche lieben zu sollen ohne homosexuell sein zu dürfen, auch dieser ,,double-bind" wurde in der SA-Kolonne zeitweilig aufgehoben. Die öffentliche Inszenierung diente dabei einerseits als Damm gegenüber der Gefahr einer Realisierung der sexuellen Impulse. Andererseits resultierte die Attraktion gerade aus der in aller Öffentlichkeit dargebotenen Übertretung des Homosexualitätsverbotes. Allerdings wiederum in der Kanalisierung des molaren Männerbundes. Seine Attraktion verdankt sich nicht der Befreiung einer Sexualität in der Form homosexueller Beziehungen als vielmehr der Beteiligung an der Macht.

Die Attraktion des Männlichen wird in einer von Männern dominierten gesellschaftlichen Organisation vorgegeben. In ihr „dürfte die Disposition zur Männerliebe das allgemeinste kollektive Triebschicksal sein — vom Mann aus gesehen. Bei den Frauen wird es modifiziert zur Bereitschaft sich einem Mann (den Männern) zu unterwerfen."[59] Das Weibliche ist nicht viel wert. Zu nahe ist es mit dem Privaten, Nahen und Kleinen, mit den unbedeutenden Dingen des Lebens verbunden. Den Mann drängt es zum Öffentlichen, zum Weiten und Großen. Zu Politik und Geschichte: Volk formen, Nation schmieden, „Reich" bauen, den Weltenlauf bestimmen. Das Weibliche ist nicht nur gegenüber dem Männlichen entwertet, sondern mit allen Bedrohungen codiert, mit denen das männliche Ich konfrontiert wird. Der marschierende SA-Männerbund demonstriert Herrschaft über die innere und Macht über die äußere Welt.

Der politisch-ideologische Diskurs

Die SA-Demonstration kann als Formierung unbewußter Affekte, vorbewußter Sehnsüchte und bewußter Wünsche von Massen aufgefaßt werden. Auf der Ebene des Unbewußten erscheint das Modell des sich aufhebenden männlichen „double-bind" in der marschierenden SA-Kolonne als sinnvolle Erklärung für ihre Faszinationen. Dies insbesondere deshalb, weil das Objekt dabei nicht mehr dem Subjekt widerspricht, sondern das Triebziel der Auflösung des Triebschicksals entspricht. Äußere und innere Welt sind nicht mehr Widersprüche, sondern bedingen sich gegenseitig. Das enorme energetische Potential, das sich in der Marschkolonne als „Erlösung" und „Bekehrung" Ausdruck verschafft, wird in seiner Wirkungsweise ernst genommen. Die Äußerungen der entstellten unbewußten Wunschproduktion des faschistischen Mannes werden nicht mehr als subjektiv, irrational und irreal gegenüber der objektiven, rationalen und realen Welt interpretiert, sondern als spezifische gesellschaftliche Realitätsproduktion erkannt. Im Mittelpunkt dieser gesellschaftlichen Realitätsproduktion steht das Verhältnis von Frau und Mann, ein Produktionsverhältnis, das unter besonderen Bedingungen eine faschistische Realität erzeugt, die durch lebensvernichtende Strukturen gekennzeichnet ist. Daß diese molaren Strukturen dem faschistischen Mann nicht nur als Leben erschienen, sondern seine spezielle Form des Lebens waren, wird gerade in der SA-Demonstration klar erkenntlich. Daher auch ihre

[59] Theweleit 1986, Bd.2, S. 385.

Attraktion und Faszination, die sie auf große Teile der Menschen der Weimarer Republik ausgeübt hat, die ja nicht prinzipiell anders sozialisiert waren als die ,,politischen Soldaten Adolf Hitlers".

Trotz aller Vorteile der Theweleitschen Konzeption gegenüber anderen Erklärungsversuchen eines subjektiven Faschismus mit Begrifflichkeiten wie ,,Magie", ,,Manipulation", ,,Reklametechnik", ,,religiöser Kult", ,,Demagogie" und ,,Realitätsadäquanz" ist Kritik notwendig. Zuzustimmen wäre den kritischen Anmerkungen Wieland Elfferdings, der Theweleit vorwirft, an die Stelle eines ,,ökonomischen Monismus" einen ,,psychologischen Monismus" zu setzen.

> ,,Alles gerät immer wieder in den Strudel ein und derselben These. Dadurch wird jedoch die These vom umtreibenden Double-bind der männlichen Psyche wiederum entspezifiziert — man fragt sich, wie die Besonderheit des (deutschen) Faschismus, wie die historische Diskontinuität zu erklären ist. Würde (...) die epochale Besonderheit des Faschismus ernst genommen, dann müßten Wirkungszusammenhänge wie die zwischen Revolution 1918/19, Niederlage, "Versailles,, und Tradierung des Freikorpsgeistes gegenüber Theweleits Generalthese stärker hervortreten. Dann würde sich auch zeigen, daß der Ordnungsdiskurs, der die faschisierten Massen dominiert, nicht aus den Geschlechterverhältnissen allein abgeleitet werden kann."[60)]

Diese ,,Wirkungszusammenhänge" sind eher auf den Ebenen des Bewußten und Vorbewußten angesiedelt. Die Wünsche und Sehnsüchte vieler Menschen richteten sich gegen die zahlreichen Deprivationen durch die gesellschaftlichen Verhältnisse. Damit hingen sie unmittelbar an den politisch-ideologischen Diskursen der Weimarer Republik, die sich insbesondere an zwei zentralen Problemen entzündeten.

Dies war zum einen die nationale Frage. Sie verwies einerseits auf den verlorenen Krieg, den ,,Schandfrieden" und die äußere ,,Unterdrückung" der Nation durch die Siegermächte des 1. Weltkrieges. Andererseits hatte sie die ,,innere Zersetzung" der Nation zum Thema, das durch die Stichworte ,,Novemberverrat" und in seiner Folge durch das der Republik mit ihrer parlamentarischen Demokratie gekennzeichnet war. Den inneren Kern, gleichsam den Stachel der nationalen Frage bildete der Verlust der einstigen Größe des deutschen Reiches, der nur dann zu revidieren war, wenn es gelang, diese inneren und äußeren Fesseln zu sprengen. Der zweite zentrale Problemkomplex betraf die soziale Frage. Die Modernisierung der kapitalistischen Ökonomie zerstörte mit wachsender Geschwindigkeit die alten sozialen Beziehungen und kulturellen Alltags-

---

60) Elfferding 1987, S. 41.

welten. Dieser Prozeß führte zu einer Pauperisierung, Deklassierung und (Sub-)Proletarisierung breiter Massen, die auch antikapitalistische Interessen und Sehnsüchte freisetzte.

Die Propagandatätigkeit der Nationalsozialisten gab auf beide gesellschaftliche Fragen ihre faschistische Antwort. Die marschierenden SA-Kolonnen transportierten dabei grundlegende Ansichten und Haltungen der nationalsozialistischen „Weltanschauung", die als „Lösungen" vor allem der nationalen, aber auch der sozialen Frage erscheinen konnten.Dabei war von Bedeutung, daß die „falsche Front" zwischen Nationalismus und Sozialismus in der Synthese und neuen Ganzheit des „Nationalsozialismus" aufgehoben schien. Der Nationalismus sollte vom Kapitalismus, der Sozialismus vom Internationalismus gereinigt werden. Beides umhüllt von der Aura des „deutschen Freiheitskampfes" und angestachelt mit dem Pathos der „deutschen Revolution".[61] Diese Umwertung der Werte und ihre Radikalisierung bedeuteten quasi ideologische Schnittstellen zur revolutionären Theorie und organisierten Arbeiterbewegung. Offensiv vorangetrieben, rannten sie dann als „moderne deutsche Haltung" Sturm gegen die Weimarer Republik. In Wirklichkeit lief das erste auf die gewaltsame Unterdrückung und Beseitigung aller herrschaftgefährdenden Widesprüche im Inneren der Gesellschaft hinaus. „Volksgemeinschaft" (Machthierarchie=Ordnung=Leben) statt Klassenkampf (Selbständigkeit=Chaos=Tod). Das Zweite meinte die Verwandlung antikapitalistischer Interessen und Bedürfnisse in einen aggressiven nationalchauvinistischen Imperialismus nach außen, dessen Zielpunkt der Krieg war. Der Funktionswandel des deutschen Faschismus vor und nach 1933 wird hier offensichtlich: Von der antikapitalistischen Phrase zur imperialistischen Kriegspolitik.

In der SA-Demonstration wurde die Bedeutungskette Hingabe – Aufbruch – Freiheit – Wehrwille – Volksgemeinschaft – Ordnung – Leben inszeniert und der Weimarer Republik gegenübergestellt, die für viele Deutsche Ausdruck von Egoismus – Niedergang – Knechtung – Wehrlosigkeit – Klassenkampf – Chaos – Tod war. Als dafür verantwortlich wurde der „artfremde jüdische Marxismus" angeprangert, dessen Vernichtung Voraussetzung für die „Erlösung" und „Wiederauferstehung" der deutschen Nation im glorifizierten „Dritten Reich" sei. „Die SA-Verbände

[61] Die grundsätzliche Ähnlichkeit der nationalsozialistischen Ideologie mit den Auffassungen der Rechtsintellektuellen und Theoretikern der „Konservativen Revolution" (Ernst Jünger, Carl Schmitt u.a.) wird in dieser Konstruktion eines neuen = dritten Weges, dem Bezug auf die Organisierung einer Massenbewegung und der inszenierten Aufbruchstimmung deutlich.

waren in ihren Marschkolonnen ein lebendiger Ausdruck des konzentrierten einheitlichen Wollens der Nationalsozialisten. Damit waren sie eine für die Nationalsozialisten charakteristische Art der Demonstration ihrer Anhänger."[62]

1. Der eindeutige Held

Der marschierende SA-Mann durchbrach die alltägliche Sinn- und Hoffnungslosigkeit seiner bedrohten beruflichen und sozialen Lebenssituation. Die Politik war ihm nun nicht mehr abgehobene und entfremdete Seite seines ganz persönlichen Lebenskampfes. Die Trennung von Politik und Leben schien aufgehoben und neu zusammengefügt worden zu sein. In der SA wurde der „ganze Mann" gefordert. Hier wurden nicht wie in der industriellen Arbeitsteilung in der Fabrik nur spezielle Seiten und Fähigkeiten ausgebeutet während die anderen verkümmerten. Der „politische Soldat" verkaufte nicht seine Arbeitskraft, sondern versah mit großer Opferbereitschaft seinen „Dienst". Diese scheinbare Aufhebung der Entfremdung in der bürgerlichen Gesellschaft kulminiert in einem verklärten Bild eines ganzen, unzerstückelten Lebens, das sein Vorbild in den Fronterlebnissen des 1. Weltkrieges hatte. Dort in den Schützengräben und Bombentrichtern, im Schlamm und Dreck war der existentialistische Frontkämpfertyp entstanden. Der SA-Mann hatte den Kampf an der Front wieder aufgenommen. Diesmal aber (noch) nicht an der Kriegs-, sondern an der Bürgerkriegsfront: in den Arbeitervierteln, gegen die „Kommune". Im Kampf gegen die Republik gewann er das wieder, was er durch die Republik verloren hatte: sein soldatisches Lebensgefühl. Der „politische Soldat" war eine militärnostalgische Restauration der Männlichkeit und des „eindeutigen Charakters": Des tapferen, opferbereiten, gehorchenden, disziplinierten, rücksichtslosen und allzeitbereiten Helden. Durch seinen Aktivismus zog er sich selbst aus dem Sumpf der Weimarer Republik; sein Voluntarismus zertrümmerte die Lethargie gegenüber den verhaßten gesellschaftlichen Verhältnissen; seine panische Angst vor Deklassierung und Proletarisierung zerstob angesichts eines aufkommenden politischen Avantgarde- und Elitebewußtseins. Kurz: Der SA-Mann verbreitete die Suggestion einer „neuen" Identität. Nicht mehr (arbeitsloser) Proletarier, Angestellter und Kleinbürger, sondern „Soldat der deutschen Revolution", Kämpfer für das „tausendjährige Reich". Damit wies er über die krisenhaften Verhältnisse und die in die Krise geratene Identität breiter

---

[62] Bennecke 1962, S. 163.

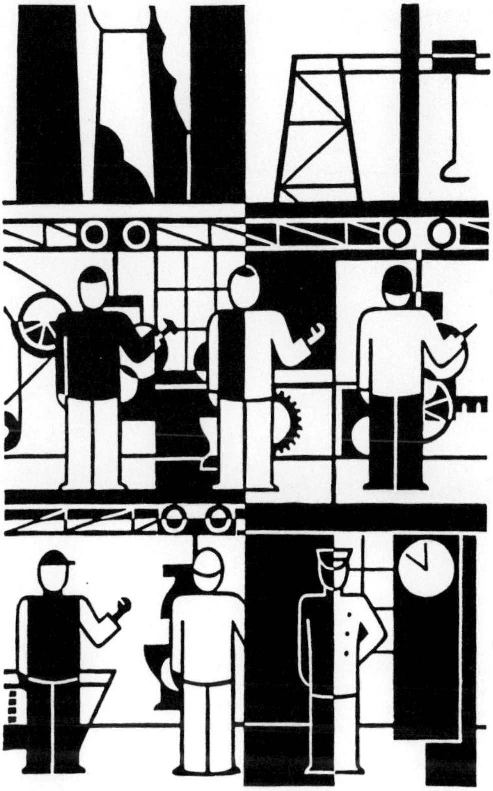

Quelle: Jost Hermand/ Frank Trommler: Die Kultur der Weimarer Republik. München 1978, S. 53.

Massen hinaus. Er konnte so zum Hoffnungsträger der ,,aufbrechenden Nation" werden.

2. Führer und Gefolgschaft

Der einzelne SA-Mann: Held und doch unvollkommen. Ohne seine Kameraden und ohne seinen Führer nur blasser Abzug seiner eigentlichen Bestimmung. Wir und Gefolgschaft. Im Vorbeimarsch wurden die Prinzipien von absoluter Führerautorität und Unterwerfung formiert: Befehl und Gehorsam, Disziplin. Zweierlei Aspekte entfaltet die hierarchische Symbiose von Führer und Gefolgschaft.

,,Die Majorität kann auch hier den Mann niemals ersetzen. Sie ist

Quelle: Informationen 1985, S. 35. Reichskanzler Brüning spricht im Reichstag kurz vor seinem Sturz.

nicht nur immer eine Vertreterin der Dummheit, sondern auch der Feigheit. Und so wenig hundert Hohlköpfe einen Weisen ergeben, so wenig kommt aus hundert Feiglingen ein heldenhafter Entschluß."[63] Die parlamentarische Demokratie war Hitler ein Greuel. Diese ,,parlamentarische Schwätzervereinigung" müsse ,,jedem ehrlichen, gradlinigen, zur persönlichen Verantwortung bereiten Kerl verhaßt sein." Begeisterungswürdig dagegen die Antipode einer ,,wahrhaftige(n) germanische(n) Demokratie" mit der ,,freien Wahl des Führers" und seiner ,,Verpflichtung zur vollen Übernahme aller Verantwortung". In ihr sollte es ,,keine Abstimmung einer Majorität zu einzelnen Fragen" geben, sondern ,,nur die Bestimmung eines einzelnen."[64] Während des Vorbeimarsches der SA-Männer an ihrem Führer wurde jedesmal auch ein Stück Antiparlamentarismus inszeniert. Da wurde nicht diskutiert, gestritten oder abgestimmt. Da sah man eine ,,verschworene Gemeinschaft": Einen Führer, der angeblich wußte worauf es ankam, bei dem die Verantwortung lag und eine Gefolgschaft, die durch eine Unbedingtheit ausgezeichnet war, die in dem Satz

[63] Hitler 1931, S. 89.

[64] Ebd., S. 99.

Führer und Gefolgschaft

Quelle: Killinger 1933, ohne Seitenangabe

gipfelte: „Führer befiehl, wir folgen dir!" Jeder Vorbeimarsch zielte auf die innere Verfassung der Weimarer Republik. Gegenüber der Unüberschaubarkeit, der Unpersönlichkeit und der „Korruptheit" des Parlaments erschien der Vorbeimarsch als klar, persönlich und ehrlich. Von der parlamentarischen Politik waren die Massen ausgeschlossen, an der Politik auf der Straße waren sie direkt als Marschierende oder als Zuschauer beteiligt. Hatte der „Mann von der Straße" sonst nicht viel zu melden, hier konnte er sich unmittelbar ausdrücken, seinem Führer huldigen. Der Jubel während des Vorbeimarsches konnte auch als eine Form des Plebiszit verstanden werden.

Die Symbiose Führer/ Gefolgschaft war aber noch weitaus mehr als ein Stück verkörperte „germanische Demokratie". Sie suggerierte nicht nur eine Alternative zur politischen Verfassung der Republik, sondern auch zu den kapitalistisch vergesellschafteten, menschlichen Beziehungen. In der „Liebe zum Führer" kam die antikapitalistische Sehnsucht zum Ausdruck, von den kalten und abstrakten (Herrschafts-)Beziehungen der Warenbesitzer erlöst zu werden. Im Führerkult pervertierte sich der Wunsch nach persönlicher Bindung und Vertrauen auf Gegenseitigkeit. Dieser Wunsch entsprach einer kleinbürgerlichen Kritik am Kapitalismus, der Entpersönlichung der Herrschaftsverhältnisse.

3. Die SA-Kolonne — vorweggenommene „Volksgemeinschaft"

„Hier (in der SA, d.V.) ist die Volksgemeinschaft kein leeres Wort, hier steht wirklich der Arbeiter neben dem Prinzen, der Bauer neben dem Beamten, der Student neben dem Handwerker. Alle in Reih und Glied, alle in demselben schlichten braunen Ehrenkleid, alle gleichen Rechtes und gleicher Pflicht aus freiem Willen, alle geeint durch ein Ziel: das nationalsozialistische Deutschland."[65)]

War das nicht der wiedergefundene „Frontsozialismus"? Jeder an seinem Platz, jeder bis zum äußersten entschlossen, alle für einen, einer für alle. Die männerbündische Kameraderie wurde allzu oft als „Sozialismus" mißverstanden, schon die „Gemeinschaft" galt als Überwindung kapitalistischer Konkurrenz. Hinter der inszenierten Gleichheit und Kameradschaft der SA-Männer verbarg sich auch eine Sehnsucht nach sozialistischer Kollektivität. Ihre Anziehungskraft verdankt die Marschkolonne also auch ihrer scheinbaren Opposition zur Anarchie der kapitalistischen Warenproduktion.

Der Sozialismus bot die Aufhebung der Klassen nur als Fernziel an, bis dahin kam den proletarischen Parteien die Aufgabe zu, den Klassenkampf zu organisieren. Diese Klassenkämpfe aber, die politische Spaltung der Arbeiterbewegung und die harten staatlichen Repressionen — man denke hierbei nur an den Berliner 1. Mai 1929 — mußten auf breite Massen als Unordnung wirken, Ängste auslösen und den Wunsch nach einer stabilen Ordnung entstehen lassen. In der Schimäre der „Volksgemeinschaft" schienen die Klassen und damit auch die als Chaos empfundenen Klassenauseinandersetzungen aufgehoben. Die marschierende SA-Kolonne inszenierte damit in ihrem geometrischen Muster und durch ihren Marschrhythmus eine Ordnungsstruktur, die sowohl Gefühle von Sicherheit und Geborgenheit produzierte und sich gleichzeitig auch als „antikapitalistische" darstellen konnte.

---

65) Ernst Röhm: Die braunen Bataillone der deutschen Revolution. In: Nationalsozialistische Monatshefte, Heft 46, 5.Jg., München 1934, S. 7.

Quelle: NS-Monatshefte 1934, ohne Seitenangabe.

4. Die Nation, das Reich

Die SA-Männer verkörperten die nationalen Massensymbole der Deutschen. Sie erschienen als Heer, als marschierender Wald. Dort in den Straßen nahm der Wunsch nach nationaler Einheit und erneuter Größe sichtbar Gestalt an. Wenn die SA durch die Straßen zog, präsentierte sich der organisierte Wehrwille der Nation. Soldatisch, männlich, kämpferisch, diszipliniert. Die Front stand wieder, sie war der Kern der nationalen Wiedergeburt. Ihre Entschlossenheit und Rücksichtslosigkeit entsprachen ihrem Ziel: „Auf, auf ihr deutschen Mannen, es geht zum letzten Streit!

Wir alle wollen kämpfen, bis Deutschland ist befreit!"[66] Ein Kampf auf Leben und Tod der Nation, um Macht oder Ohnmacht, Auferstehung oder Untergang. (Und auch zwischen männlich und weiblich. „Der Kampf um die Nation ist also so etwas wie der innere Endkampf des Mannes bei seiner Mann-Werdung."[67]) Nation und Republik schlossen sich gegenseitig aus. In dem Maße, in dem die Republik zerschlagen wurde, konstituierte sich die Nation. National zu sein bedeutete zuallerserst gegen die Republik zu sein, gegen sie zu marschieren. Von Sieg zu Sieg, von Etappe zu Etappe.

„Wir waren am Weltkrieg, am Morden nicht schuld, wir waren nicht Schuld an dem Blut; wir brechen deshalb unsere Ketten dereinst, wir stürzen Versailles und Tribut."[68] Gemeint war immer auch die Tilgung der Schmach. Das, was sich als „deutsche Revolution" benahm, war in Wirklichkeit der Anspruch, ja sogar das vermeintliche Recht auf Rache an den Feinden, den inneren und den äußeren. Die Stimmung in der Berliner SA nach dem 30. Januar 1933 wird in einem NS-Roman eindrücklich beschrieben:

> „Nun fordern sie das, was sie als ihr Recht ansehen. Ihr Recht ist die Rache. Ihre Rache heißt Blut! Wer will es ihnen wehren? Abrechnen, endlich, endlich abrechnen mit allen Feinden! Das ist eine Erlösung, eine Erlösung des Haßes! (...) Sie haben auf diesen Tag der Rache gewartet. Sie haben an ihn geglaubt, und er war ihre einzige Hoffnung, wenn sie auf nichts mehr hoffen konnten. (...) Nur die Rache wäre Befreiung."[69]

Nach der „Machtergreifung" sollte nicht mehr nur die SA marschieren, sondern das zur Nation geschmiedete Volk: In den Krieg, zur Eroberung der Welt, zur Herrschaft über den Rest, ins „Großdeutsche Reich". „Und naht dereinst der Rachetag, und ruft der Führer uns zum Kriege, dann führen wir aus Not und Schmach, das Hakenkreuz von Sieg zu Sieg."[70] Die „braunen Kämpfer" vertraten vor 1933 den Anspruch auf dieses „Dritte Reich". Sie sangen siegesgewiß: „Wir sind des Hitlers braune Sturmkolonnen, wir führen stolz das Hakenkreuzpanier, wir haben kühn den Kampf ums Recht begonnen, wir künden's froh: Das Dritte Reich sind wir!"[71]

---

66) 1. Strophe von: „Auf, auf ihr deutschen Mannen". In: SA-Sturmlieder, o.J., S. 15.

67) Theweleit 1986, Bd.2, S. 97.

68) 2. Strophe: „Kampflied Sturm 24 (Hermann Thielsch)". In: SA-Lieder, o.J., S.15.

69) Fritz Stelzner: Schicksal SA. Die Deutung eines großen Geschehens von einem, der es selbst erlebte. München 1936, S. 155ff.

70) 3. Strophe von: „Entrollt die Fahne!". In: Ebd., S. 17.,

71) 1. Strophe von: „Sturmlied". In: Ebd., S.44.

5. Die neue Zeit

Verlorener Krieg und Krise hatten die Zukunft beschnitten, die alltägliche Not ließ nur von heute auf morgen denken. Der Verlust individueller und kollektiver Zukunftsperspektiven führte zu einer „panischen Flucht aus dem System".[72] Die Weimarer Republik hatte für große Teile der Arbeiter und kleinbürgerlichen Mittelschichten keine Hoffnungen mehr anzubieten. Erschien sie nicht vielen als Wartestand, als stillgestellte Zeit? Wie da herausspringen?

Der „Tatsozialismus" der SA suggerierte eine qualitative Veränderung im Laufe der erlebbaren Zeit. „Das ist die Armee, die die Zukunft gestalten wird. Sie kann das Schicksal wenden. Es ist die Armee der Hoffnung. Ihre Hoffnung heißt Hitler."[73] Der leidenschaftlich geführte Kampf gegen das „System" versprach Zukunft nach der Erreichung des unmittelbaren Zieles: Der Zerstörung der Weimarer Republik. Die marschierende SA-Kolonne vermittelte damit den Eindruck, sie habe die Zukunft wieder in den eigenen Händen, respektive in den Füßen. „Der dröhnende Schritt unserer Kolonnen kündet eine neue heranbrechende Zeit."[74] Jeder SA-Marsch hatte den Kampf hier und heute aufgenommen, damit hatte die Zukunft bereits angefangen. „Brüder wir machen ein Ende. Reißt von Ketten euch los! Deutschland! Groß-Deutschland, wir kommen, schaffen dich völkisch und groß."[75] Die „deutsche Revolution" schien ganz neue Perspektiven zu eröffnen. Die schmachvolle Vergangenheit sollte sich in eine lichte Zukunft verwandeln, in ein „tausendjähriges Reich", ein ewiges vaterländisches Paradies. Das Angebot: Der Sprung aus der historischen Zeit, aus der Geschichte in den Mythos. In den Straßen der Dörfer und Städte erscholl das Kampflied des Sturms 84: „Hitlerleute, Kameraden, Deutschland wird nicht untergehen! Wir marschieren, Zukunft bahnend, wir sind Deutschlands Auferstehen! Werden ein Vaterland schmieden, fest für die Ewigkeit. (...) Hitlerleute — Kameraden, mit uns zieht die neue Zeit."[76]

---

72) Detlev J.K. Peukert: Die Weimarer Republik. Frankfurt 1987, S. 252.

73) Stelzner 1936, S. 80.

74) „Der SA-Mann" Nr. 23, vom 27. Juli 1929.

75) 3. Strophe von: „Volk, verzage nicht!" In: Sa-Sturmlieder, o.J., S. 36.

76) Ebd., S. 13.

Quelle: Bade 1933, Anhang.

Zum Schluß

Die SA-Kampfdemonstration war inszenierter Nationalsozialismus. In ihr konnte sich der deutsche Faschismus als Alternative zur Weimarer Republik darstellen. Ihr charakteristisches Merkmal war der „Kampf", dessen Ziel in der „Bekehrung" und schließlich der Beherrschung der Massen bestand. Zentrales Motiv der Kampfdemonstration war die „Machtergreifung". Voraussetzung dazu war die Vernichtung des politischen Gegners, der organisierten Arbeiterbewegung.

Über diese allgemeine Beschreibung hinaus lassen sich einzelne Spezifika der SA-Straßendemonstration resümieren:

1. Das spezifisch Faschistische der marschierenden „braunen Bataillone der deutschen Revolution" war nicht die Eigenschaft Massen auszulösen. Die Besonderheit der SA-Demonstration bestand darin, die affektiven Dispositionen der Mittel- und Arbeiterschichten und ihre durch die Krise der Weimarer Republik ständig bedrohten Sehnsüchte, Wünsche und Interessen abzubilden und sie gleichzeitig in einer spezifisch faschistischen Struktur zu formieren. Die SA-Demonstration war damit zugleich Repräsentations- und Produktionsprozeß.
2. Die Marschkolonnen waren nicht Ausdruck von gesellschaftlicher Organisation der Massen, sondern spezifisches Abbild faschistischer Organisationsbildung. Da war bereits die hierarchische Symbiose von Führer und Gefolgschaft geschmiedet, da wurde „Volksgemeinschaft" schon vorweggenommen, ja mehr noch, mit der Aufnahme des Kampfes gegen die „Kommune" und das „System" erschien das „braune Heer" als Keimzelle der wiedergeborenen kämpfenden Großdeutschen Nation.
3. In ihrer molaren Struktur spiegelte sich sowohl eine spezifische Auflösung des Chaos-Ordnungs- als auch des Männlichkeits-Weiblichkeits-Diskurses wider, die in einer Vorstellung und einem Gefühl von „Leben" gipfelte. Entwickelte sich der Chaos-Ordnungs-Diskurs noch entlang von Klassenlagen und ihren politischen Parteibildungen, so verlief der Männlichkeits-Weiblichkeits-Diskurs quer dazu. Ersterer war Bestandteil der Klassenkämpfe, letzterer Zuspitzung des Geschlechterkampfes. Unterwerfung der Arbeiterklasse und Unterwerfung des Weiblichen (nun im Inneren des Mannes selbst) verknüpften sich.
4. Ihre „revolutionäre" Aura verdankt die SA-Demonstration einer Kombination von Bewegungskult, radikaler Entschlossenheit unter Einbeziehung terroristischer Mittel und einer antikapitalistischen Phrase. Am Horizont erschien ein „ganz anderes" Leben möglich. Das „neue Deutschland" sollte antidemokratisch, antifeministisch, antipazifistisch und anti-

semitisch sein.
5. Die Ausdrucksmittel, mit denen die SA-Kolonnen ihre Bilder schufen, waren jedes für sich genommen zumeist nicht ihre originären Leistungen. Sie hatten Vorläufer in der Arbeiterbewegung (Schalmeienkapellen) oder in der antisemitisch-völkischen Bewegung (Hakenkreuz). Die SA bediente sich populärer (Blumen), nationaler (alte Reichsfahne und ihre Farben) und militärischer (Märsche, Uniform) Elemente. Was es rechtfertigt, trotzdem von einer spezifisch nationalsozialistischen Demonstrationsform zu sprechen, war die Kombination ihrer Teile. Der SA gelang es, das Sammelsurium ihrer Ausdrucksmittel im Rahmen ihrer ,,Weltanschauung" neu anzuordnen, aktivistisch aufzuladen und schließlich durchzusetzen.

Literaturverzeichnis

Abel, Theodore: Why Hitler Came to Power. An Answer Based on the Original Life Stories of Six Hundred of His Followers. New York 1938.
Ästhetik und Kommunikation, Nr. 26, 7.Jg., 1976.
Behrens, Manfred u.a.: Faschismus und Ideologie 1. Projekt Ideologie und Theorie. Berlin 1980. (= Argument-Sonderband 60)
Benjamin, Walter: Das Kunstwerk im Zeitalter seiner technischen Reproduzierbarkeit. Frankfurt 1963.
Ders.: Angelus novus. Frankfurt 1966.
Bennecke, Heinrich: Hitler und die SA. München/ Wien 1962.
Bernhard, Georg: Die deutsche Tragödie. Der Selbstmord einer Republik. Prag 1933.
Bessel, Richard: Militarismus im innenpolitischen Leben der Weimarer Republik: Von den Freicorps zur SA. In: Militär und Militarismus in der Weimarer Republik. Hrsg. von Klaus Jürgen Müller und Eckhardt Opitz. Düsseldorf 1978.
Bloch, Ernst: Erbschaften dieser Zeit. Frankfurt 1973.
Bormann, Alexander von: Das nationalsozialistische Gemeinschaftslied. In: Denkler/Prümm Stuttgart 1976, S. 256–280.
Bracher, Karl Dietrich/ Sauer, Wolfgang/ Schulz, Gerhard: Die nationalsozialistische Machtergreifung. Studien zur Errichtung des totalitären Herrschaftssystems in Deutschland 1933/34. Köln/ Opladen 1960.
Ders.: Die Auflösung der Weimarer Republik. Eine Studie zum Problem des Machtverfalls in der Demokratie. Villingen/ Schwenningen 1964. (=Schriften des Instituts für politische Wissenschaft Bd. 4)
Bramstedt, Ernest K.: Goebbels und die nationalsozialistische Propaganda 1925 bis 45. Michigan 1965.
Bundeszentrale für politische Bildung(Hrsg.): Die Zerstörung der Weimarer Republik. Köln 1977.
Canetti, Elias: Masse und Macht. Frankfurt 1980.
Dederke, Karlheinz: Reich und Republik. Deutschland 1917 bis 1933. Stuttgart 1969.
Deleuze, Gilles/ Guattari, Felix: Anti-Ödipus. Kapitalismus und Schizophrenie. Frankfurt 1974.
Denkler, Horst/ Prümm, Karl(Hrsg.): Die deutsche Literatur im Dritten Reich. Themen, Traditionen, Wirkungen. Stuttgart 1976.
Deuerlein, Ernst (Hrsg.): Der Aufstieg der NSDAP in Augenzeugenberichten. München 1974.
Elfferding, Wieland: Von der proletarischen Masse zum Kriegsvolk. Massenaufmarsch und Öffentlichkeit im deutschen Faschismus am Beispiel des 1. Mai 1933. In: Wagner, Frank/ Linke, Gudrun(Hrsg.): Die Inszenierung der Macht. Ästhetische Faszination im Faschismus. Berlin 1987, S. 17–50.
Fischer, Conan: Stormtroopers. A Social, Economic and Ideological Analy-

sis, 1929–35. London 1983.
Franz-Willig, Georg: Die Hitlerbewegung. Der Ursprung 1919–1922. Hamburg/ Berlin 1962.
Freud, Sigmund: Gesammelte Werke Bd. 2/3: Traumdeutung. O.A.
Ders.: Das Ich und das Es. Frankfurt 1984.
Gamm, Hans-Joachim: Der braune Kult. Das Dritte Reich und seine Ersatzreligion. Hamburg 1962.
Gebhardt: Handbuch der deutschen Geschichte., Bd.4, 1. Teilband, bearbeitet von Erdmann, Karl Dietrich. Stuttgart 1973.
Grunberger, Richard: Das zwölfjährige Reich. Der deutsche Alltag unter Hitler. Wien/ München/ Zürich 1972.
Grün, Max von der: Wie war das eigentlich? Kindheit und Jugend im Dritten Reich. Darmstadt/ Neuwied 1979.
Habermas, Jürgen: Strukturwandel der Öffentichkeit. Neuwied 1962.
Hambrecht, Rainer: Der Aufstieg der NSDAP in Mittel- und Oberfranken (1925–1933). Nürnberg 1976.
Haug, Wolfgang Fritz: Warenästhetik. Beiträge zur Diskussion, Weiterentwicklung und Vermittlung ihrer Kritik. Frankfurt 1975.
Heiber, Helmut: Das Tagebuch von Joseph Goebbels. Stuttgart 1960. (Vierteljahreshefte für Zeitgeschichte Nr. 1)
Henning, Eike: Faschistische Ästhetik und faschistische Öffentlichkeit. In: Hinz, Berthold u.a.: Die Dekoration der Gewalt. Kunst und Medien im Faschismus. Gießen 1979, S. 9–15.
Hermand, Jost/ Trommler, Frank: Die Kultur der Weimarer Republik. München 1978.
Heyen, Franz-Josef: Nationalsozialismus im Alltag. Boppard a.Rh. 1967. (Veröffentlichung der Landesarchivverwaltung Rheinland-Pfalz, Bd. 9)
Jamin, Mathilde: Methodische Konzeption einer quantitativen Analyse zur sozialen Zusammensetzung der SA. In: Mann, Reinhard (Hrsg.): Die Nationalsozialisten. Analysen faschistischer Bewegungen. Stuttgart 1980, S. 84–156.
Dies.: Zwischen den Klassen. Zur Sozialstruktur der SA-Führerschaft. Wuppertal 1984.
Jaschke, Hans-Gerd/ Loiperdinger, Martin: Gewalt und NSDAP vor 1933. Ästhetische Okkupation und physischer Terror. In: Steinweg, Reiner: Faszination der Gewalt. Politische Strategie und Alltagserfahrung. Frankfurt 1983, S. 123–156.
Jeggle, Utz: Der Kopf des Körpers. Eine volkskundliche Anatomie. Weinheim/ Berlin 1986.
Klinksiek, Dorothee: Die Frau im NS-Staat. Stuttgart 1982. (Schriftenreihe der Vierteljahreshefte für Zeitgeschichte Nr. 44)
Knödler-Bunte, Eberhard: Exkurs. Die Binnenstruktur der NSDAP und der SA. In: Ästhetik und Kommunikation Nr. 26, Jg.7, 1976, S. 35–37.
Kracauer, Siegfried: Das Ornament der Masse. Frankfurt 1977.

Krummacher, Friedrich Arnold/ Wucher, Albert: Die Weimarer Republik. Ihre Geschichte in Texten, Bildern und Dokumenten. München/ Wien 1965.
Kuhn, Annette/ Rothe, Valentine: Frauen im deutschen Faschismus Bd.1: Frauenpolitik im NS-Staat. Düsseldorf 1982.
Lekher, Marianne: Frauen im Nationalsozialismus. Wie aus Opfern Handlanger der Täter wurden. Frankfurt 1984. (Diskussionsbeiträge/ Institut für politische Wissenschaft an der Universität Hannover)
Longerich, Peter: Die braunen Bataillone. Geschichte der SA. München 1989.
Mann, Reinhard (Hrsg.): Die Nationalsozialisten. Analysen faschistischer Bewegungen. Stuttgart 1980.
Mauch, Hans-Joachim: Nationalistische Wehrorganisationen in der Weimarer Republik. Zur Entwicklung und Ideologie des 'Paramilitarismus'. Frankfurt/ Bern 1982. (Europäische Hochschulschriften, Reihe XXXI Politikwissenschaft, Bd./ Vol. 32)
Michalka, Wolfgang (Hrsg.): Die nationalsozialistische Machtergreifung. Paderborn/ München/ Wien/ Zürich 1984.
Mosse, Georg L.: Die Nationalisierung der Massen. Politische Symbolik und Massenbewegungen in Deutschland von den Napoleonischen Kriegen bis zum Dritten Reich. Frankfurt/ Berlin/ Wien 1976.
Münzberg, Olav: Hilfloser Antifaschismus. In: Ästethik und Kommunikation Nr. 26, Jg.7, 1976, S. 99–103. Pätzold, Kurt/ Weißbecker, Manfred: Geschichte der NSDAP 1920–1945. Köln 1981. *Petersen, Jan*: Unsere Straße. Eine Chronik. Geschrieben im Herzen des faschistischen Deutschlands 1933/34. Köln 1983.
Peukert, Detlev J.K./ Reulecke, Jürgen (Hrsg.): Die Reihen fast geschlossen. Beiträge zur Geschichte des Alltags unterm Nationalsozialismus. Wuppertal 1981.
Ders.: Die Weimarer Republik. Krisenjahre der klassischen Moderne. Frankfurt 1987.
Reich, Wilhelm: Die Funktion des Orgasmus. Frankfurt 1972.
Ders.: Die Massenpsychologie des Faschismus. Frankfurt 1974.
Ders.: Die emotionale Pest der Menschheit Bd.2: Menschen im Staat. Frankfurt 1982.
Rosenberg, Arthur: Entstehung und Geschichte der Weimarer Republik. Frankfurt 1962.
Schmeer, Karlheinz: Die Regie des öffentlichen Lebens im Dritten Reich. München 1956.
Schmidt, Christoph: Zu den Motiven „alter Kämpfer" in der NSDAP. In: Peukert, Detlev J.K./ Reulecke, Jürgen: Die Reihen fast geschlossen. Beiträge zur Geschichte des Alltags unterm National- sozialismus. Wuppertal 1981, S. 21–43.
Schoenbaum, David: Die braune Revolution. Eine Sozialgeschichte des Dritten Reiches. Köln/ Berlin 1968.
Schulz, Gerhard: Aufstieg des Nationalsozialismus. Krise und Revolution in Deutschland. Frankfurt/ Berlin/ Wien 1975.

Selle, Gert: Die Sinnlichkeit der Gewalt. Oder: Das Kleinbürgertum als Produzent und Adressat faschistischer Sozialisationsstrategien. In: Hermann, Ulrich (Hrsg.): „Neue Erziehung" — „Neue Menschen". Aufsätze zur Erziehungs- und Bildungsreform in Deutschland zwischen Kaiserreich und Diktatur. Weinheim/ Basel 1987, S. 91–103.
Sloterdijk, Peter: Kritik der zynischen Vernunft. 2Bde., Frankfurt 1983.
Steinweg, Reiner: Faszination der Gewalt. Politische Strategie und Alltagserfahrung. Frankfurt 1983.
Stollmann, Rainer: Faschistische Politik als Gesamtkunstwerk. Tendenzen der Ästhetisierung des politischen Lebens im Nationalsozialismus. In: Denkler, Horst/ Prümm, Karl (Hrsg.): Die deutsche Literatur im Dritten Reich. Themen, Traditionen, Wirkungen. Stuttgart 1976, S. 83–101.
Ders.: Ästhetisierung der Politik. Literaturstudien zum subjektiven Faschismus. Stuttgart 1978.
Thalmann, Rita: Frausein im Dritten Reich. München 1984.
Theweleit, Klaus: Männerphantasien. 2 Bde., Basel/Frankfurt 1986.
Tyrell, Albrecht: Führer befiehl....Selbstzeugnisse aus der „Kampfzeit" der NSDAP. Dokumentation und Analyse. Düsseldorf 1969.
Voigt, Gerhard: Goebbels als Markentechniker. In: Haug, Wolfgang Fritz (Hrsg.): Warenästhetik. Beiträge zur Diskussion, Weiterentwicklung und Vermittlung ihrer Kritik. Frankfurt 1975, S. 231–260.
Vondung, Klaus: Magie und Manipulation. Ideologischer Kult und politische Religion des Nationalsozialismus. Göttingen 1971.
Wagner, Frank/ Linke, Gudrun (Hrsg.): Die Inszenierung der Macht. Ästhetische Faszination im Faschismus. Berlin 1987.
Warneken, Bernd Jürgen u.a.: Als die Deutschen demonstrieren lernten. Das Kulturmuster „friedliche Straßendemonstration" im preußischen Wahlrechtskampf 1908–1910. Tübingen 1986.
Werner, Andreas: SA und NSDAP. SA: „Wehrverband", „Parteitruppe" oder „Revolutionsarmee"? Studien zur Geschichte der SA und der NSDAP 1920–1933. Phil.-Diss. Erlangen/ Nürnberg 1964.

Faschistische Quellen

Bade, Wilfrid: Deutschland erwacht. Werden, Kampf und Sieg der NSDAP. Altona-Bahrenfeld 1933.
Ders.: Die SA erobert Berlin. Ein Tatsachenbericht. München 1934.
Engelbrechten, Julek Karl von: Eine braune Armee entsteht. München/ Berlin 1937.
Goebbels, Joseph: Michael. Ein deutsches Schicksal in Tagebuchblättern. München 1931.
Ders.: Kampf um Berlin. München 1932.
Ders.: Das erwachende Berlin. München 1934.

Ders.: Tagebücher 1945. Die letzten Aufzeichnungen. Hamburg 1977.
Hitler, Adolf: Mein Kampf. 2 Bde. München 1931.
Hoffmann, Heinrich: Das Braune Heer. 100 Bilddokumente: Leben, Kampf und Sieg der SA und SS. Berlin 1932.
Killinger, Manfred von: Die SA. In Wort und Bild. Leipzig 1933.
Liederbuch der NSDAP. Herausgegeben im Auftrag der Parteileitung von Hans Bayer. München 1934.
Lohmann, Heinz: SA räumt auf! Aus der Kampfzeit der Bewegung. Hamburg 1933.
Reitmann, Erwin: Horst Wessel. Leben und Sterben. Berlin 1933.
Röhm, Ernst: Die braunen Bataillone der deutschen Revolution. In: Nationalsozialistische Monatshefte, Heft 46, 5. Jg., München 1934, S. 5–9.
Ders.: Warum SA? In: Nationalsozialistische Monatshefte, Heft 46, 5. Jg., München 1934, S. 11–20.
Stelzner, Fritz: Schicksal SA. Die Deutung eines großen Geschehens von einem, der es selbst erlebte. München 1936.
SA-Sturmlieder: Herausgegeben im Auftrag der Zeugmeistereien von Hermann Roesler. Berlin o.J.
„*Völkischer Beobachter*, Kampfblatt der national-sozialistischen Bewegung Großdeutschlands": 1929, 42.Jg., Bayernausgabe; 1930, 43.Jg., Bayernausgabe; 1931, 44.Jg., Bayernausgabe; 1932, 45.Jg., Reichsausgabe; 1933, 46.Jg., Norddeutsche Ausgabe, Ausgabe A.